KB186370

문명의 융합

문명의 융합

이한구

경희대 석좌교수

철학과 현실사

* 이 저서는 2009년도 정부재원(교육부)으로 한국연구재단의 지원을 받아 연구
  되었음(NRF-2009-342-A00009).

차례

서론: 왜 문명의 충돌이나 공존이 아니고 융합인가 11

1장 _ 세계화는 문명들의 전면적 만남이다 15

1절 세계화의 특성과 쟁점들 15
1. 세계화에 대한 세 이론 17
2. 세계화의 영역 20
3. 세계화에 대한 평가 26

2절 문명의 의미와 존재론 30
1. 문명이란 무엇인가 30
   1) 문명의 의미 30
   2) 문명과 문화 41
2. 문명의 존재론 47
   1) 실재론과 구성론 47
   2) 정태론과 동태론 61
   3) 단수론과 복수론 65

3절 문명의 구조론 71
1. 도시, 제국 그리고 종교 71
2. 문명의 요소와 발생적 기초 74
3. 문명에 대한 구조적 분석: 3중 구조 77

2장 _ 서구 문명 보편주의와 문명 다원주의는 모두 정당화될 수 없는 패러다임이다 85

1절 서구 문명 보편주의: 문명의 표준은 서구 문명 하나뿐이다 87

1. 서구 문명과 비서구 문명 87
2. 서구 문명의 본질 90
3. 서구 문명의 전파 99
4. 문명 보편주의와 보편사의 이념 105

2절 문명 다원주의: 문명의 표준은 여럿이다 111

1. 문명 다원주의의 본질 111
2. 문명 다원주의의 역사철학 118
3. 문명 다원주의의 문제점들 124

3절 닫힌 문명과 열린 문명 129

1. 열림과 닫힘의 심리학적 기제 129
2. 닫힌 문명과 열린 문명 133
   1) 닫힌 문명 134
   2) 열린 문명 138

3장 _ 문명은 문화 유전자들의 결합체다 145

1절 문화 유전자 이론 148

1. 문화에 대한 진화론적 논의 148

2. 문화 유전자란 무엇인가 151

3. 문화 유전자의 특성들 159

2절 진화론적 설명 기제 166

1. 진화론의 기본 골격 167

2. 환원적 설명과 비환원적 설명 173

3. 문화 유전자의 진화론적 설명 179

3절 문화 유전자들의 결합과 진화 188

1. 문화 유전자 결합체로서의 문명 188

2. 결합의 보편성과 특수성 192

3. 문명의 진화: 유전자와 문화 유전자의 공진화 193

1) 인지기관의 공진화 199

2) 윤리의 공진화 204

4장 _ 정보사회는 문화 유전자들의 융합을 가능하게 한다 213

1절 정보혁명과 정보사회 215

1. 정보통신혁명 215

2. 정보사회로의 전환 218

1) 정보사회의 특성 222

2) 왜 정보사회인가? 237

3. 정보사회 유토피아론과 디스토피아론 240

2절 정보사회의 진화 246

　　1. 좁아지는 세상: 전 지구적 연결망 사회 **249**

　　2. 빠르게 이동하는 세상: 새로운 이동성 패러다임 **252**

　　3. 빅데이터의 세상: 문화 유전자의 총체적 헤쳐 모여 **257**

　　4, 문화 유전자들의 융합 **258**

3절 문화 유전자 융합의 구체적 사례 263

　　1. 웹 오브 사이언스(Web of Science) **267**

　　2. 스코퍼스(Scopus) **269**

　　3. 세계 가치관 조사(World Values Survey) **283**

　　4. 한국철학의 보편성과 특수성(Korea Citation Index) **288**

　　　　1) 무엇이 한국철학인가? **289**

　　　　2) 연구 방법 **296**

　　　　3) 발견 **298**

결론: 문화 유전자들의 융합은 새로운 문명의 탄생을 예고한다 **300**

주 **307**

부록 **334**

참고문헌 **341**

찾아보기 **359**

머리말

　20여 년 전쯤 새뮤얼 헌팅턴의 『문명의 충돌』이 출간되었을 때, 많은 사람들이 '충돌 패러다임' 이야말로 미소 냉전 이후의 세계 질서를 가장 잘 설명해주는 틀이라고 환호해 마지않았다. 특히 문명과 문명이 만나는 단층선에서 충돌이 발생할 가능성이 매우 높다는 그의 주장은 당시의 몇몇 국제적 분쟁들이 증명해주는 듯이 보이기도 했다.

　지금도 그의 충돌 이론은 국제적 분쟁의 설명에 가끔 활용되기도 하지만, 문명을 지나치게 단일한 체제로 간주함으로써 문명 내부에서 발생하는 분쟁이나 갈등을 제대로 설명해주지 못할 뿐만 아니라, 충돌의 측면만을 지나치게 강조한다는 비판을 받아왔다. 실제로 지난 한 세대 사이에 문명들의 단층선에서 발생하는 분쟁보다는 한 문명 내부의 국가들 간의 갈등이 더욱 극심한 경우들이 많았으며, 문명 간의 대화와 상호이해가 증진되기도 했다.

　얼마 후 하랄트 뮐러는 문명의 충돌 이론을 비판하면서 '문명의 공존'이라는 새로운 패러다임을 제시했다. 그렇지만, 문명의 공존 이론은 기본적으로 문명이 아니라 국가를 단위로 국제 질서를 설명하려 하며 세계화 시대의 흐름을 제대로 포착하지 못한 단점 때문에 큰 주목의 대상이 되지 못했다.

　문명의 충돌이나 공존을 모두 비판하면서 나는 역사철학적 관점에서 '문명의 융합' 패러다임을 제시하려고 한다. 문명에 대한 나의 접근 방법은 이들과는 전혀 다르다. 나는 먼저 문명을 문화 유전자의 결합체로 규정하면서 문명의 존재론을 새롭게 전개했다. 그리고 정보사회에서 문화 유전자들의 총체적 헤쳐 모여가 진행되면서 일어나는 융합의 과정을 밝히고자 했다.

문명 융합의 패러다임에 몰두하면서 그동안 여러 학술지에 발표한 논문들이 이 책의 일부분으로 활용되었다. 예를 들어 문화 유전자의 문제를 다룬 「문화의 변화에 대한 진화론적 설명 모형」(『철학』, 94집), 한국 철학의 현황을 다룬 「한국철학의 보편성과 특수성에 관한 실증 연구」(『학술원논문집』, 제56집 1호), 서구 문명 보편주의와 문명 다원주의를 다룬 「현대문명의 두 패러다임에 대한 비판적 고찰」(『OUGHTOPIA』, Vol. 32, No. 2) 등을 들 수 있겠다.

이 책의 가장 큰 특징은 현대문명을 설명하는 문명 융합의 패러다임을 단순히 이론적인 측면에서만 논의하지 않고, 실증적 자료를 통해 뒷받침하고자 했다는 점이다. 그렇지만 나의 시도가 얼마만큼 정당성을 확보할 수 있을지는 학계 제현의 판단에 맡길 수밖에 없다.

이 책은 한국연구재단의 우수학자 연구비를 받아 연구한 결실이다. 연구재단과 경희대학교 미래문명원의 지원이 없었더라면 아마도 이 책의 출간은 불가능했을 것이다. '인류 문명의 새로운 패러다임에 대한 탐구' 세미나를 함께하면서 영감을 불러일으키는 참신한 발표와 열띤 토론을 전개해준, 정연교, 신중섭, 정용덕, 허우성, 김기봉, 원만희, 윤평중, 전상인, 박현, 허라금, 허동현, 정종필, 송재룡, 정원섭, 강준호, 김현구, 이종찬, 강학순, 이택호, 박정순 교수님들에게 깊은 감사를 드린다. 실증적 자료 수집에 적극적으로 참여한 권오성, 김정균, 박성수, 이요한, 양재성, 박찬웅, 송영한, 이하석 조교들의 노고도 큰 도움이 되었다. 대체로 처음 계획했던 대로 연구는 진행되었지만, 여전히 미진한 부분들이 눈에 띈다. 몇 년간 씨름하던 문제를 잠정적이나마 종결하려 하니 홀가분하면서도 두려움이 앞선다.

2018년 12월
이한구 삼가 씀

서론:

왜 문명의 충돌이나 공존이 아니고 융합인가

　　세계화의 가장 큰 특징은 여러 문명 간의 지속적인 만남과 교류라 할 수 있다. 과거에도 문명 간의 만남은 있었다. 그렇지만 그것은 간헐적이었고, 인접 문명 간의 제한적인 만남이었다. 반면에 세계화 시대의 문명들의 만남은 모든 문명들이 동시에 부딪치는 피할 수 없는 전면적인 교류다. 이 때문에 문명들의 만남에서는 여러 방식에서 엄청난 문화적 충격이 발생할 수 있다. 토인비나 헌팅턴은 문명의 만남에서 충돌을 강조했다. 이런 논리는 이스라엘과 팔레스타인의 갈등을 비롯하여 최근의 중동 사태들을 기독교 문명과 이슬람 문명의 충돌로 설명한다. 이에 반해 하랄트 뮐러는 문명들의 만남에서 공존의 가능성을 확인하고, 문명의 공존을 주장한다.

　　문명의 충돌은 대체로 우수한 문명이 열등한 문명을 패퇴시키고 일방적으로 흡수, 통합하는 형태로 귀결된다. 공존은 각 문명들이 자신의 정체성을 보존하면서 함께 존재하는 양식이다. 충돌이든 공존이든,

모두 문명들은 독자적인 정체성을 갖고 나름대로 발전한다는 문명 다원주의에 기초해 있다.

나는 문명의 충돌이나 공존 대신에 문명의 융합을 주장한다. 이 책에서 나는 '문명의 융합'을 다음과 같은 논제들을 통해 논증하려고 했다.

첫째로, 세계화는 문명들의 전면적 만남이다. 세계화는 개별 국가들의 장벽이 낮아지면서 세계가 하나의 지구촌이 되는 현상이다. 이런 세계화는 처음에는 경제 영역에서 출발하여 하나의 세계시장으로 실현되었지만, 지금은 사회의 모든 영역에서 진행되는 보편적 현상이 되었다. 말하자면, 자본이나 상품뿐만이 아니고, 사람, 대중매체, 기술, 지식, 정보, 이데올로기가 서로 뒤섞이면서 하나의 새로운 세계를 만들고 있다. 나는 이런 세계화를 문명들의 전면적인 만남으로 규정했다.

문명이란 무엇인가? 문명이란 동질적 문화를 공유하는 공동체이다. 나는 문명의 구조를 3중 구조로 분석하여 설명했다. 말하자면, 문명은 가장 중심부에 근본적 신념체계가 자리 잡고 있고, 사회체제가 이를 둘러싸고 있으며, 가장 바깥에 과학, 기술이 존재하는 구조를 갖고 있다. 근본적 신념체계란 한 문명의 정체성을 결정하는 종교, 예술, 철학을 의미하며, 사회체제는 근본적 신념체계를 구체화시키는, 정치, 경제, 사회, 문화의 여러 제도들을 가리킨다. 과학, 기술은 모든 학문의 영역에서 논의되는 이론과학과 응용과학 및 기술을 포괄한다. 중심부로 갈수록 개성이 부각되고, 바깥 부분으로 갈수록 보편성이 지배한다. 문명의 전면적인 만남이란 이 세 영역 모두에서 뒤섞임이 일어난다는 것이다.

둘째로 문명은 문화 유전자들의 결합체이다. 이 논제는 문명의 존재론적 최소 단위가 문화 유전자이고, 이런 문화 유전자들이 유기적으로 결합하여 하나의 특이한 문명을 형성한다는 주장이다. 문화 유전자는 생물학적 유전자와 같이 정보의 원형이면서, 동시에 복제자들이다. 문화 유전자의 변화는 진화론적 기제에 따라 일어난다. 생체 유전자들이 생체 유전자 공급원에서 정자나 난자를 통해 육체에서 육체로 뛰어넘으면서 자신들을 번식시키듯이, 문화 유전자들도 두뇌에서 두뇌로 뛰어넘으면서 문화 유전자 공급원에서 자신들을 번식시킨다.

객관적 관점의 세계나 객관화된 정신의 세계 모두 문화라는 대양에 비유될 수 있고, 이런 세계에 거주하는 주민들, 즉 철학 사상이나 문학, 시, 예술, 종교적 관념, 과학적 이론과 기술, 그리고 기술적 작품, 도구, 무기, 수공업과 공업의 산물, 기념물, 건축물, 생활의 이기들 모두가 문화 유전자들이다.

셋째로, 정보사회는 문화 유전들의 융합을 가능하게 한다. 정보사회는 정보통신혁명에 의해 초래된 사회이며 정보통신기술이 정보통신혁명을 야기했다. 정보통신기술은 반도체의 소자기술, 컴퓨터의 정보처리기술, 위성통신과 광통신으로 대표되는 통신기술의 복합체다. 정보사회의 진화에 따라 (i) 세계는 점점 좁아져, 전 지구가 거미줄같이 연결되는 연결망 사회가 되며, (ii) 더욱 빠르게 이동하는 상호의존적 이동성 사회가 된다. 이런 이동성은 육체적 이동, 사물의 물리적 이동, 이미지를 통한 상상 이동, 가상공간을 통한 가상 이동, 메시지를 통한 통신 이동 등을 통해 나타난다. 동시에 (iii) 엄청난 자료들을 축적하고, 가공하고, 전송하는 빅데이터의 세상이 등장한다. 문화 유전자도 빅데이터의 한 종류로 분류될 수 있는 한에서, 문화 유전자의 총체적 헤쳐 모여가 가능해진다. 이것이 바로 문명 융합의 시발점이다.

융합은 혼합이나 혼종이 아니다. 혼합은 a와 b의 단순한 뒤섞임이지만, 융합은 일차적으로는 a와 b가 같은 방향으로 수렴되는 것이며, 궁극적으로는 새로운 c를 창출하는 것이다. 예컨대 핵융합은 두 개의 원자핵이 모여서 하나의 무거운 원자핵을 형성하는 것이다. 가벼운 원소의 핵융합은 에너지를 방출한다. 이로 말미암아 항성은 빛나며 수소폭탄은 폭발한다. 이런 융합의 원형은 여러 분야에서 원용되어 논의된다. 기술의 융합, 학문의 융합, 문명의 융합 등이 그런 사례들이다. 새로운 기술을 개발하는 실험실에서, 새로운 이론을 창안해내는 연구실에서, 새로운 문명을 창조해가는 세계화의 현장에서, 융합은 선택이 아닌 필수가 되었다. 융합은 이제 우리가 거역할 수 없는 시대정신이 되었다.

융합은 필연적으로 새로운 창조를 함축한다. 21세기 인류가 안정적인 생존과 지속 가능한 번영을 누리기 위해서는 인류는 새로운 문명을 창조해야 될 상황에 놓여 있다. 우리가 사는 정보사회는 과거의 어떤 사회와도 다르며, 과학기술문명의 발달에 따라 인류가 처한 위험수위는 과거 어느 때보다도 높다.

많은 사람들이 동양의 전통사상에서 인류의 미래를 구원할 메시지를 찾고 있다. 우리 스스로 잊어버리고 있던 동양문명의 보물을 다시 찾는 일은 필요하다. 그렇지만 이것이 충분조건일 수는 없다. 진정한 구원의 메시지는 이를 바탕으로 보다 새롭고 인류 보편적인 보물을 만들어낼 때만 찾아질 것이기 때문이다.

1장

세계화는 문명들의 전면적 만남이다

1절 세계화의 특성과 쟁점들

우리 시대의 가장 중심적인 화두는 '세계화'라 할 수 있다. 세계화는 상호의존성이 증가함에 따라 단적으로 우리가 사는 세상이 국가적 칸막이가 거의 소멸되는 하나의 지구촌(global village)이 되는 것이다. 말하자면 개별 국민국가와 이에 상응하는 개별 시민사회라는 서로 나누어져 있던 폐쇄적인 공간에서 우리가 살아가는 것이 아니라, 하나의 열린 공간에서 살아가는 것이다.[1]

하나의 지구촌은 물론 우리 시대에 와서 갑자기 나타났다고 하기는 어려울 것이다. 보는 관점에 따라 그것은 근대사회의 출발과 더불어 시작되었다고 할 수도 있다. 그것은 또 우리가 어떤 분야를 중심으로 이야기를 하느냐에 따라 매우 큰 시각 차이를 보여주기도 한다. 근대 자본주의 세계 체제를 주장하는 임마누엘 월러스타인(Immanuel Wallerstein)에 의하면 세계화의 출발은 서구의 팽창주의, 식민주의가 시작된 16세기까지 거슬러 올라간다. 앤서니 기든스(Anthony Giddens)는 18세기 근대 산업사회에서 세계화의 시발점을 찾으며, 하워드 펄무터(Howard Perlmutter)는 동유럽의 붕괴와 함께 세계화가 시작된 것으로 보고 있다.[2]

지구촌이라는 개념을 그의 『미디어의 이해』에서 처음으로 사용한 맥루한은 현대의 여러 미디어들, 특히 전자에 의해 세계는 하나가 되어가고 있다고 주장한다. "지구는 전자에 의해 좁혀져 하나의 촌락이 되었다. 전자의 빠른 속도는 모든 사회적, 정치적 기능을 갑작스레 하나로 만들어버렸으며, 그럼으로써 책임에 대한 인간의 의식이 극도로 높아졌다. 흑인과 십 대 그리고 몇 종류의 집단의 지위를 바꾼 것도 바로 이 때문이다. 그들은 이미 정치적인 의미에서 한정된 사회에 '봉쇄될' 수 없다. 전자라는 미디어의 덕택으로 그들은 이제 우리 생활 자체 속에, 그리고 우리는 그들의 생활 속에 '관여'하고 있다."[3] 이런 그의 주장은 새로운 미디어 인터넷과 전자통신 장비들이 그 후 더욱 실용화됨으로써 실질적으로 현실화되고, 더욱 가속화되었다고 할 수 있다.

이런 세계화의 문제에서 우리는 다음과 같은 의문들에 부딪친다. 첫째로 세계화는 과거와는 다른 완전히 새로운 현상인가, 아니면 기존 산업사회의 연속적인 흐름으로 보아야 할 것인가? 둘째로 세계화는 경제 영역에 국한되는 현상인가, 아니면 모든 영역에 걸친 전면적 현상인가?

1. 세계화에 대한 세 이론

우선 첫 번째 질문부터 검토해보자. '세계화'라고 부르는 현상이 과거와는 완전히 다른 현상인가, 아닌가? 이런 물음에 대해 세 가지 이론이 있다는 것은 잘 알려진 사실이다. 초세계화론(hyper-globalist thesis)과 회의론(sceptical thesis), 그리고 전환론(transformational thesis)은 우리가 '세계화'라고 부르는 현상에 대한 진단이 서로 다르다.[4]

초세계화론은 1990년대 시작되어 지금까지 계속되는 세계화의 규모나 범위, 그리고 속도에서 급격한 변화를 기술하기 위해 사용된 용어이다. 그것은 경제적 세계화, 정치적 세계화, 문화적 세계화를 포괄한다. 이 말은 하버드대학 경제학자 대니 로드릭(Dani Rodrik)[5]이 지나친 세계화를 비판하기 위해서 처음 사용했다. 즉 그는 다국적 기업들이 개별 국가의 규제를 받지 않는 정도로까지 허용하는 세계화를 초세계화라 불렀다. 말하자면 초세계화는 개별 국가의 주권을 위협할 정도로 너무 멀리 나간 세계화를 일컫는다. 그렇지만 현재 이 말은 부정적인 의미만을 갖는 것은 아니다. 타크쉬 이노우에(Takshi Inoue)[6]는 초세계화의 세 가지 힘을 든다. 세계 무역의 대규모 성장이 국경을 넘는 경제적 통합을 만들어냄으로써 창출되는 경제적 힘, 인터넷이 사회적 장벽을 허물어뜨림으로써 나타나는 의사소통의 힘, 기술의 새로운 혁신으로부터 오는 기술적 파괴력이 그것이다.

초세계화론은 국경을 초월하는 무역과 생산의 흐름이 완전히 새로운 지구적 질서를 만들고 있으며, 세계무역기구(World Trade Organization) 같은 국제적 조직 때문에 개별 국가들은 더 이상 국가 경제를 완전히 통제할 수 없다고 주장한다. 말하자면 세계화는 지금껏 존재하지 않았던 전혀 새로운 현상이라는 것이다.

초세계화론자들은 열린 시장과 자유무역 덕분에 더욱더 많은 사람들이 성장하는 세계 경제의 번영에 참여하는 계기가 마련되었다고 본다. 경제적, 정치적 상호의존은 갈등을 줄이고 공동 가치에 대한 관심을 증가시키며, 민주주의와 인권은 수십억의 사람들에게 전파되었다는 것이다. 초세계화론자들에게 현재의 세계화 단계는 개별 국가의 종언을 예고하며, 경제의 탈국가화를 의미한다.

이런 주장은 다음과 같이 요약된다. 개별 국가는 이제 더 이상 지리적으로 한정된 개별 국민국가의 경제를 통제할 수 없다. 개별 국가의 정부가 서서히 의미를 상실해감에 따라, 세계의 장벽은 점차 없어질 것이다. 현재 세계의 정치적, 경제적 단위인 개별 국가는 지구적 협치 기구에 의해 대체될 것이다. 자유민주주의의 지구적 확산은 지구적 협치 기구의 탄생을 촉진할 것이며, 이런 정치적 기구는 경제 영역에서 국제통화기금(IMF)이나 세계무역기구(WTO) 같은 것이 될 것이다.

이에 반해 회의론은 단일한 세계 경제라는 개념 자체를 부정한다. 현대 경제체제는, 무역 블록 같은 넓은 지역화를 등장시킨 것은 사실이지만, 아직 진정한 세계 경제라고 할 만한 정도로 통합되지는 않았다는 것이다.

회의론은 현재 수준에서의 경제적 통합은 전혀 새로운 것이 아니며, 세계화에 관한 많은 담론이 지나치게 과장되었다고 본다. 이들의 주장에 따르면, 현재의 경제적 통합은 실제로는 19세기 후반의 경제적 통합보다 못하다. 그 이유는 그 당시 거의 모든 나라들이 금본위로 알려진 공동의 금융체계를 공유하고 있었기 때문이다. 개별 국가의 역할이 축소될 것이라는 초세계화론자들의 주장에 대해서도 회의론자들은 동의하지 않는다. 개별 국가는 여전히 국제적 경제활동을 규제할 수 있다는 것이다. 이들은 현재의 현상을 세계화가 아니라 차라리 지역화(regionalization)라고 해야 한다고 주장한다. 세계 경제는 유럽, 북아메리카, 동아시아라는 거대 블록에 의해 지배되고 있기 때문이다. 또한 이들은 지역화와 세계화를 모순적인 관계로 이해하려고 한다. 이 세 블록의 지배 때문에, 세계 전체는 실제로는 옛날보다 통합되지 않았다고 본다.

한편 전환론자는 세계화의 현재 과정이 역사적으로 경험하지 못한 초유의 과정이라고 본다. 세계와 지방, 국내적인 일과 국제적인 일의 구분이 지금처럼 명료하지 않고 뒤섞인 적은 없다는 것이 주된 이유이다. 이들은 세계화가 세계 질서를 변화시키는 원동력이며, 과거와는 다른 새로운 변혁이 일어나고 있다는 것을 인정한다. 또한 이들은 경제적, 기술적, 정치적, 문화적 변혁은 세계의 모든 부분들을 하나의 거대한 세계 체제로 통합시킨다고 본다. 우리는 하나의 세계를 향해 나아가고 있다는 것이다. 이 점에서 회의론자와는 다르다. 그렇지만 이들은 이런 변화가 장밋빛 미래를 보장해준다고 보지는 않는다. 이 점에서 이들은 초세계화론자와도 구별된다. 이들은 세계화를 하나의 장기적인 역사적 과정으로 이해한다.

전환론자들은 초세계화론자만큼 낙관적이지 않다. 초세계화론자들은 세계화가 진행됨에 따라 새로운 사회구조는 평등이 보장되는 방향으로 형성되리라고 주장한다. 반면에 전환론자들은 오히려 그 반대라고 주장한다. 세계화는 사회 계층화를 초래하고 부의 불평등을 심화시킬 것으로 보고 있다. 이들에 의하면 세계는 세 계층, 즉 지배 계층, 궁

지에 몰린 중간 계층, 하위 소외 계층으로 구성될 것이며, 국내적으로
도 부의 불균형은 심화될 가능성이 높다.

데이비드 헬드 등은 이들을 다음과 같이 총괄적으로 정리한다.

표 1.1 지구화 개념의 3대 경향[7]

	초지구화론	회의론	전환론
무엇이 새로운가?	지구적 시대	무역 블록, 초창기보다 약화된 지리적 협치	역사적으로 유례없는 수준의 지구적 상호연결성
지배적 특징	지구적 자본주의 지구적 협치 지구시민사회	1890년대보다 상호의존성이 덜한 세계	'밀집형'(강도 높고 광범위한) 지구화
국가정부의 권력	쇠퇴 또는 훼손	강화 또는 증진	재구성, 재구축
지구화의 추동력	자본주의와 기술	국가와 시장	근대성의 복합적 세력들
계층화의 유형	구 위계구조의 침식	남반구의 주변화 증대	새로운 세계질서 구축
지배적 모티브	맥도날드, 마돈나 등	국익	정치 공동체의 변화
지구화의 개념화	인간 행위틀의 재조직화	국제화와 지역화	지역관계의 재조직화와 원거리 행위
역사적 궤적	지구적 문명	지역 블록/문명 충돌	비결정적: 지구적 통합과 분절
주장의 요약	국민국가의 종말	국제화는 국가의 동의와 지원에 의존	지구화가 국가권력과 세계 정치를 전환시킴

2. 세계화의 영역

이런 세계화를 경제적 영역에 국한해서 논의할 것인지, 아니면 경제
를 포함한 사회, 문화의 영역까지 확대해서 논의할 것인지도 중요한
물음이다. 이 문제에 있어서도 의견은 서로 다르다. 세계화의 동인과
기제는 네 가지로 분류되기도 한다.[8] 그것은 세계 체제론, 지구 자본
주의론, 지구 문화론, 세계 사회론 등이다. 세계 체제론과 지구 자본주

의론은 경제 영역을 중심으로 해서 세계화를 논의하는 이론인 데 반해, 지구 문화론과 세계 사회론은 세계화가 단순히 경제 영역에 국한된 현상이 아니라 사회, 문화의 영역까지 확대해서 논의할 수밖에 없는 현상이라고 본다.

세계 체제론(world system)은 임마누엘 월러스타인이 일찍부터 주장해온 이론으로, 자본주의 세계 경제를 하나의 단일한 세계 체제라고 주장하는 견해이다. 세계 체제론에 의하면 세계화란 제2차 세계대전 후 자본주의 중심국들 간에 세계시장을 놓고 벌어지는 치열한 경쟁을 의미한다.

그는 근대 세계 체제가 16세기경에 발생한 후 19세기 초반부터는 전 지구 위에 하나의 자본주의 세계 체제로 확대되어왔다고 주장한다. 그의 세계 체제론은 개별 국가 발전론과는 대립되는 개념으로, 사회 변동의 이론적 분석 단위를 개별 국가가 아니라 하나의 전체로서의 세계 체제로 보는 이론이다. 그는 다음과 같이 말한다. "우리는 세계 체제라는 사실을 인정함으로써만 근대사의 자료 — '보편'과 '특수'의 양자 모두 — 를, 사회구조가 세계사 속에서 보여준 과정을 설명할 수 있다."[9] 그는 세계 체제를 중심부와 반주변부, 그리고 주변부라는 틀로서 설명한다. 예컨대 근대 세계 체제가 탄생할 당시의 중심부는 북서부 유럽이며, 스페인과 포르투갈의 남부 유럽이 반주변부로, 그리고 동유럽과 남미가 주변부로 편성되었다. 물론 세계 체제가 확대되어감에 따라 중심부와 반주변부, 주변부는 이동한다.

월러슈타인에 의하면 자본주의 세계 체제가 갖는 특징은 세계가 경제적으로 통일체를 형성하면서도 정치적으로는 여러 개별 국가들로 독립되어 있다는 것이다. 로마 제국이나 원 제국 같은 고대의 제국들은 정복된 국가들의 정치적 독립을 허용하지 않는 포괄적인 통일체였다. 이들 제국들이 와해될 수밖에 없었던 결정적인 이유는 거대한 제국을 통치해가는 비용이, 즉 군사비나 관료 유지비가 착취로부터 얻어지는 경제적 이익을 초과하기 때문이었다. 이와는 반대로 자본주의 세계 체제는 불평등 분업 체제에 기반하면서도 개별 국가들의 정치적 독립을 형식적으로는 허용함으로써 유지 비용이 절감되어 고대 제국에 비해서는 더욱 장기적으로 존속할 수 있는 체제이다.

반면에 기든스는 18세기 근대화가 시작되면서 세계 체제가 출발하는 것으로 보고 있다.[10] 이러한 근대 세계 체제론은 인터넷을 통한 전자 상거래가 일상화됨으로써, 다시 말해 경제적으로는 국경이 어떤 제약 조건으로서의 의미를 상실한 하나의 실질적인 세계시장이 형성됨으로써 완전히 현실화되었다고 할 수 있다.

우리가 세계시장 체제에 편입되어 있는 것은 의문의 여지가 없다. 우리는 1995년 탄생한 세계무역기구 WTO의 회원국[11](2016년 기준 164개 국가 가입)이며, 세계의 여러 나라들과 자유무역협정(FTA)(2019년 1월 기준 발효 53개국, 타결 5개국, 협상 중 9개국)을 맺고 있다.[12]

지구 자본주의론(global capitalist system)은 세계화를 개별 국민국가의 자율성이 축소되어 자본의 초국가화가 진행되면서 수반하는 구조적 변화라고 규정한다. 레슬리 스클레어(Leslie Sklair)는 세계화의 특징으로서 '초국가적 실천(transnational practices)'의 개념을 제시한다. 이것은 초국가적 기업, 초국가적 자본가 계급, 소비주의 이데올로기로 특성화되는데, 이 중에서도 초국가적 자본가 계급이 가장 중요하다. 말하자면, 세계화란 어떤 국민국가 내부의 자본가 계급이 아니라, 개별 국민국가를 넘어서는 자본가 계급이 자신의 이해관계를 추구하는 기획이라는 것이다.

초국가적 실천은 경제적 영역, 정치적 영역, 문화적 이데올로기적 영역에서 작동한다. 스클레어는 이 전체를 지구적 체계(global system)라 부른다.

초국가적 자본가 계급은 다음과 같은 네 부분으로 구성된다. 스클레어는 이들 집단이 세계적인 지배 계층을 형성한다고 본다.[13]

i) 초국가적 자본가 경영진과 그들의 지역 회사들
ii) 세계화된 국가 관료들
iii) 세계화된 정치가들과 전문가들
iv) 소비자 지배 계층(상인, 대중매체)

지구 문화론(global culture)은 세계화를 개별 국가를 넘어서는 초국가적 문화의 등장으로 본다. 그리고 이런 초국가적 문화가 어떻게 등장하게 되었는가 하는 물음에서는 초국가적 기업의 활동과 매스미디어의 전 지구적 확산, 정부 간 기구 및 비정부 간 기구의 전 지구적 확장이 논의된다. 또한 이런 문화적 흐름은 동질성과 무질서를 함께 초래한다고 주장한다.[14]

그렇지만 초국가적 문화의 등장이 문화 제국주의와 동일시되는 것은 아니다. 문화 제국주의는 1960년 선진 자본주의 문화의 세계적 확산에 대한 마르크스주의적 비판으로 제기되었다. 이것은 중심 국가가 주변 국가에 특정 신념이나 가치, 지식, 행동규범을 부과한다는 이론이다. 미국의 코카콜라나 햄버거, 할리우드 영화가 전 세계로 확산되는 것이 그 실례로서 제시된다. 톰린슨은 문화 제국주의를 다음과 같이 규정한다.[15]

ⅰ) 서구 혹은 미국 문화가 전 지구적인 것이 된다.

ⅱ) 문화는 자본주의 생산 체계나 시장의 확장과 밀접하게 연관되어 있으므로, 문화적 지배는 경제적 지배의 연장으로 볼 수 있다.

이런 문화 제국주의 논리가 현재의 초국가적 문화의 등장을 충분히 설명해주지 못하는 것은 분명하다. 그 이유는 현대 세계의 문화적 흐름은 일방향적이라기보다는 쌍방향적으로 나타나는 경우가 많고, 문화의 동질화보다는 문화의 혼합이 주로 일어나고 있기 때문이다. 다이애나 크레인(Diana Crane)은 동질화 대신 문화적 혼종을 주장한다.[16] 그는 문화적 혼종성은 다양한 방식으로 나타난다고 보고, 서구 문화와 비서구 문화의 혼합도 그런 혼종의 하나라고 예시한다. 크레인은 문화적 지구화에 대한 두 가지 모델을 제시한다.[17] 한 모델은 문화적 지구화는 동질화된 세계 문화를 낳지 않는다는 것이다. 이때 다문화주의가 지배적 경향으로 등장하며, 국가적 정체성은 비교적 그대로 유지된다. 다른 모델은 문화적 지구화는 질서 있는 단일 방향적 과정이 아니라, 긴장과 경쟁, 그리고 갈등이 가득한 무질서한 과정이라는 것이다.

이러한 모델은 지구화를 유동적이고, 비결정적이며, 개방적으로 보는 관점에서 연유한다. 문화적 지구화가 가져온 결과 중 지구 의식(global conscionsness)의 창발은 매우 중요한 의미를 갖는다. 이것은 사람들의 세계에 대한 이미지를 근본적으로 바꾸어, 그들의 일상생활에서 지구적 기준이나 지구적 준거를 고려하도록 만들었기 때문이다.

세계 사회론(world society)은 세계화를 보편적 세계 문화를 기초로 한 개별 국가들의 동형화 과정으로 해석한다. 이것은 세계 체제의 동질성이 아니라 동형화에 주목하여, 개별 국가들은 가치관이 서로 다르다고 할지라도 헌법, 대중 교육 체계, 경제 정책, 인권의 향상, 보편적 복지 체계 등에서 거의 동일한 모습으로 존재하게 된다는 것이다.

세계화가 가장 극명하게 드러나는 분야는 경제 영역이다. 세계화의 측면에서 보면 경제적 영역은 언제나 선두주자였다. 세계 사회는 세계 시장 사회다. 울리히 벡(Ulrich Beck)이 세계시장의 형이상학을 비판하고 있지만, 단일 세계시장의 탄생은 이제 어쩔 수 없는 현실이 되었다. 금융과 상품에서의 국경은 아예 존재하지도 않는 듯 여겨진다. 이들의 흐름을 가로막았던 제약과 국경은 허물어지고, 과거의 흔적들만 다소 남아 있는 상태이기 때문이다.

이런 세계화는 정치적, 사회적, 문화적인 영역에도 새로운 변화를 몰고 왔다고 할 수 있다. 우선 하나의 세계시장을 운영, 관리하려면 국가 간의 협력은 필수적이다. 여기서 국가 간의 협력 체제나 여러 형태의 초국가적 공동체가 강구되는 반면, 개별 국가의 권한은 상대적으로 축소되지 않을 수 없는 상황으로 바뀌고 있다. 우리가 부딪히는 문제나 사건들도 초국가적, 초국민적 성격을 갖는 것으로 드러난다. 예컨대, 공해, 환경, 마약, 전염성 질병 등은 어느 국가가 단독으로 해결할 수 있는 문제가 아니며, 올림픽, 월드컵, 테러 조직과의 전쟁, 세계 경제 불황 등도 어느 한 국가에 국한된 사건이 아니다. 이렇게 되면서 문화적으로도 서로 뒤섞이는 현상이 나타난다. 이런 소용돌이 속에서 형식적이든 내용적이든 다수의 세계 사람들이 공감하는 것들이 등장하기 시작하고, 동시에 고유의 문화적 전통은 점점 골동품같이 되어가는 현상도 나타난다. 나는 지구 문화론이나 세계 사회론에 상당 부분 공감하면서도 세계화를 이들보다 더욱 전진시켜 문명의 융합 차원에서 다루고자 한다.

이제 세계화는 현대사회의 전면적인 현상이 되었다. 물론 경제적인 측면에서 그 시작의 뿌리를 찾을 수 있다 할지라도, 현재는 경제적 영역을 넘어섰기 때문이다. 아르준 아파두라이(Arjun Appadurai)는 세계화를 민족 경관(ethno-scape), 미디어 경관(media-scape), 테크노 경관(techno-scape), 파이낸스 경관(finance-scape), 이데오 경관(ideo-scape)이라는 다섯 갈래 흐름이 만들어내는 선접적인 관계로 파악한다.[18] 민족 경관이란 개별 국가의 경계를 넘어 이동하는 사람들이 만드는 지형이며, 미디어 경관은 대중매체가 만들어내는 전 지구적 지형이다. 그리고 테크노 경관이란 기술의 전 지구적 이동과 재배치를 통해 만들어지는 지형이며, 파이낸스 경관이란 전 지구적으로 이동하는 자본이 만들어내는 지형이고, 이데오 경관은 사상이나 지식, 법 등이 만들어내는 전 지구적 지형을 의미한다. 다시 말해 이런 관점은 사람, 대중매체, 기술, 자본, 이데올로기가 서로 뒤섞이면서 세계화를 형성한다고 보는 것이다. 이것은 세계화란 단순한 세계 경제적 단일 시장의 형성이 아니라, 문명의 전면적인 교류라는 것을 의미한다.[19]

3. 세계화에 대한 평가

세계화에 대한 평가에 있어서도 견해들은 엇갈린다. 세계화를 긍정적으로 보는 초세계화론은 국제적 자본주의의 팽창과 동질적인 지구 문화의 창출 때문에 지방문화가 쇠퇴하고 세계화가 급속하게 진행되고 있다고 주장하며, 세계화에 대해 경제성장과 번영을 촉진하고 민주주의를 확산시키는 과정으로 간주한다. 토머스 프리드먼은 다음과 같이 제시한다.[20]

ⅰ) 증가한 국제무역은 많은 나라에서 부, 건강, 교육을 향상시켰다.

ⅱ) 애플, 소니 등과 같은 다국적 회사들이 개발 국가들에게 투자와

직업을 제공했다.

iii) 소비 패턴이 보편화되고 있다. 세계의 많은 사람들이 생존에 허덕이지 않고 여유를 갖게 되었다.

iv) 월드컵이나 올림픽 같은 사건들이 더욱 대중적이 되었다.

v) 민주주의와 인권이 확산되었다,

vi) 사회 매체의 성장은 세계 도처에 자유를 확산시켰다.

vii) 세계화는 세계 도시, 즉 높은 교육과 정치적으로 참여의식이 강한 중산층을 가진 도시 중심의 계속적인 성장을 가져왔다.

세계화에 대해 부정적인 사람들은 세계화를 강대국의 세계 지배 내지는 신제국주의 논리로 보고 거부한다. 이를 경제적, 정치적, 사회적, 문화적 측면으로 나누어 정리해보면 대체로 다음과 같다.

i) 경제적 측면 : 세계화는 가난한 나라에는 좋지 않다. 만약 모든 나라가 장벽 없이 자유롭게 거래를 하게 되면, 일찍 근대화한 선진 여러 나라는 지금 근대화를 추진하고 있는 나라들보다는 유리할 것이다. 이것은 일반적으로 빈익빈부익부를 조장한다. 개별 국가의 차원에서 보면, 육체노동자의 일자리는 임금이 낮은 지역으로 이전되고, 고급 두뇌 일자리는 급료가 높은 지역으로 이전되는 불균형이 발생한다.

ii) 정치적 측면 : 세계화는 다국적 기업이나 부자 계층이 영향력을 행사하는 정치체제를 만든다. 권력이 강대국에 더욱 집중되어 견제가 어려워지거나 무정부 상태가 된다.

iii) 사회적 측면 : 사회 안전망이 없어질 것이다. 사기가 더욱 극성을 부릴 수 있다. 질병이 더욱 빠른 속도로 퍼진다. 환경에 부정적인 영향을 미칠 수 있다.

iv) 문화적 측면 : 문화의 다양성을 잃어버린다. 국가, 민족 단위로 형성되었던 정체성을 상실한다.

어떤 사람들은 세계화를 거스를 수 없는 대세로 보면서 영역별 발전의 불균형이 오히려 심각한 문제가 된다고 다음과 같이 주장하기도 한다. "우리 시대의 가장 큰 문제는 정치와 경제가 균형 있게 발전하지 못하고, 경제적인 진행과정이 정치적인 과정보다 훨씬 앞서간다는 사실이다. 경제적으로 세계는 이제 거의 통일되었다. 그러나 정치적으로 세계 각국은 갈가리 나누어져 있다. 이 두 영역이 서로 조화를 이루지 못하고 긴장관계에 놓여 있기 때문에 국제사회는 동요하고 조화로운 사회생활은 무너지고 있다."[21]

문명사의 관점에서 보면, 세계화는 일단 새로운 현상이라 하지 않을 수 없다. 이런 주장의 결정적인 이유는 정보통신혁명에 의해 세계는 과거와는 완전히 다르게 변화하고 있기 때문이다. 물론 그 뿌리는 임마누엘 월러스타인이 주장한 것처럼 16세기 자본주의 경제체제의 탄생으로까지 거슬러 올라갈 수 있다 할지라도, 전 지구를 실질적으로 하나의 지구촌으로 만든 것은 정보통신혁명이라는 3차 혁명이 없었다면 불가능했을 것으로 판단되기 때문이다. 회의론자들은 정보통신혁명이라는 역사적 계기가 지닌 의미를 충분히 이해하지 못했다.

그뿐만 아니라 세계화는 좋고 나쁘고의 차원이 아니라 불가피한 현실로서 받아들여야 할 것으로 생각된다. 얼핏 보면, 선진국은 마음대로 활동할 수 있는 시장이 넓어지므로 좋다고 할 수 있고, 개도국이나 후진국은 자신의 앞마당까지 점령당할 지경이니 나쁘다는 생각이 들 수 있다. 그렇지만 세계화가 언제나 선진국에게 유리한 것도 아니며, 개도국이나 후진국이라 할지라도 세계화의 혜택을 전면적으로 부정하지는 못할 것이다. 결정적인 문제는 우리가 세계화를 앞으로 어떤 방향으로 진행되도록 조절할 수 있을 것인지를 검토하는 일이라고 할 수 있다.[22]

2절 문명의 의미와 존재론

1. 문명이란 무엇인가

1) 문명의 의미

문명은 야만이나 미개와 대립되는 발전되고 세련된 삶의 양태를 의미한다. 그것은 개인에 대해 적용되기도 하고 어떤 사회를 가리키기도 한다. 예컨대 개인에 대해서는 야만인에 대립되는 문명인으로, 사회에 대해서는 야만사회에 대립되는 문명사회로 사용된다.

보통 도시의 탄생과 문자의 발명은 문명사회와 미개사회를 가르는 기준이 된다. 우리는 문자가 있느냐 없느냐에 따라 선사시대와 역사시대를 구별하지만, 야만과 문명으로 구별하기도 한다. 문자의 중요성은 의심의 여지가 없다. 제1차 정보혁명으로 불리기도 하는 문자의 발명과 함께 과학기술의 축적과 진화가 가능해졌기 때문이다. 도시의 탄생과 더불어 사회의 복잡한 제도와 조직이 만들어지고, 고급문화가 창조된다. 우리가 문명사회를 물질적, 기술적, 사회적으로 발전된 상태로 규정하는 것은 이런 이유 때문이다.

물론 문명과 야만의 구체적 기준은 논의되는 상황에 따라 상대적으로 변화하기도 한다. 오늘날의 기준에서 보면 여성 차별이나 인권의 유린에서 야만으로 평가될 수밖에 없는 사회라 할지라도 고대의 기준에서 보면 문명사회일 수 있기 때문이다. 또한 오늘날의 문명사회라 할지라도 미래의 더욱 높은 기준에서 보면 야만사회에 불과할 수도 있다. 그런데도 불구하고 현재의 논의에서 우리가 이 문제에 크게 신경 쓰지 않는 것은 문명의 내용적, 질적 기준이 아니라 문명 일반의 형식적 기준에 논의의 초점이 맞추어져 있기 때문이다.

지그문트 프로이트는 심리학의 관점에서 문명을 설명하면서, 문명을 자연과 사람에 대한 일련의 사회적 관습과 규율로 정의한다. "'문명'이라는 말은 우리의 삶을 우리의 원시 선조들의 삶과 구별 짓고 자연에 대해서 인간을 보호하고 인간들의 상호관계를 조정하는 두 목적에 봉사하는 성취와 규율의 총체이다."[1] 말하자면, 문명은 외부적으로는 자연의 폭력을 막고, 내부적으로는 공동체 구성원들의 욕망을 조절하는 장치라는 것이다.

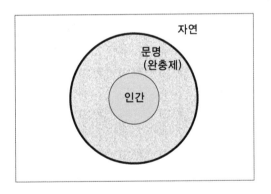

그림 1.1 문명은 인간과 자연의 완충장치다.

프로이트는 에로스(사랑)와 아난케(운명)가 문명을 탄생시킨 부모라고 이해한다. 문명이란 일차적으로 사람들이 공동체를 이루어 함께 살게 됨을 의미하는데, 이런 공동체적 삶은 두 가지 기초를 갖지 않을 수 없기 때문이다. (ⅰ) 하나는 외부적 필요성에 의해 요구되는 노동의 강제(운명)이고, (ⅱ) 다른 하나는 남자에게는 자신의 성적 대상을 뺏기지 않도록 노력하게 만들고, 여자에게는 몸에서 나온 자신의 일부분인 자식과 떨어지지 않게 만드는 사랑의 힘(에로스)이 그것이다.

아난케의 관점에서 보면, 문명은 먼저 자연의 도전에 대한 인류의 응전으로 나타난다. 인류는 지구를 우리 인간에게 쓸모 있는 곳으로 만들고, 자연의 난폭함에 맞서 우리 자신을 보호하려고 노력해왔다. 이러한 활동의 결과가 문명으로 나타난 것이다. 문명화의 초기 과정에서 나타난 불에 대한 지배력의 확보나 도구의 개량, 그리고 주거지의 건축은 엄청나게 중요한 의미를 갖는다. 자연의 폭력에 대한 인간의 성공적 응전이기 때문이다. 도구는 인간의 신체 기능을 확장시킨 것이다. 예컨대 현미경이나 망원경은 눈의 기능을 확장시킨 것이고, 자동차는 발을 대신하고, 엔진은 몸의 근육을 대신하게 한 것이다. 이 모든 것이 문명의 성취물이다. 이런 관점에서 프로이트는 다음과 같이 주장한다. "인간은 오래전에 전지전능함이라는 관념을 만들어내고 신들에게 이것을 부여했다. 우리는 이런 식으로 자신의 성취할 수 없는 소망이나 금지된 모든 것을 신들에게 귀속시켰다. 그러므로 신들을 문명의 이상이라고 간주할 수도 있다. 오늘날 인간은 이상의 성취에 매우 가까이 도달했고, 그 자신이 거의 신이 되다시피 했다."[2]

에로스의 관점에서 보면, 문명은 또한 공동체를 구성하여 함께 사는 일이기도 하다. 공동체의 구성에서 가장 큰 문제는 사회적 관계를 어떻게 형성할 것인가 하는 것이다. 사회적 관계를 규율하려는 시도와 함께 문명이 등장한다고 할 수 있다. 만약 사회적 관계에 대한 규율이 없다면, 강자가 약자를 자의적으로 지배하는 자연 상태와 문명은 구별되기 어려울 것이다. "다수가 결합해서 분리된 개인보다 강해지고, 그 다수가 분리된 개인들에 맞서 결합을 유지하고 있을 때에만 공동체적 삶은 가능하다. 이때 이 공동체의 힘은 '야만적인 힘'이라고 비난받는 개인의 힘에 맞서 '올바른' 것이 된다. 공동체의 힘이 이렇게 개인의 힘을 대체하는 것이야말로 문명을 향한 결정적인 전진이다."3) 법은 이런 공동체의 힘과 의지를 나타낸다. 공동체가 커짐에 따라 공동체 내의 특정 계급이나 특정 계층이 공동체의 의지를 대표하지 못하도록 하는 일이 다시 중요한 일로 등장한다.

프로이트는 가족을 성립시킨 사랑은 문명 속에서 다음과 같이 계속 해서 작동한다고 본다. 한편으로 그것은 직접적인 성적 만족의 형태를 유지하고, 다른 한편으로 성적 만족의 추구가 금지된 애정이라는 변형 된 형태를 만들어낸다. 이 형태들은 많은 사람들을 결합시킨다. 이들 은 모두 가족 밖으로 확장되며, 이전에는 낯선 관계였던 사람들을 새 롭게 결합시킨다. 이런 과정에서 우정이 탄생한다. 성적 만족을 추구 하는 사랑에서 성적 추구가 금지된 애정으로, 다시 우정으로 리비도의 범위가 확장된다. 여기서 사랑과 문명의 갈등이 나타난다. 가족 구성 원들이 더 긴밀하게 결속할수록, 그들은 타인으로부터 자신들을 분리 시키며, 이런 분리는 삶이 더 넓은 집단으로 편입되는 것을 어렵게 만 든다. 그렇지만, 문명화는 대대적인 제약을 통해 사랑을 위협한다. "문명은 활용 가능한 모든 방법을 동원해 공동체 구성원을 리비도적 으로 결합하려 시도할 뿐 아니라, 그 목적을 달성하는 어떤 수단이라 도 지지하며, 우애의 관계를 통해 공동체의 유대를 강화시키기 위해 성적 만족의 추구가 금지된 리비도를 대규모로 동원한다. 이런 목적을 성취하기 위해서는 성생활의 제약이 불가피하다."4)

인간을 이기적 욕망의 존재로 보는 프로이트는 공격성이 인간에게 내재된 고유한 욕망적 특성이며, 이것이 문명의 가장 큰 장애물이라고 주장한다. 말하자면, 인간은 단지 공격을 받았을 때 자신을 보존하고자 하는 유순한 존재가 아니라, 원초적으로 이웃을 자신의 도구로 사용하는 공격적인 존재라는 것이다. 보상 없이 약자의 노동을 착취하고, 동의 없이 성적으로 이용하고, 소유물을 강탈하고, 자신의 뜻대로 되지 않으면 고문하고 죽이기까지 하는 존재, 그것이 인간이라는 것이다. "만인은 만인에 대해 늑대이다(Homo Homini Lupus)"라는 말이 이런 특성을 가장 잘 나타낸다고 할 수 있다. 프로이트는 이런 주장을 뒷받침하기 위해 다음과 같은 질문을 던진다. "민족의 이동과정에서 자행된 야만 행위, 훈족의 침입이나 칭기즈칸이나 티무르의 지휘를 받은 몽골인들, 신심 깊은 십자군의 예루살렘 정복, 혹은 세계대전을 실제로 기억하는 사람들이라면, 이런 주장을 감히 반박할 수 있을까?"[5]

이런 인간상은 문명과 잘 조화되지 않는다. 말하자면, 타인을 향한 인간의 이런 원초적인 적대감 때문에 문명은 끊임없이 해체의 위험을 감수해야 한다. 그러므로 문명은 인간의 공격성을 통제하기 위해 최대한 노력하지 않을 수 없다. 이를 위해 문명은 사람들로 하여금 자신들을 타인과 동일시하게 하여 네 이웃을 너 자신처럼 사랑하라는 이상적인 계율을 지키도록 강요한다. 이런 사실들이 우리가 문명 속에서 행복해지기 어려운 이유들이다.

프로이트는 문명이 처음 기대했듯이 그 구성원들에게 결코 행복의 원천만은 아니라고 주장한다. 문명은 결국 인간의 기본적 본능과 충동을 억누르는 사회적 억압으로 작용하기 때문이다. 그는 다음과 같이 말하기도 한다. "우리가 문명이라고 부르는 것은 대체로 우리의 비참

함에 책임이 있다. 만약 우리가 문명을 포기하고 원시 상태로 돌아간다면 우리는 훨씬 행복할 것이다."6) 욕망의 충족이라는 측면에서만 보면, 원시인들은 그들의 욕망이 제한받지 않았기 때문에 실제로 더 행복했다고 할 수도 있다. 같은 맥락에서 미셸 푸코(Michel Foucault)도 문명이 초래하는 부작용에 대해 격렬하게 비판한다. 문명 속에서 인간은 더욱 불행해졌다는 것이다. 인간의 불평등은 문명과 더불어 시작되었으므로 "자연으로 돌아가라"고 외친 장 자크 루소의 비판도 같은 맥락이라 할 수 있다.

문명이 초래하는 이런 불만족을 강조한다고 해서, 문명 이전의 상태로 돌아가는 것이 현실적으로 가능한 것은 아니다. 문명 비판가들도 이 점은 잘 알고 있다. 일단 문명이 시작된 이상 그 전의 상태로 돌아가는 것은 불가능하다고 할 수 있다. 자연 상태에서는 행복과 불행 이전에 안전에 치명적인 위험이 존재하기 때문이다. 뿐만 아니라 문명과 야만이 대결할 때 야만은 경쟁에서 결코 승리할 수 없다는 점도 간과될 수 없다.

프로이트는 또한 개인의 자유는 문명의 산물이 아니고 자유에 대한 갈망은 오히려 문명 전체와 갈등관계에 있다고 주장한다. 그는 이런 주장의 근거로서 어떤 문명도 존재하기 이전의 자연 상태에서 개인은 가장 큰 자유를 누렸다는 점을 지적한다. "문명의 발전은 개인의 자유에 제한을 부과하며, 정의는 어느 누구도 이러한 제약을 회피할 수 없도록 요구한다."7) 그렇지만 우리는 자연 상태에서 자유가 어떤 가치를 갖는가 하는 의문을 제기할 수 있다. 자연 상태에서 개인은 자유를 지킬 수 있는 입장에 있지 않기 때문이다. 뿐만 아니라 문명의 발달을 개인적 행복의 측면에서만 바라볼 수는 없다. 문명의 발달은 바로 인류의 생존을 위한 투쟁이 결과이기 때문이다.

문명이 욕망의 포기나 승화라는 전제 위에 기초하고 있다는 프로이트의 주장은 맞는 말이다. "욕망의 승화는 특히나 두드러진 문명 발달의 징표인데, 그것은 과학, 예술, 사상 등의 고차원적인 심리활동이 문명화된 삶에서 중요한 역할을 떠맡도록 만든다."[8] 또한 인간은 공동체의 부당한 제약에 대항해 투쟁해왔으며, 인류 투쟁의 대부분은 개인의 요구와 집단적 문명의 요구 사이의 적절한 균형점을 찾으려는 시도였다는 주장도 틀렸다고 하기는 어렵다. 그렇다 할지라도 자연 상태를 기준으로 한 그의 문명 비판은 비현실적이어서 설득력이 약한 것으로 생각된다.

문명에 대한 심리학적 설명과는 별도로, 문명은 어원적으로 보면 도시와 공통의 뿌리를 갖고 있다. 문명을 집단적 사고방식이나 종교와 연관시키는 사람들도 문명과 도시의 어원이 같다는 것은 잘 알고 있다. 페르낭 브로델(Fernand Braudel)의 다음과 같은 주장이 이를 잘 보여주고 있다.

'문명'이라는 말—신조어—은 18세기 프랑스에서 야단스럽지 않게 늦게 나타났다. 그 말은 오래전부터 존재해왔고 16세기에 일반적으로 사용되었던 '세련된(civilized)', '세련되게 하다(to civilize)'에서 유래된 것이다. —그것의 근대적 의미, 즉 '세련되는 과정'이라는 의미는 1752년 프랑스 정치가이고 경제학자였던 튀르고(Anne Robert Jacques Turgot)가 사용했다. 그는 자신이 출판하지는 않았지만, 그때 보편적 역사책을 준비하고 있었다. 그 말은 1756년 미라보 후작(Victor Riqueti, marquis of Mirabeau)의 『인구론(A Treatise on Population)』에서 공식적으로 나타난다.[9]

브로델이 잘 지적하고 있듯이, '문명'이라는 말은 프랑스에서는 미라보 후작이 쓴 『인구론』(1756)에서 시민법(civil law)이 군대 법(military law)을 대체한 사회를 가리키기 위해서 사용되었고, 영어권에서는 스코틀랜드의 계몽주의자 애덤 퍼거슨(Adam Ferguson)이 쓴 『시민사회의 역사』(1767)에서 거친 야만상태와 대립되는 개념으로 처음 사용된 것으로 확인된다.[10] 이것은 문명에 관한 퍼거슨의 다음과 같은 주장에 잘 나타나 있다. "개인만이 유아기에서 성년기로 발전하는 것은 아니다. 인종도 거친 상태에서 문명 상태로 발전하는 법이다."[11]

문명은 라틴어 civis(시민)과 civitas(도시)의 형용사인 civilis에 그 어원을 두고 있다. 여기서 파생되어 나온 동사 civiliser, civilize의 명사형이 civilisation, civilization이다.[12] 이와 비슷한 말로서 라틴어 civilitas에서 civilite, civility가 파생했는데, 이 말은 도시 시민들의 세련됨과 교양을 의미했다. civility가 정태적인 의미로 사용되었다면, civilization은 처음부터 매우 역동적인 의미를 갖고 있었다. 말하자면 단순하게 도시인의 세련된 예절이나 그런 세련미를 갖춘 어떤 상태만을 의미하지 않고, 그런 상태를 향해서 나아가는 과정까지도 함축하고 있었다.

브로델의 연구에 나타나 있듯이, '문명'이라는 말은 '세련된'이라는 형용사에서 명사화된 것이다. 명사화되면서 보다 객관적이고 구체적인 의미를 갖게 되었다. 말하자면, 18세기 중엽 '문명'이란 명사가 만들어지면서, 그 말의 의미는 변화하기 쉽고, 주관적인 관념에서 구체적이고, 객관적으로 확인할 수 있는 실재를 가리키는 말로 변형된 것이다.

동양에서 '문명'은 civilization을 일본인 학자들이 번역한 용어이다. 처음 이 단어를 번역할 때 함께 검토되었던 후보들로는 文明 이외에도 文化, 開化, 文明開化, 文華 등이 함께 있었지만 결국 文明으로 정착되었다. 이 말은 '천지에 질서를 세운다'는 의미인 文과, '사방을 밝게 비춘다'는 의미인 明이 합쳐져서 만들어진 것으로, 의미상으로는 civilization과 매우 근접한 것으로 해석된다.[13]

아랍 세계에서는 문명이라는 개념이 프랑스와 다른 유럽보다 적어도 500년 전에 나타났다. 아랍어로 문명을 의미하는 madaniya는 도시라는 의미의 medina에서 유래한 것이다. madaniya는 문자 그대로는 도시의 성질을 갖는다는 의미이다.[14] 14세기의 가장 위대한 이슬람 철학자인 이븐 할둔(Ibn Khaldun)은 그의 『역사서설』에서 문명을 논의하고 있다. 『역사서설』은 크게 6부분으로 나누어져 있으며, 제일 앞부분에서 문명 일반을 다루고 있다. 2부는 베두인족의 유목생활과 정착민의 문명 간의 차이를 설명한다.

이븐 할둔은 『역사서설』 1장의 제1전제에서 '인간의 사회조직은 불가결하다'는 제목에서 다음과 같이 주장한다.

이 사실을 철학자들은 "인간은 본질적으로 '사회적'이다"라는 말로 표현했다. 이는 곧 인간은 사회조직이 없이는 살 수 없다는 뜻이니, 철학자들은 그러한 사회조직을 '도시(polis)'라는 용어로 표현했다. 이것은 곧 문명이기도 하다. 인간의 사회조직이나 문명이 필요불가결한 것이라는 점은 신이 인간을 오직 식량에 의해서만 생존하고 존속할 수 있는 형태로 창조했다는 사실로써 설명된다.[15]

이 주장의 핵심은 한 개인의 힘은 그가 필요로 하는 식량을 충족시킬 만큼 강하지 않기 때문에 서로 협력 체제를 구축하지 않을 수 없다는 것이다. 마찬가지로 개인은 신변의 방어를 위해서도 동료들의 도움이 필요하다. 한 개인의 힘은 다른 동물들의 힘에 대항할 수 없다. 그러나 상호 협조할 수 있다면 인간은 식량과 자기방어를 위한 무기를 모두 확보할 수 있게 된다. 그러므로 사회조직은 인류에게 가장 필요한 것이다. 인류가 사회조직을 만들고 이 세상에 문명이 구축되면, 사람들은 공격성과 불의를 제어해야 할 필요성을 절감한다. 여러 복잡한 사회구조와 위계질서는 이런 필요성 때문에 발생한다. 그것이 없다면 인류는 불완전하게 될 것이며, 세계를 인류의 거처로 만들고 인간을 자신의 대리인으로 지상에 두려고 한 신의 희망은 실현되지 않을 것이다. 이것이 바로 지금 우리가 논의하고 있는 학문의 대상인 문명의 의미이다.[16] 문명의 발생에 관한 이런 설명은 지그문트 프로이트의 설명과 비슷하다.

이븐 할둔은 사회와 문명이라는 현상을 규명하기 위해 새로운 학문, 즉 '문명의 학문'이 필요하다고 생각했다. 문명학은 기존의 정치학, 철학, 신학, 법학 등 어떠한 학문과도 다른 것이었다. 그것은 이 모든 것을 포괄하는 학문이기 때문이다.

이븐 할둔은 문명을 두 종류로 나눈다. 하나는 농촌 문명이고, 다른 하나는 도회 문명이다. 농촌 문명이란 농경과 목축을 기반으로 하는 문명이고, 도회 문명은 도시를 기반으로 하는 문명이다. 또한 할둔은 농민은 도회민에 선행하며, 농촌은 문명과 도시의 기반이자 저장소라고 본다. 이 두 문명 중에서 도회 문명이 단연 우세하다. 그 이유는 문명의 모든 필수품이 농민에게는 결여되어 있기 때문이다. 말하자면 그들은 얼마간의 농사와 목축을 하지만, 이런 작업에 필요한 물자를 갖고 있지 않다. 이런 필수품을 제공하는 목수나 재단사나 철공 등이 없기 때문이다. 이런 점에서 보면 농촌 문명은 사실은 문명의 전 단계일 뿐 아직 문명이라고 하기는 어려운 것으로 판단된다.

반면에 도회 문명은 문명의 절정이자 성장의 종말이며, 퇴락의 징후이다. "문명화된 사람들이 사치와 번영을 주장하듯이 도회 문화는 다양한 사치품의 사용, 거기에 수반되는 것들에 대한 장려, 온갖 정교한 물품에 우아함을 더해주는 기술의 발전 등을 의미한다. 이러한 물건들을 정교하게 만들기 위해서는 그와 같은 정교함을 결여한 농촌 생활에서는 필요하지 않은 여러 기술들이 존재해야 한다. 일상생활에서 정교함이 정점에 도달하게 되면, 그것은 욕망에의 추종이라는 결과를 낳게 된다."17) 이븐 할둔은 도회 문명은 결국은 붕괴할 수밖에 없다고 본다. 그는 그 과정을 다음과 같이 설명한다.

과도한 사치는 도시의 상거래와 문명을 전반적으로 타락시키기도 하지만 주민 개개인의 타락도 가져온다. 사람들은 거짓말, 도박, 사기, 협잡, 절도, 위증, 고리대금업 등에 몰두하게 된다. 사치가 만들어내는 수많은 욕망과 쾌락을 충족시키기 위해서 그들은 온갖 부도덕한 수단과 방법을 배운다. 그런 것에 관한 이야기도 이제는 아무런 거리낌 없이 하게 될 정도여서, 일족들 사이에서도 공개적으로 이야기하고, 심지어 순결을 지키고 외설을 피해야 하는 여성 친척들에게도 이야기할 정도가 된다. 그들은 사기와 기만에 관한 모든 것을 알게 되고, 그것을 통해서 그런 악행을 막으려는 여러 가지 강제 수단과 처벌로부터 자신을 보호하려고 한다.18)

이븐 할둔은 결국 도시는 비열한 성격을 가진 저속한 사람들로 북적거린다고 본다. 그는 도회 문화를 타락시키는 것들 가운데 사치의 만연으로 인한 쾌락에의 정도와 탐닉을 꼽는다. 그것은 맛난 음식과 음료를 추구하는 욕망을 다양화시키고, 이는 다시 간음이나 동성애와 같은 다양한 방법을 통한 성적 쾌락의 다양화로 끝내는 종의 소멸로 이어진다는 것이다. 이븐 할둔은 다음과 같은 결론을 내린다. "우리가 분명히 알아야 할 점은 도회 문화와 사치가 문명의 궁극점이라는 사실이다. 문명이 그 궁극점에 도달하면 생물의 자연적 생명에서 나타나는 현상처럼, 타락으로 돌아서고 노쇠하기 시작한다. 실제로 도회 문화와 사치로써 나타나는 성품의 특징은 타락과 동일하다고까지 말할 수 있다."[19] 이븐 할둔의 논리에 의하면 도회 문명이 몰락하면 다시 농촌 문명이 나타나고, 이 농촌 문명은 다시 도회 문명으로 발전하는 순환이 계속된다. 20세기 베자에프나 슈펭글러가 주장했던 문명 순환론의 선구적 형태이다.

문명에 대한 정의는 엄청나게 다양하고 의견의 일치를 찾기는 매우 어렵지만,[20] '도시(city)', '시민(civitas)'은 문명이란 개념의 뿌리들이다. 문명은 대체로 도시 생활을 중심으로 한 포괄적인 삶의 양식을 의미하면서, 동질적 삶의 양식을 공유하는 사회를 가리킨다고 할 수 있다.

2) 문명과 문화

문명은 쌍둥이 개념인 문화(culture)와 서로 혼용되는 경우가 대다수지만, 문명은 기본적으로 야만이나 미개와 대립되는 개념이고 문화는 자연에 대립되는 개념이다.[21] '문화' 하면 씨를 뿌리는 경작이 생각나고, '문명' 하면 네온사인 불빛이 뻔쩍이는 도시가 마음속에 떠오른다. 문화는 처음부터 인류학자들이 애용하는 용어였고, 문명은 역사학자들의 용어였다.[22]

자연과 대립되는 문화는 인류가 자연 상태에 노동을 가해서 획득한 정신적, 물질적인 성과를 의미한다. 한 사회의 문화는 그 속에 사는 사람들의 의식주에 관련된 것들과, 행위와 정서와 사고의 양식들로 구성된다. 그것은 사람과 대상과의 관계뿐만 아니라 사람과 사람과의 관계 및 사람들이 이룩한 지적, 정신적 자산 일체를 포함한다. '문화'에 대한 정의는 셀 수도 없이 많지만, 종합하면 인류가 성취한 지식, 신념, 행위의 총체라고 할 수 있다. 그러므로 공간적 관점에서 보면 문화는 순수한 동물적 본능과 자연환경 사이에서 만들어진 완충물이며, 시간적인 관점에서 보면 세대에서 세대로 이어지는 역사와 전통이다.[23]

반면에 야만사회나 미개사회와 대립되는 문명사회는 의식주의 물질적인 생활에서나 도덕이나 종교 등 정신생활에서 일정 수준 이상 발달된 사회이다. 이런 맥락에서 오스발트 슈펭글러는 문명을 문화의 성숙단계로 규정했던 것이다. 야만상태나 미개상태에서도, 심지어 동물의 세계에서도 나름대로의 문화는 존재하기 때문이다.

노르베르트 엘리아스(Norbert Elias)는 그의 『문명화 과정』(1939)의 제1부에서 '문명'과 '문화'의 개념이 발생하게 된 사회적 기원을 논하면서, '문명'의 의미가 서구의 모든 나라에서 동일하지는 않음을 밝힌다. 그의 주장의 요지는 프랑스와 영국의 문명 개념이 정치적, 경제적, 사회적인 사실들뿐만 아니라 종교적, 도덕적 사실들까지 의미하는 데 반해, 독일에서의 문명은 인간의 외면과 피상적인 사실을 의미한다는 것이다. "독일의 문화 개념은 근본적으로 정신적, 예술적, 종교적 사실들에 적용되며, 이런 종류의 사실들과 정치적, 경제적, 사회적인 사실들 간에 분명한 선을 그으려는 경향을 강하게 드러낸다."[24] 이런 기반 위에서 정신문화와 물질문명의 구별이 나타난 것이며, 제1차 세계대전에서도 프랑스는 '문명의 수호'를 내걸었고, 독일은 '정신문화의 수호'로 응수했던 것으로 엘리아스는 이해한다.

라인하르트 코젤렉(Reinhart Koselleck)의 『개념사 사전(Geschichtliche Grundbegriffe)』에 나와 있는 '문명과 문화' 항에서도 1945년 이래 문화의 호황이라는 전망에서 "정신적인 것과 관련된 '문화'와 물질적인 '문명' 사이의 대립은 양차 대전 사이의 시기보다 사실상 더 자주 발견된다"고 서술되어 있다.[25] "니부어는 1952년에 '문화'를 '문명'의 '정신(spirit)'으로, 그리고 '문명'을 '문화'의 '육체(body)'로 정의한다. 이런 의미에서 문화는 한 문명의 예술, 철학, 문학, 종교의 종합을 나타내며, 문명은 인간의 공동체에 질서를 부여하는 사회적, 경제적, 정치적, 법적 장치들을 대표한다."[26] 바이마르 시기의 독일 지식인들도 문화에 초점을 맞추어 사회적 갈등과 혼란의 근원에는 '문화의 위기'가 있는 것으로 이해했다. 여기서 문화의 위기란 기본적으로 독일 민족에 고유한 정신적인 것, 혹은 근본적인 정신적 가치의 해체를 의미한다.[27]

문명은 일반적으로 끊임없이 앞으로 나아가는 전진 운동을 지시하며, 여러 민족들 간의 차이점을 어느 정도 희석시키고 모든 인간에게 공통적으로 여겨지는 것들을 강조한다. 반면에 독일의 문화 개념은 민족적인 차이와 집단들의 특성을 유달리 부각시킨다. 엘리아스가 지적한 대로,[28] 이런 개념의 발생은 서구의 다른 민족들보다 훨씬 늦게 정치적 통일과 안정을 이루었고, 영토는 오랫동안 여러 지방들로 분할되어 있던 독일 민족의 상황과 무관하지 않아 보인다. 말하자면 근대사회의 선두주자였던 프랑스나 영국의 입장에서 보면 '무엇이 프랑스적인가?', '무엇이 영국적인가?'라는 질문은 중요한 쟁점이 아니었다. 그러나 근대사회의 후발국이었던 독일의 입장에서는 '무엇이 독일적인가?'라는 질문은 자신의 정체성을 확보하기 위한 중요한 질문이었던 것이다.

정신문화와 물질문명이라는 구분은 역사적 현실 전체를 다루는 과정에서는 큰 의미가 없다고 생각된다. 아마도 컴퓨터의 예가 좋은 비유가 될 것이다. 컴퓨터는 중앙처리장치, 기억장치, 입출력장치와 같은 하드웨어 부분과, 프로그램과 그와 관련된 문서들인 소프트웨어로 구성되어 있으며, 이 두 부분들이 상호 영향을 주고받으면서 컴퓨터의 진화가 이루어진다. 물질문명과 정신문화로 구분하는 것은 하드웨어는 문명으로, 소프트웨어는 문화로 구분하자는 이야기와 같다. 때로는 이런 구분이 필요한 경우도 있겠지만, 우리의 목표가 이 두 부분이 밀접한 연관을 이루면서 작동하는 컴퓨터를 논의하자는 것인 한, 이들을 분리해서 논의할 아무런 이유가 없다고 할 수 있겠다.

보다 현대적인 용어법에서 보면 '문명'이란 개념 속에는 지난 2, 3세기 동안 서구 사회가 그 이전의 사회들이나 동시대의 사회들보다 앞서 가지고 있었던 기술이나 예절, 학문이나 사회체제, 인생관이나 세계관이 집약되어 있다. 서구 사회는 이 문명의 개념을 통해 자신의 특성을 나타내려 한다.

임마누엘 칸트(Immanuel Kant)는 1784년에 발표한 「세계 시민적 의도에서 고찰한 보편사의 이념」이란 논문에서, 문명과 문화를 다음과 같이 대비시킨다.[29] "도덕성의 이념은 문화에 속한다. 이 이념의 사용이 단지 도덕의 모방과 외면적인 예절로만 흐른다면, 그것은 단순한 문명화를 의미한다." "우리는 예술과 학문에 의해 높은 수준의 문화를 갖게 되었으며, 번거로울 정도의 각종 사회적인 예의범절로 문명화가 되었다." 여기서 칸트가 지적한 '번거로울 정도의 각종 사회적 예의범절', '외면적인 예절', '명예심을 위한 도덕의 모방' 등은 상류 지배층에 관계되는 것이다. 반면에 시민계급 출신의 지식인들과 연결되는 것은 학문적, 예술적 업적이다. 주로 프랑스어로 말하여 프랑스식의 모범에 따라 '문명화'된 귀족들과 이런 귀족들에 대항하던 독일 중산층 지식인들의 논점은 문명과 문화의 개념이 서로 다른 의미를 갖도록 만들었다.

엘리아스는 '문명'과 '문화'라는 개념의 사회적 발생 근거를 분석하면서, 프랑스의 '문명' 개념에 18세기 프랑스 시민계급의 사회적 운명이 그대로 반영되어 있듯, 독일의 '문화' 개념에도 18세기 독일 시민계급의 운명이 담겨 있다고 설명한다. 말하자면 프랑스의 시민계급은 정치와 행정에 일찍부터 참여하여 가장 높은 정부 부처에도 기용될 수 있었으며, 궁정에서 영향력을 행사하고 출세할 수 있었지만, 독일에서의 상황은 이와는 정반대로 높은 정부 요직은 대개 귀족들에게만 개방되어 있어서, 시민계급이 정치에 참여하는 것은 거의 불가능에 가까웠다는 것이다. 그러므로 프랑스에서의 시민계급은 정치적 역할을 담당하였지만, 독일에서는 그렇지 못했다. 독일 지식인층이 정신과 이념의 영역에서만 머물러 있었던 반면, 프랑스에서는 모든 인간적 문제들과 더불어 사회적, 경제적, 행정적, 정치적 문제들도 지식인층의 사상적 대상이 될 수 있었다. 독일의 사고체계는 프랑스와는 달리 순수한 연구였으며, 그들의 사회적 활동과 장소는 대학에 국한되었다. 반면에 중농주의를 산출한 프랑스의 사회적 토대는 궁정과 궁정사회였다.[30]

프랑스에서는 문명인(homme civilisé)이란 궁정사회의 이상적 인간형과 같은 것이었다. '문명화된(civilisé)'은 '교양 있는(cultivé)'이나 '세련된(poli)', '개화된(policé)'과 거의 동의어였다. 반면에, 18세기 독일의 지식인들은 폭넓은 시민계급의 뒷받침이 없는 계층이었다. 독자층을 이루는 상업 시민계급은 18세기 독일의 대다수 국가들에서는 아직 발달되지 않았다. 그들은 말하자면 공중에 떠 있는 상태였다. "정신과 책은 그들의 도피처 겸 안식처였고, 업적과 학문, 예술은 그들의 자존심이었다. 정치적 활동이나 정치적 목표 설정은 이 계층에게 주어지지 않았다. 상업적 문제들, 경제 질서와 같은 질문들은 그들의 생활과 사회 여건으로 인하여 그들에게는 주변적 문제였다."[31] 따라서 이들의 자아의식을 표현하는 교양(Bildung)이나 문화(Kulture)는 순수하게 정신적 영역에 한정된 것이었다.

문명(civilization)이라는 말이 지금과 같은 의미로 사용된 것은 18세기 유럽의 계몽주의 시대부터라고 할 수 있다. 계몽주의의 근본이념은 이성과 진보, 그리고 문명이었다. 말하자면 지식의 발전을 통해, 그리고 통치자를 계몽시켜 제도, 교육, 법률의 개선을 도모하는 것이었다. 이러한 진보적 개혁운동의 방향으로서 문명은 설정되었다. 문명은 야만적이거나 반이성적인 상태로부터의 해방을 의미한다. 그렇지만 문명화됨은 하나의 상태일 뿐 아니라 계속해서 진행되어야 할 과정이다. 인간의 사회는 문명의 과정에서 어느 일정한 단계에 도달하였다. 그러나 그것으로는 충분하지 않기 때문에 그 과정은 계속되어야 한다. 인간의 문명은 아직 완성되지 않았다. 볼테르는 계몽주의에 기초하여 근대적 의미의 역사철학을 제시하면서, 종교적 섭리를 인간의 이성으로, 인간의 구원을 진보로 대체한다.[32] 이리하여 역사의 목적과 의미는 인간이 그의 이성을 통해 자신의 생활을 개선하고, 좀 더 많은 지식과 행복을 가져오는 것이다. 말하자면 이성에 의한 문명의 창조야말로 역사의 궁극적인 의미가 된다. 그리고 이때의 문명이란 과학과 기술, 도덕과 법률, 교육과 산업의 진보를 의미하는 것이었다.

최근의 문명 담론은 새뮤얼 헌팅턴(Samuel Huntington)의 『문명의 충돌』(1996)이 기폭제가 되었다. 헌팅턴은 그의 저서에서 문명을 "가장 광범위한 문화적 실체"로 규정한다.[33] 이런 규정은 '문명'을 문화적 공동체나 동질적 문화의 사회—국가 단위의 사회보다 큰 체계—로 간주한다는 의미이다. 우리가 동양 문명이나 서양 문명, 이슬람 문명 등으로 부를 때는 이런 의미로 '문명'이라는 말을 사용하고 있다고 할 수 있다.

나는 문화와 문명을 엄격하게 구분하지는 않을 것이다. 나는 문명을 문맥에 따라 (ⅰ) 때로는 정신적 영역을 포함하는 정치체제, 경제구조, 사회제도 등 생활양식 일체를 가리키는 의미로, (ⅱ) 때로는 동질적 문화의 공동체를 가리키는 의미로 사용할 것이다.

2. 문명의 존재론

1) 실재론과 구성론

문명이 무엇인지 정의 내리는 일과는 별도로 문명의 현실적 존재를 설명하는 일은 문명론에서 가장 어려운 난제 중의 하나이다. 문명은 실제로 존재하는 것인가, 아니면 문명이란 우리가 구성한 한갓 구성물에 불과한 것인가?

문명에 대한 최근의 논의는 크게 두 입장으로 나누어진다. 하나는 실재론적 입장이고, 다른 하나는 구성주의적 입장이다. 실재론적 입장은 문명이 정합적인 문화적 복합체로서 실재세계에 객관적으로 존재한다고 주장한다. 반면에 구성주의적 입장은 문명이란 상호주관적, 집단적 신념으로서 존재하며, 이런 신념들은 정치적으로 창조되고 유지된다고 본다.

실재론적 이론 중에서도 가장 강력한 이론이 문명을 단일 행위자와 같이 보는 입장이다. '문명의 충돌 이론'으로 현대 문명 연구에 새로운 불을 지핀 새뮤얼 헌팅턴이 이 이론의 대표 주자이다. 헌팅턴이 문명을 '가장 광범위한 문화적 실체'로 규정한 것은 문명을 실제로 작동하는 현실적인 존재로 보았기 때문이다.[34] 헌팅턴의 이런 입장을 우리는 통상 본질주의라고 부른다. 같은 실재론에 서면서도 피터 카첸슈타인(Peter J. Katzenstein)은 다원적 행위자 이론을 지지한다. 카첸슈타인은 실재론적 행위자 이론과 구성주의적 이론을 다음과 같이 대비시킨다.[35]

실재론적 행위자 이론

ⅰ) 문명은 성향적 특성을 가진 행위자이다.
ⅱ) 문명은 정합적인 문화적 복합체로서 실재세계에 객관적으로 존재한다.
ⅲ) 불변적인 성향적 속성을 가진 실재들(행위자들)의 상호작용에 초점을 맞춘다.
ⅳ) 문명은 핵심 가치에 대한 합의에 의해서 존재하는 국가나 정치 공동체와 같다.
ⅴ) 문명적 행위자들은 사회문화적 공간의 객관적 구획으로부터 도출된다.

구성주의적 이론

ⅰ) 문명은 담론적 관행들이다.

ii) 문명의 특징은 상호주관적, 집단적 신념으로서 존재한다. 이런 신념들은 정치적으로 창조되고 유지된다.

iii) 이런 실재들을 최초로 만들어내는 사회적 교류와, 이런 실재들을 유지시키고 시간이 지남에 따라 이들을 바꾸는 관행에 초점을 맞춘다.

iv) 문명은 전통과 과정과 관행에 의해서 드러난다.

v) 문명의 행위자들은 담론적으로 창조되고 또 재창조되는 상호이해의 결과들이다.

문명 실재론에서 문명은 성향적 성격을 가진 행위자이다. 말하자면, 문명은 정합적이고, 의견의 일치가 이루어지고, 목표를 수행할 수 있는 행위자이다. 또한 문명은 실재세계에 정합적인 문화적 복합체로서 객관적으로 존재한다. 반면에 문명 구성론에서 문명은 담론적 실천이다. 그것은 논쟁적이고, 갈등을 겪고 있고, 담론으로서 표현할 수 있는 것으로 이해된다. 여기서 문명은 사회적으로 의미 있는 경계를 창조하고 유지하거나 이동하기 위해 정치적으로 동원된 집단 신념으로서 존재한다.[36] 문명 실재론은 불변의 성향적 속성을 가진 실재의 상호작용에 초점을 맞추는 반면, 문명 구성론은 이런 실재를 만든 사회적 상호작용과 이런 실재를 장시간 유지하거나 바꾸는 실천에 주목한다.

문명 실재론에서 문명은 핵심적 가치의 합의에 의해 존속하는 국가나 정치 공동체와 같은 반면, 문명 구성론에서 문명은 전통과 과정, 그리고 사회적으로 의미 있는 경계를 만들어내기 위해 담론적으로 동원되는 실천으로 표시된다.

패트릭 잭슨(Patrick Jackson)은 헌팅턴의 문명을 다음과 같이 비판한다. "헌팅턴에 있어서 문명은 중앙정부나 권위를 가진 대표자 없는 큰 국가라고 하는 편이 낫다. 문명들은 매우 확실한 경계를 가지고 있고, 문명 간의 관계는 구조적 실재론자들이 체계적으로 국가 사이에서 기대하는 관계와 이상하게 유사하다. 문명 간의 무질서 상태는 국가 간의 무정부 상태와 크게 다르지 않아 보인다."[37]

여기서 우리는 한 문명 내부의 성격과 외부 다른 문명과의 관계라는 성격을 분리해서 논의할 필요가 있다. 즉 한 문명이 단색의 문화적 특성을 갖고 있는가, 또는 다양한 문화적 특성을 동시에 갖고 있는가 하는 문제와, 한 문명과 다른 문명과의 경계선이 분명한지 아닌지, 그리고 상호간의 영향은 열려 있는지 닫혀 있는지 하는 문제를 다루어야 한다.

문명 실재론을 지지하는 사람들도 헌팅턴식의 본질주의 이론에 대해서는 동의하지 않는다. 그레고리 멜레위시(Gregory Melleuish)는 다음과 같이 주장한다. "문명들은 복잡하고 다양한 방향으로 발전 가능한 이질적인 실재들이다. 문명들은 당구공같이 닫힌 체제가 아니라, 외부의 영향을 수용할 수 있게 구멍이 뚫려 있고 열려 있다."[38] 피터 카첸슈타인은 문명을 별자리나 복합체로서 묘사한다. 그들은 시공 안에 고정되어 있지 않다. 그들은 내부적으로도 매우 차별화되어 있고, 문화적으로도 매우 느슨하게 통합되어 있다. 그들은 매우 차별화되어 있기 때문에 문명은 전체가 전파되지 않고 선택적으로 부분들이 전파된다. 문화적으로 매우 느슨하게 통합되어 있기 때문에 그들은 토론과 논쟁을 야기한다.[39] 그는 또 문명들은 내부의 복수주의와 외부의 만남을 통해 점진적으로 진화한다고 주장한다.[40]

헌팅턴에 대한 카첸슈타인의 비판은 다음과 같이 요약된다.

ⅰ) 헌팅턴은 문명 내부의 복잡한 성격을 보지 못했다. 폭력적 충돌

은 대체로 다른 문명들 사이보다 한 문명 내부에서 발생한다. 문명은 문화적 동질성을 가진 초국가가 아니다. 실제로 모든 통계적 분석이나 질적 연구가 문명이 전쟁을 유발하는 중심축이 아님을 보여준다.

ii) 헌팅턴은 '단일성의 환상(illusion of singularity)'에 사로잡혀 있었다. 복잡한 집단적 정체성을 단일하고, 불변하고, 변하지 않을 행위자의 특성으로 규정했기 때문이다.

문명 실재론과는 정반대의 위치에 있는 문명 구성주의자인 잭슨은 문명을 문명의 경계선과 문명의 사명에 대해 정합적인 이야기를 만들어내는 정치적 관행으로서 생각해야 한다고 주장한다. "우리는 문명을 정치적이고, 특히 수사적인, 실천으로 생각해야 한다."[41] 그 한 예로서 그는 소위 '서구 문명'이라는 것을 든다. "1945년 이후 미국인들은 고대 그리스까지 거슬러 올라가는 2,000년 동안 서구 문명이 존재했다고 주장하지만, 서구 문명은 단지 약 200년 동안 19세기 초 보수적인 독일학자 집단의 논의에 따라, 대중 토론에서 존재했을 뿐이다"[42]

잭슨의 논리는 이것이다. 정치 논리는 우리와 타자를 구분해야 하고, 옳고 그름을 구별해야 한다. 여기서 우리가 옳고 문명화된 사회이고, 타자는 틀리고 야만이 될 수밖에 없다. 그의 주장에 따르면 문명의 경계선도 수시로 변한다. 서구 문명은 제2차 세계대전 후에야 20세기 전반부에서는 가장 격렬한 적의 하나인 독일을 포함하게 되었다는 것이다. 말하자면 제2차 세계대전 후 폐허가 된 세계의 야심적인 재구성이 독일을 서구 유럽과 북대서양 공동체에 통합되도록 만들었다는 것이다. 또한 냉전(Cold War)이 발생할 때 대중적 수사에 의해 창조되고 유지되던 문명의 충돌이 세계의 분할을 만들어내고 강화시켰다는 것이다. 잭슨은 문명을 실재세계에서 찾아내서는 안 된다는 결론을 내린다. 문명은 어떤 본질적 성질을 가진 정합적인 문화적 복합체로서 존재하지는 않기 때문이다. 그는 다음과 같은 비유를 든다. 문명에 관한 학자들의 논의로부터 문명의 존재를 추론하는 것은 종교적 집단의 실천으로부터 그들이 믿는 신을 추론하는 것과도 비슷하다. 이러한 입장은 흡사 베네딕트 앤더슨(Benedict Anderson)이 구성주의적 입장에서 민족이 영속성을 갖는 초역사적 자연적 실재가 아니라, 근대 국가 지배의 정당화를 위해 '상상적으로 구성한 정치 공동체'일 뿐 진정한 민족 같은 것은 실제로는 없다고 하는 주장과 비슷하다.

앤더슨은 민족은 상상된 정치적 공동체로서, 본래 제한적이며, 주권을 지닌 것으로 상상된 것이라고 주장한다. "민족은 상상되었다. 가장 작은 민족의 일원조차도 같은 겨레를 이루는 이들 절대 다수를 알거나 만나보지 못한다. 그들에 대한 얘기를 들어본 일조차 거의 없을 것이다. 그럼에도 각자의 가슴속에는 그들의 교감에 대한 심상이 살아 숨쉬고 있다."[43]

앤더슨의 이런 정의는 르낭의 다음과 같은 정의를 모델로 한 것이다. "민족이 존재하는 것은, 어떤 공동체에서 상당수의 사람들이 자신들이 민족을 구성한다고 간주하거나 마치 민족을 구성하고 있는 것처럼 행동할 때라는 것이 내가 이야기할 수 있는 전부이다." 겔너가 "민족주의는 민족의 자각을 일깨우는 것이 아니라, 민족이 없는 곳에서 민족을 발명해낸다"고 주장했을 때도 같은 맥락이라고 할 수 있다. 이런 관점에서 보면 대면 접촉이 아닌 다른 방식으로 이루어진 보다 큰 공동체는 전부 상상된 것이다.

"민족은 제한적인 것으로 상상된다"는 명제는 가장 큰 민족조차도 그 경계는 유연할지언정 유한하며, 그 너머에는 다른 민족이 있다고 간주한다는 것이다. "민족은 주권을 가진 것으로 상상된다"는 명제는 민족이 남의 간섭을 받지 않고 스스로의 운명을 결정하는 주권국가로서 존재해야 한다고 간주한다는 것이다. "민족이 공동체로서 상상된다"는 명제는 각 민족 내에서 실제로 횡행하는 착취와 불평등과는 관계없이, 민족은 언제나 깊은 수평적 동지애의 모습으로 그려진다는 것이다.[44]

이런 논의들은 넓은 의미에서는 구성주의에 속한다고 할 수 있다.[45] 구성주의 인식론의 원조는 임마누엘 칸트이다. 칸트의 구성주의 인식론은 보통 천동설을 지동설로 바꾼 코페르니쿠스 혁명에 비유된다. 코페르니쿠스가 태양이 지구를 도는 것이 아니라 지구가 태양을 도는 것으로 이 둘의 위치를 바꾸었듯이, 칸트는 인식 주관이 대상을 반영한다는 전통적인 인식론(이때는 대상이 중심이고 인식 주관이 그 주위를 도는 것으로 비유된다)을 인식 주관이 대상을 구성한다는 인식론(이때는 인식 주관이 중심이고 대상이 그 주위를 도는 것으로 비유된다)으로 바꾼 것이다. 이런 구성주의 인식론은 때로는 능동적 인식론이라 불리기도 한다. 이런 관점에서 보면, 우리의 지식은 수동적 관찰의 결과라기보다는, 우리 스스로가 능동적으로 조사하고, 비교하고, 종합한 결과이기 때문이다.

이것은 또한 어떠한 전제로부터도 자유로운 인식이란 존재할 수 없다는 것을 의미한다. 말하자면 우리는 무로부터 출발할 수는 없고, 과학의 경험적 방법에 의해서는 검증되지 않는 어떤 전제의 체계를 갖고, 조사하고, 비교하고, 종합하는 일을 수행하지 않을 수 없다는 것이다. 칸트는 이런 전제의 체계를 '범주적 틀'이라 불렀다. 칸트에서 범주적 틀은 인간 이성의 불변적, 보편적 구조였지만, 오늘날의 인식론에서는 범주적 틀은 다양하게 해석되어, '개념 체계'나 '패러다임'으로 불린다.

패러다임 이론은 구성주의 인식론의 가장 현대적인 형태이다. 패러다임이란 세계를 이해하는 기본적인 인식 틀이다. 그러므로 패러다임 이론은 우리가 어떤 패러다임을 갖느냐에 따라 세계는 다르게 보인다고 주장한다. 예컨대 어떤 대상이 A 패러다임에서는 오리로 보이고 B 패러다임에서는 토끼로 보인다. 이때 우리가 보는 세계는 세계의 진정한 모습이 아니라 우리가 해석한 세계이다.[46]

패러다임 이론은 토마스 쿤(Tomas S. Kuhn)의 『과학혁명의 구조』에서부터 본격적으로 논의의 대상이 되었다. 이것은 특별한 과학자 사회가 채택한 일반적인 이론적 가정들과 법칙들 및 그 적용에 대한 기술들로 구성된다. 쿤은 이런 패러다임들이 서로 비교되거나 번역될 수 없어서 통약 불가능하다고 주장한다. 말하자면 패러다임 A를 통해 세계를 인식하는 과학자와 패러다임 B를 통해 세계를 인식하는 과학자는 같은 세계를 대상으로 삼는다 할지라도 서로 다른 세계로 해석한다는 것이다.

패러다임 이론은 일상 언어 분석에 기초한 언어 공동체 이론에 기초한다.[47] 언어 공동체 이론은 우리가 지식을 의심할 수 없는 순수 지각이나 경험적 확실성에 호소하여 정당화시킬 수는 없다고 보고, 그 대신 우리의 지식이 언어 공동체의 지배적인 규범이나 발화 습관에 기초하고 있음을 보여줌으로써 지식을 정당화하려는 것이다. 이것은 정당화 이론의 새로운 모형이라 할 수 있다.

논리실증주의는 대표적인 지식의 정당화 이론이다. 이것은 다음과 같이 진행된다. 우리는 오염되지 않은 순수한 경험을 상정할 수 있다. 일상적인 경험들은 편견과 잘못된 관념들에 오염되어 있지만, 이들 불순물들을 제거하면 순수한 경험에 이를 수 있다. 순수한 경험은 사실을 있는 그대로 반영한다. 순수 경험에 반영되는 소여를 언어로 표현하면 직접적 관찰 문장(protocol sentence)이 된다. 우리는 이 프로토콜 문장을 기초로 사실 세계에 관한 모든 지식을 구성한다. 그러므로 이 프로토콜 문장으로 환원되는 지식은 정당한 지식이 되며, 그렇지 못한 지식은 정당화되지 못한다.

언어 공동체 이론은 우리의 지식을 정당화하기 위해 이와는 다른 방식을 택한다. 이것은 다음과 같이 진행된다. 어떤 주장의 참과 거짓을 판별하는 기준은 객관적으로 존재하지 않는다. 사실을 있는 그대로 반영하는 순수한 경험은 존재하지 않기 때문이다. 프로토콜 문장 같은 토대도 검증 가능성의 원리 같은 것도 존재하지 않는다. 우리의 경험은 우리가 사용하는 언어 체계에 의존해 있다. 즉, 우리의 언어 체계가 변함에 따라 우리의 경험은 변한다. 우리의 언어 체계는 한 사회가 정한 의미의 규칙들이 체계화된 것이다. 그러므로 우리의 지식은 결국 우리가 속한 사회가 정한 규칙에 의해 결정된다. 이러한 관점에서 보면, 지식을 갖는다는 것은 곧 규칙을 따른다는 것을 의미하며, 규칙에 따른 지식은 정당화된 지식이다.[48]

언어 공동체 이론에 기초한 패러다임은 때로는 학문의 표본 모형(disciplinary matrix)으로, 때로는 표본 사례(examplar)로 불리기도 한다. 이것은 넓은 의미에서 세계관을 의미하기도 한다. 이것은 어떤 탐구 공동체는 탐구를 시작하기 전에 다음과 같은 질문들에 먼저 의견의 일치를 보아야 한다는 것을 의미한다.

우주에는 어떤 종류의 사물들이 존재하는가? 이들은 서로 어떻게 관계하며, 우리의 감각과는 어떻게 접촉하는가? 이런 사물들에 대해서 적법하게 제기할 수 있는 물음으로는 어떤 종류가 있는가? 이러한 물음에 대답하기 위해서는 어떠한 기술이 적합한가? 어떤 이론에 대하여 어떠한 것이 증거로 간주될 수 있는가? 어떤 물음들이 과학에서 중심적이라고 할 수 있는가? 어떤 현상에 대한 설명으로 간주될 수 있는 것은 무엇인가? 등의 물음이다.[49]

패러다임은 전문가들 집단이 시급하다고 느낀 몇 가지의 문제를 경쟁 상대들보다 훨씬 성공적으로 해결한다는 이유 때문에 그 지위를 획득한다. 그렇지만 성공적이라는 말은 완벽하게 성공적이라든지 또는 모든 문제들에 대해서 성공적이라는 것을 의미하지는 않는다. 한 패러다임의 성공은 당초에는 주로 불완전한 예제들에서 발견할 수 있는 성공의 약속일 따름이다. 정상 과학(normal science)은 사실들에 대한 지식을 확장시키고, 사실들과 패러다임의 예측이 서로 일치하는 정도를 증진시키면서, 그리고 패러다임 자체를 더욱 명료화시킴으로써 이런 약속을 구체화시킨다.[50]

정상 과학은 이미 확립되어 있는 한 패러다임 내에서 수행하는 과학이다. 그러므로 정상 과학은 수수께끼 풀이 활동이라고 불리기도 한다. 그렇지만 수수께끼 풀이가 성공하지 못할 수도 있다. 설명이 제대로 되지 않는 변칙 사례가 나타날 수 있다. 어느 정도 일이 진척되는 동안에는 이들도 결과적으로는 해결될 것이라고 보지만, 변칙 사례들의 계속적인 누적은 끝내는 위기를 초래한다. 위기는 정상 과학에 의해서 해결될 수 있는 성질의 것이 아니다. 정상 과학은 오히려 이상 현상들을 인지하고 위기로 인도할 따름이다. 위기는 새로운 패러다임에 의해서만 해결 가능하다. 정상 과학의 관점에서 보면 혁명이 일어난 것이다. 과학자들은 이제 전혀 새로운 눈으로 세상을 보게 된다. 이때 과학자들은 "눈에서 비늘이 걷혔다"고 말한다.[51]

그림 1.2 패러다임이 다름에 따라, 대상은 다르게 보인다.

여기까지는 큰 문제가 없어 보인다. 문제의 핵심은 옛 패러다임(P1)과 새로운 패러다임(P2)이 서로 통약 불가능(incommensurability)하다는 쿤의 주장이다. 통약 불가능이란 일차적으로는 동일한 기준으로 잴 수 없다는 의미이며, 더 나아가 과학에 대한 기준이나 정의가 동일하지 않다는 의미이다. P1과 P2가 전혀 비교 불가능하다면 어느 패러다임이 더 우수한지 우열을 가릴 수 없게 된다. 이것은 철저한 상대주의이다. 그리고 이것은 완전히 닫힌 체계라고 해야 한다. P1 속에 있는 사람들은 그것을 넘어서 그 밖으로 나갈 수가 없다고 가정하기 때문이다.[52]

지금까지의 논의를 종합하면, 구성주의는 다음과 같은 명제들로 정식화될 수 있다.

 i) 세계는 완성된 형태로서 인식 주관으로부터 독립해서 존재하는 것이 아니라 세계와 유기적인 전체를 형성하고 있는 인식 주관에 의해 구성되는 것이다.
 ii) 세계를 기술하는 진술들은 특정 패러다임에서만 참이다.
 iii) 인식 주관이 갖고 있는 관점이나 세계관이 인식 과정에 개입하므로, 우리는 세계를 그대로 인식할 수가 없다.

물론 구성주의라고 해서 모두 동일한 것은 아니다. 온건한 얇은 구성주의도 있고, 보다 급진적인 두터운 구성주의도 있다. 온건 구성주의는 물질주의나 개체주의적 관점의 중요한 논점들을 상당 부분 수용하는 반면, 급진 구성주의는 철저한 반실재론을 주장한다. 스스로 얇은 구성주의(thin cnstructivism)라고 부르는 알렉산더 웬트(Alexander Wendt)는 국제정치를 사회적으로 구성된 것으로 규정한다. 그는 구성주의의 두 가지 기본 교리를 다음과 같이 제시한다.

 i) 인간관계의 구조들은 물질적 힘보다는 주로 공유하는 관념에 의해 결정된다.
 ii) 합목적적인 행위자들의 정체성과 이익은 자연에 의해 주어진 것이 아니라 공유되는 관념에 의해 구성된다.[53]

이런 교리를 바탕으로 하여 웬트는 무정부 상태가 밖으로부터 주어진 조건이 아니라 국가들이 상호작용을 통해 내부적으로 구성한 조건으로 본다. 그는 무정부 상태의 세 가지 문화, 즉 홉스적 문화, 로크적 문화, 칸트적 문화를 제시한다.[54] 홉스적 문화는 적대관계에 기반한 문화이고, 로크적 문화는 경쟁관계에, 그리고 칸트적 문화는 친구관계에 기반한 문화이다.

웬트의 주장은 국제정치는 국제관계에 대한 인식이나 문화의 산물에 지나지 않으므로, 우리가 이런 인식이나 문화를 바꿈으로써 국제정치의 전환을 가져올 수 있다는 것이다.[55)

급진 구성주의는 이보다 훨씬 더 진전할 수 있다. 그것은 궁극적으로는 인식이나 문화의 틀을 공유할 수 없다는 통약 불가능성으로 귀착된다. 그것은 패러다임의 전환이 불가능하다는 것이다. 비근한 예를 들자면, 이것은 관점의 전환이나 처지를 바꾸어 생각하는 역지사지가 불가능하다는 이야기와 같다. 하지만 관점의 전환은 생활 속에서나 실험실에서 부단히 일어난다고 할 수 있다. 물리 실험에서 연구 대상과 도구 간의 관계를 이해하여 한 대상을 여러 도구를 통해 드러냄으로써 대상의 다양한 모습을 확인한다거나, 기하학의 원근법을 파악하여 어떤 상을 다른 시각으로 바라본다거나 하는 것이 바로 이런 사례들이다.

통약 불가능성을 주장하는 구성주의의 일반적인 주장은 다음과 같이 그려질 수 있다.

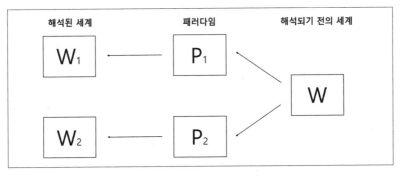

그림 1.3 패러다임의 통약 불가능성

나는 우리가 어떤 패러다임의 노예가 아니라는 논리에 기초하여, 즉 관점의 전환이 가능하다는 논리에 근거하여, 해석된 세계들과 패러다임 간의 상호관계를 비교함으로써 해석되기 전의 실재세계로 추정해 갈 수 있다고 생각한다. 이것은 다음과 같이 그려진다.

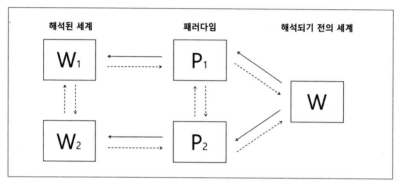

그림 1.4 패러다임의 통약 가능성

이런 논리에서 보면 문명이 전적으로 담론의 체계라는 강한 구성주의의 주장은 정당화되기 어렵다. 우리가 만약 문명을 구성주의의 입장에서만 바라본다면, 우리는 결국 어떤 주장이 올바른지 판단할 수 없는 상대주의로 귀착할 것이고 문명에 관한 논의는 단지 수사학상의 논쟁에 불과할 것이다.

물론 우리가 문명의 실재론을 주장한다고 해서 문명의 정신적 요소를 배제하는 것은 아니다. 실재론 역시 그 구성 요소로서 정신적 요소의 중요성을 인정한다. 그렇지만 정신적 요소라 해도 어디까지나 객관적 차원에서 논의되어야 할 대상이라고 본다.

2) 정태론과 동태론

정태적 대상을 중심으로 하는 사고와 펼쳐지는 관계를 중심으로 하는 동태적 사고는 다르다고 할 수밖에 없다. 전자는 합리적 행위자와 변수에 기반한 분석의 사례에 해당된다.[56] 이것은 고정된 실재 간의 상호작용에 초점을 맞춘다. 거래와 관계망 같은 사회적 분석은 후자에 해당된다. 이들의 분석 단위는 어떤 시공의 맥락 속에서 전개되는 관계이다.

문명을 보는 관점에서도 이 둘은 다르다. 이들은 문명론에서 속성론과 과정론의 대립으로 나타난다. 속성론은 문명을 성질들의 집합으로 보는 반면, 과정론은 문명을 끝없이 변화하는 과정으로 보려고 한다. 과정론은 문명을 정태적 속성의 관점에서 연구하는 대신에, 동태적 과정의 관점에서 연구해야 함을 의미한다.

속성과 과정의 구별은 과학철학의 중요 과제 중의 하나이며, 속성과 과정은 과학적 존재론의 측면들이다. 과학적 존재론(scientific ontology)은 어떤 이론이 적용되는 기초적 대상들의 목록을 만드는 작업이다.[57] 속성 존재론은 대상을 성질의 집합으로 취급한다. 대상 그 자체는 성질 없는 실체이고, 여러 성질들과 결합될 수 있다. 대상의 본질적 성질이란 대상의 제일차적 성질로서 간주될 수 있고, 다른 우연적 성질들은 이차적인 성질이라 할 수 있다. 이런 구분은 존 로크(John Locke)로부터 시작해서 현대 과학에서도 그대로 사용되고 있다. 그러므로 속성 존재론의 관점에서 보면, 어떤 것이 존재한다는 것은 일차적 속성의 안정적 집합이 지속적으로 존속한다는 의미이다.

새뮤얼 헌팅턴의 문명 본질주의는 이런 속성 존재론의 대표적 실례라 할 수 있다. 그것은 특히 그가 문명을 "혈통, 언어, 종교와 생활방식"

의 영역에서58) 공통성을 포함하는 것으로 정의할 때 명백하게 드러난다. 오스발트 슈펭글러(Oswald Spengler)가 문화를 규정할 때도, 문화의 중심적 성질은 '근본 상징(prime symbol)', 즉 공통의 세계 감정과 그것으로부터 도출된 공통의 세계 형식이었다.59) 그가 세계 감정이라고 부르는 것은 특히 예술, 음악, 조각을 의미한다. 그는 이런 세계 감정의 공통성이 존재하는 곳에서는 어디서나 독자적 문화가 존재한다는 결론을 내렸다.

이에 대립되는 존재론이 과정 존재론(process onotology)이다. 과정 존재론은 대상을 성질의 집합으로 바라보지 않고, 즉 독립된 실체로서 출발하지 않고, 구체적인 연관과 상호작용에서 시작한다. "사실 우리가 지금까지 '사물'에 관해 알아낸 모든 것은 그들이 서로에게 어떻게 상호작용하는가이다. 실체는 어떤 분간할 수 있고, 정당하게 귀속시킬 수 있는 성질을 갖고 있지 않다. 단지 다른 것들과의 상호작용으로부터 유발된 반응을 나타내는 성질들은 예외이다."60) 이것을 다시 로크의 제1성질과 제2성질을 가지고 설명한다면, 어떤 물체도 제1성질은 갖고 있지 않으며, 제2성질만을 갖고 있다고 설명하는 셈이다. 물론 로크의 제2성질은 우리의 인식 과정에서 발생하는 성질이니까, 레셔(Rescher)가 이야기하는 사물들 상호간의 상호작용에서 발생하는 성질과는 차이가 있다. 그럼에도 불구하고 사물에는 본질적인 속성이 없다는 주장에서는 유사점이 있다. 이것은 식별 가능하고 안정된 성질을 가진 단단한 대상으로부터 변화하는 실행과 역사적 양식의 배열로 강조점을 이동시키는 것이다.

현재 대부분의 문명론자들은 이런 과정 존재론에 동조하고 있다. 랜달 콜린스(Randall Collins)와 노르베르트 엘리아스(Norbert Ellias)

는 문명은 행위자의 습관, 원칙, 전통이 복잡하게 배열된 것이라는 점을 강조하면서, 과정에다 중점을 둔다. 뿐만 아니라 다양한 역사적 실천과 과정들이 함께 모여 어떤 특성을 가진 총체를 만든다고 보는 대다수의 문명 구성주의자들은 동태론자라고 할 수 있다.

콜린스는 문명을 하나 혹은 몇몇 문화적 특성을 둘러싸고 조직된 중심지대로 규정한다. 이러한 관점에서 보면, 문명은 본질이 부여된 신념이나 제도를 통치하는 양식이나 문화적 부호가 아니다. 문명은 행위자도 아니고 행위자의 속성도 아니다. 그것은 일련의 관계와 실천으로서 존재한다.[61] 또 콜린스는 한 문명의 힘은 그 매력을 증진시키거나 감소시키는 실천에 의존한다고 본다. "그런 매력은 창조성을 반영한다. 열띤 토론과 의견 충돌을 벌이는 사상의 경쟁적인 학파가 문명의 명성에는 결정적이다. 문명은 지적, 예술적 긴장을 야기하는 대화, 토론, 의견 충돌에 의해 표시된다."[62]

시네르 악튀르크(Sener Aktürk)는 고등교육과 문화의 생산과 선전에 종사하는 학자, 예술가들의 지식 공동체가 문명의 정체성을 생산하고 영속화시키는 중개자들이라고 주장한다. 그는 문명을 고정된 정지 상태로 보지 않고, 지식 공동체, 고등교육, 고전을 통한 도시와 제국과 종교 간의 동태적 과정으로 정의한다. 이런 관점에서 보면, 지식 공동체는 문명의 지식을 운반하는 운반자이므로, 어떤 문명의 정체성은 지식 공동체의 존재에 달려 있다. 예컨대 어떤 초국가적 사회가 독자적 문명으로서 위상과 자격을 갖느냐 하는 여부는 그 사회가 예술가와 지식인의 지식 공동체를 갖고 있느냐에 달려 있다. 지식 공동체란 비슷한 탐구의 신념과 고전을 공유하는 집단을 의미한다.

엘리아스는 문명화 과정을 두 차원에서 논의한다. 하나는 심리 발생적 차원이며 다른 하나는 사회 발생적 차원이다. 심리 발생적 측면에서 보면 문명화 과정이란 외부 통제로부터 자기 통제의 이행 과정이다. 이 것은 외면적 예절을 세련화시키고, 모든 생리적 기능을 은밀하게 감추 며, 충동과 감정을 억제하는 것으로 나타난다. 사회 발생적 차원에서는 인간관계의 변화, 사회적 분화, 국가의 형성 등으로 나타난다.

엘리아스에 의하면 문명화된 행동 규범은 합리적인 계획에 의해 발 생한 것이 아니다. 그것은 의도되지 않은 결과를 산출하며, 어떤 목적 을 향해 진행되는 것도 아니다. 그것은 다음과 같이 설명될 수 있다. 11 명의 선수가 한 팀이 되어 뛰는 축구 시합을 생각해보자. 축구 경기 중 에 선수들 한 사람 한 사람의 행동은 예기치 못한 결과를 초래할 수 있 으며, 경기는 선수들의 의지와는 관계없이 흘러간다고 해야 할 것이다.

엘리아스가 분석한 문명화 과정은 귀족 계층과 신흥 중산 계층과의 투쟁의 결과이다. 이런 문명화 과정은 여러 차원을 갖는다.

 i) 그것은 사회적 태도나 습관의 진화를 가리킨다. 이런 진화는 자 기 통제의 중요성을 증가시키고 야만적인 행위로 간주되는 것들 을 제거함으로써 가능해진다.
 ii) 문명화의 과정은 사회구성원들 간의 정서적 동질화를 가져오고, 유럽 사회들의 내적 평화의 상태가 증가됨을 기술한다. 폭력적 행위가 점차 매도되고, 공감에 대한 능력은 증대하고, 국가 간 복지의 규모가 커졌다.
 iii) 사회적 상호의존성이 커지고 정치적 합리화가 전진되었다.

엘리아스가 분석한 문명화 과정은 막스 베버(Max Weber)의 세계의 합리화 과정과 유사하다. 그렇지만 그가 유럽 중심주의를 주장하는 것은 아니다. 유럽 중심주의란 유럽만이 문명화되고, 나머지 지역은 문명화되지 못했다는 주장이다. 또한 문명화가 진행된다고 해서 나치(Nazi) 정권의 예에서 보듯, 반드시 일직선으로 전진되는 것은 아니라고 본다.

문명에 대한 새로운 접근은 융통성과 다수성을 강조한다. 아놀드 토인비(Arnold Toynbee)는 아시아 문명과 이슬람 문명은 상당 정도 서구화하지 않고는 근대화에 성공할 수 없을 것으로 보았다. 이런 주장은 사실상 서구 문명을 문명의 표준으로 간주한 셈이다. 슈펭글러 역시 현대 문명의 운명은 서구와 불가피하게 묶여 있다고 보았다. 토인비나 슈펭글러는 모두 문명의 핵심적 요소로서 정합적인 문화적 전통을 생각하고 있었으므로, 이들은 아이겐슈타트의 다수 근대성 이론이나, 콜린스의 문화적 경쟁 이론, 엘리아스의 문명화 과정의 다원주의와는 공존하기 어렵다.

문명 동태론과 정태론의 대립은 문명 실재론과 구성주의의 대립만큼 뚜렷하지는 않다. 말하자면, 이 둘의 관계가 언제나 상충되는 것은 아니다. 그 이유는 관행이란 어떤 행위자의 속성이며, 관행은 행위자가 여러 맥락에서 차지하는 위치의 이동을 가능하게 하기 때문이다.

3) 단수론과 복수론

인류의 문명 전체를 하나로 취급해야 할 것인지, 아니면 다수의 문명들로 분할해서 다루어야 할 것인지도 문명론에서는 간과할 수 없는 주제이다. 우리는 전자를 문명 단수론이라 부르고, 후자를 문명 복수론이라 부른다.

이러한 물음은 역사의 단위를 묻는 물음과도 직결된다. 우리는 인류의 역사를 하나의 단위로 볼 수도 있고, 독립된 여러 민족들의 역사나 혹은 여러 문명들의 역사로 볼 수도 있다. 문명 보편주의는 인류의 역사를 하나의 문명화 과정으로 보는 반면, 문명 다원주의는 인류의 역사에는 동등한 가치를 지닌 다수의 문명이 존재해왔고 또 앞으로도 공존해갈 것으로 이해한다. 예컨대 우리가 인류의 역사는 석기시대와 청동기시대를 거쳐 철기시대로 접어들었으며, 농업혁명과 산업혁명의 단계를 지나 정보혁명의 단계로 진입하고 있다고 주장한다면, 우리는 문명 보편주의의 관점에서 이런 주장을 하고 있는 것이다.

역사적으로 단수 문명의 개념은 18세기 유럽 계몽주의의 발명품이다. 그것은 문명의 표준을 제공했다. 이 표준에 따라 문명사회와 야만사회가 구별된다. 야만 사회는 문명화되어야 할 대상이 되었다. 볼테르(Voltaire), 장 자크 루소(Jean-Jacques Rousseau), 데니스 디드로(Denis Didrot), 튀르고(A. R. J. Turgot), 콩도르세(M. de Condorcet) 등 계몽사상가들과 계몽주의의 세례를 받은 사람들은 대체로 단수 문명론자가 되었다. 임마누엘 칸트, 게오르크 헤겔, 칼 마르크스는 모두 계몽주의가 설정한 문명의 이상을 다양하게 발전시켰지만, 문명의 단일성을 부정하지는 않았다. 문명의 단일성이 지나치게 강조되었을 때, 그것은 제국주의의 논리가 되기도 했다. 프랜시스 후쿠야마가 『역사의 종말과 최후의 인간』(1992)에서 인류의 역사가 종국에 다다랐다고 주장했을 때도 단일 문명에 기초하고 있었다.

복수 문명의 사회에서는 단일 문명의 표준은 더 이상 통용되지 않는다. 복수 문명의 분석에서는 지배(mastery), 혼종(hybridity), 교차 오염(cross-contamination) 등이 중요한 개념으로 떠오른다. 문명 복수론자들도 두 종류로 구분할 필요가 있다. 하나는 우리가 문명들을 다수의 유형으로 나눌 수 있다 할지라도 한 문명 내부는 한 국가와 같이 정합적이고 통합된 이념을 갖는다고 보는 입장이고, 다른 하나는 문명은 다수일 뿐만 아니라 한 문명 내부도 다원적이라고 주장하는 입장이다.

전통적 문명론자들은 정합적 일원론자들이다. 헌팅턴에 의하면 이데올로기의 대결이 끝난 앞으로의 세계는 몇 개의 문명권으로 나뉘고, 이 문명권들의 충돌이 세계 정치를 지배하게 될 것이며, 문명의 경계선이 미래의 전쟁터가 된다는 것이다. 헌팅턴이 제시한 문명권이란, 서구 문명, 이슬람 문명, 유교 문명, 일본 문명, 힌두 문명, 슬라브-정교 문명, 라틴아메리카 문명, 아프리카 문명들이다. 헌팅턴은 구 유고슬라비아 연방에서 진행되고 있는 인종 분규 역시 1500년대 확정된 서구 기독교 문명의 동쪽 경계선에서 벌어지고 있는 문명의 충돌로 설명하고자 한다.

세계사의 주체적 단위를 문명으로 해석한 대표적인 역사학자는 『역사의 연구』로 유명한 영국의 아놀드 토인비였다. 이러한 역사관은 세계사의 주역을 인류나 민족국가로 보는 견해와는 전혀 다르다고 할 수 있다. 토인비는 인류 역사상 존재했던 모든 문명을 23개로 나누고, 이 중 8개를 아직 살아 있는 문명으로 분류했다. 나머지 15개 문명은 모두 역사 속에서 생장했다가 해체된 문명들이다. 헌팅턴은 아프리카 문명에 대해서는 다소간의 의문을 표시하고 있으므로, 이를 빼면 토인비나 헌팅턴은 결국 같은 수의 문명권을 이야기한 셈인데, 유일한 차이점은 라틴아메리카 문명을 독자적인 문명으로 분류할 것인가, 아프리카 문명을 독자적인 문명으로 분류할 것인가 하는 것뿐이다.

토인비는 모든 문명이 발생과 성장, 쇠퇴와 해체의 과정을 거친다는 것을 실증적으로 증명하려 했다. 문명의 발생에 관한 그의 설명 역시 독특하다. 자연환경이 좋다고 해서 문명이 발생하는 것이 아니라, 자연환경의 도전에 맞선 인간의 응전이 성공적으로 이루어짐으로써 문명은 시작된다는 것이다.

『서구의 몰락』으로 충격을 던진 오스발트 슈펭글러 역시 문명의 역사철학자라고 할 수 있다. 슈펭글러에 의하면, 모든 개별 문화는 식물의 성장과 같이 발생—성장—쇠퇴—사멸의 과정을 밟는다. 각각의 문화는 원시의 야만상태에서 출발해서 정치 조직과 예술과 과학을 발전시켜 전성기로 들어가고, 일정한 시간이 지나면 만발했던 문화도 쇠잔해서 몰락한다. 여기서 새로운 유형의 야만주의 문화가 다시 나타난다. 슈펭글러는 문화 중의 정치, 사상, 예술 분야의 주목할 만한 위인들은 50년마다 주기적으로 발생하고, 한 문화의 이상적인 존속 기간은 천년이며, 문화의 이러한 운명은 신비적이라고 주장했다. 모든 문명들이 생명의 필연적 주기를 갖고 있다고 주장한 점에서, 토인비나 슈펭글러는 모두 문명법칙론자들이었다고 할 수 있다. 그중에서 특히 한 문명이 끝나면 필연적으로 새로운 문명이 다시 시작된다고 한 점에서 그들은 순환적 역사철학자들이다.

오늘날의 문명론자들은 고전적 문명론자들보다 훨씬 더 문명의 충돌에 관심을 기울인다. 이것은 아마 정보통신에 의해 세계가 그만큼 좁아지고 지구촌화되어가는 현실을 반영하고 있는 것으로 생각된다.

헌팅턴은 문명의 충돌이 불가피한 이유를 다음과 같이 여섯 가지로 제시한다.

　ⅰ) 서로 다른 문명을 가진 사람들은 서로 다른 세계관과 인간관을 가진다.

ii) 세계가 좁아지면서 서로 다른 문명을 가진 사람들의 잦은 접촉
    은 사람들의 자아의식을 더욱 강하게 만든다.
iii) 경제적인 근대화 과정과 사회적 변화 때문에 종교가 부흥된다.
iv) 과거 서양의 역할에 비해 비서구인의 문명의 자아의식이 커졌다.
v) 문명의 차이는 정치적 측면이나 경제적 측면보다 융화가 어렵다.
vi) 세계적으로 지역주의가 증가한다.

그렇지만 이런 문명론에 대해 우리는 다음과 같은 질문을 던질 수
있다. 문명을 역사의 주체로 단정하는 것은 인간을 지나치게 수동적
존재로 격하시킨 것은 아닌가? 민족국가나 인류를 역사의 주체로 보
는 것은 우리의 상식과 크게 어긋나지 않는다. 그러나 여러 민족국가
를 포괄하는 문명을 역사의 주체로 보는 것은 지나치게 거시적이다.
이러한 관점은 같은 문명권에 속한 여러 개별 국가가 종종 같은 방향
으로 함께 행동하지 않을 뿐만 아니라 심지어 서로 간에 전쟁까지도
불사하는 경우를 설명해주지 못한다.

문명의 내부적 다원주의는 다수의 전통과 활발한 논쟁과 의견 충돌
에 기반을 두고 있다. 말하자면, 한 문명은 시공을 가로질러 연결되는
사회이지만, 매우 느슨한 체계라는 것이다. 카첸슈타인이 이런 다원주
의의 대표 주자이다. 그는 문명을 별자리에 비유한다. 수많은 별들이
하늘을 수놓고 있다. 어떤 별들은 비교적 가깝게 모여 하나의 집단을
이루고 있고, 어떤 별들은 다소 떨어져 있지만, 그것들은 하나의 집단
으로서 우리에게 친숙한 어떤 모양으로 보인다. 우리는 이런 별들의
집단을 하나의 문명으로 부른다는 것이다. 우리들이 잘 아는 북두칠성
을 예로 들어보자. 그것은 7개의 별이 모여 손잡이가 있는 큰 국자 같
은 형상을 이룬 것이다. 그 7개의 별들은 하나의 형상을 이루고 있지

만, 하나하나가 독립적으로 존재하고, 운동에서도 상호 영향은 어느 정도 받겠지만 거의 독자적이라고 해야 할 것이다. 카첸슈타인의 이야기는 문명도 이와 비슷하다는 것이다. 하나의 문명이라고 여겨지는 일단의 사회는 다수의 행위자와 전통과 실천들에 의해서 만들어진다는 것이다. 그는 이런 상황을 다음과 같이 설명한다.[63]

i) 한 문명은 그 자체로 정치적 실재가 아니다. 그것은 다양한 유형의 행위자들을 포괄하고 있다. 그것은 국가들, 정치 단체들, 그리고 제국들을 포괄한다.

ii) 별무리 같은 문명은 분명한 경계선, 내적 정합성, 단단한 통합성, 중앙집권, 지속적인 성격을 갖지 않는다. 문명은 정태적이거나 합의적이 아니고, 동태적이고 정치적으로 통합되어 있지 않다.

iii) 문명은 상태가 아니라 과정이다. 문명은 고정된 실재가 아니라 계속 변화하는 실천 목록으로서 자신을 나타낸다. 결국 이런 실천들이 미국화나 유럽화 같은 문명의 과정으로 집결된다. 이것들은 행동적, 상징적 경계선을 생산하고 또 재생산한다.

카첸슈타인의 별자리 문명론은 헌팅턴의 본질주의와 비교했을 때, 훨씬 설득력이 있다. 그렇지만 다원주의를 너무 지나치게 몰고 나가면, 문명이론을 해체시킬 위험도 있다. 다수의 행위자들, 전통들, 실천들이 지나치게 느슨하게 묶여 있어서 그 통합의 강도가 무시할 정도라면, 우리가 이들을 이렇게 묶어서 논의할 이유가 있을까?

3절 문명의 구조론

1. 도시, 제국 그리고 종교

문명의 성격이나 유형에 대해서는 많은 논의가 있었지만, 문명의 구조에 대해서는 뚜렷한 논의가 없었다고 할 수 있다. 문명의 구조에 관해 대체로 의견의 일치가 이루어진 유일한 논제가 있다면, 문명의 중심에 종교가 자리 잡고 있다는 명제 정도이다. 이런 상황에서 시네르 악튀르크(Sener Aktürk)의 논의는 우리의 관심을 끈다. 그는 문명을 도시와 제국, 그리고 종교 간의 역동적 과정으로 규정한다.[1]

문명을 제국과 연관시키는 이유는 무엇인가? 문명의 외연은 한 국가의 외연을 넘어서기 때문이다.[2] 악튀르크는 제국의 지배만이 방대한 영토에 걸친 다양한 사람들의 생활양식을 하나로 통합시킬 수 있다고 본다. 물론 제국이라고 해서 반드시 하나의 독자적인 문명으로 분류되지는 않는다. 예컨대 몽골 제국은 역사상 최대의 제국이었지만, 많은 경우 독자적인 문명으로 분류되지 않는다. 단명하여 지속 가능한 문화를 창조하지 못했기 때문이다.

문화의 창조를 위해서는 긴 수명의 도시가 필요하다. 도시는 예술가, 과학자, 철학자, 건축가, 음악가 등 모든 분야의 학자와 예술가들을 한곳으로 끌어들인다. 이들이 인류의 유산을 정리하고, 새로운 삶의 양식을 창출하고, 당면 과제에 대한 해결책을 제시한다. 이런 맥락에서 윌리엄 맥네일(William McNeill)[3]은 "공유된 문학적 고전과 그

고전에 의해 형성된 인간의 행위에 대한 기대가 아마도 우리가 문명이라 부른 것에서 중심적인 사항일 것이다"라고 보았다. 윌 듀란트(Will Durant)도 다음과 같이 말한다.

문화 하면 농경이 떠오르지만, 문명 하면 도시가 떠오른다. 문명은 예의의 습관화라 할 수 있는데, 예의란 곧 세련된 행동을 말한다. 그리고 예의라는 말을 만들어낸 도시인들은 세련된 행동이 오로지 도시(civitas, city)에서만 가능하다고 생각했다. 온당하든 부당하든 시골에서 생겨난 부와 인재가 모여드는 곳이 바로 도시이기 때문이다. 도시에서는 발명이 이루어지고, 사업이 일어나면서 갖가지 편의와 사치, 여가가 함께 늘어난다. 상인들이 만나 물품과 생각을 교환하는 곳도 도시다. 그리고 무역의 교차로에서 이루어지는 다른 꽃 수분을 통해 지성이 가다듬어져 창조적 힘의 자극제가 된다. 도시에서는 물건을 만드는 일에서 벗어나 과학, 철학, 문학, 예술에 힘을 쏟을 수 있는 사람들이 생겨나기 마련이다. 문명은 농부의 오두막에서 시작되지만, 오로지 도시에서만 꽃을 피울 수 있다.[4]

종교는 문명과 가장 밀접하게 연관되어 있다. 오히려 종교는 문명의 기초라고 해야 할 것이다. 거대 종교는 그 자신의 문명을 갖는 것이 보통이었다. 예컨대, 불교, 힌두교, 이슬람교, 기독교 등은 모두 독자적인 문명을 갖고 있다. 사회과학이나 대다수 문명론자들은 오래전부터 종교를 문명의 원천으로 간주해왔다. 페르난드 브로델은 종교가 문명의 가장 강력한 특징이라고 주장한다. "기독교는 서구의 현실 생활에서 본질적이다. 그것은 심지어 무신론자들에게도 나타난다. 그들이 그것을 알든 모르든 관계없이 윤리적 규범, 삶과 죽음, 일의 관념, 노력의 가치, 여성과 어린아이들의 역할 등은 기독교적 정서와는 아무런 연관이 없어 보인다. 그렇지만 이 모든 것은 기독교로부터 도출된 것이다."[5)

종교가 문명의 기초라는 것을 프로이트도 다음과 같이 설명한다. "문명의 특성은 인간의 고등 정신 기능인 지적, 과학적, 예술적 성취에 대한 존경과 장려를 통해, 그리고 인간의 삶 속의 관념들에 부여하는 여러 지도적인 역할을 통해 가장 잘 드러나는 듯이 보인다. … 이런 관념 중에서도 종교가 가장 수위를 차지한다. 철학적 사색이 그 다음이다. 그리고 개인, 집단, 혹은 인류 전체가 성취 가능한 완전함에 대한 관념들과 그 관념에 기초한 요구, 이른바 인간의 '이상'이 마지막으로 등장한다."[6)

종교가 문명에서 가장 중요한 자리를 차지하는 이유는 무엇인가? 그것은 사람들의 태도를 유연하게 만드는 데 기여하기 때문이다. 문명은 결국 자연적 본능을 억압하고, 일상화된 광기를 제정신으로 고양시키기 때문이다.

문명과 연관된 관념을 논의하면서 프로이트는 미(beauty)와 청결(cleanliness), 그리고 질서(order)가 문명의 요구사항 중에서 특별한 위치를 차지하고 있다고 주장한다. "아름다움, 청결, 그리고 질서는 문명의 요소 중에서도 특별한 위치를 차지한다. 물론 아무도 이들이 삶에서 자연의 힘에 대한 통제력이나 우리가 이미 알고 있는 다른 요인들만큼 결정적인 중요성을 띤다고 주장하지는 않는다. 그러나 그 누구도 그것들을 부주의하게 사소한 것으로 치부하지도 않을 것이다."[7)
프로이트는 문명은 어떤 점에서는 마르크스가 말한 잉여가치(surplus value)와 닮은 점이 있고, 또 다른 점에서는 매슬로(Abraham H. Maslow)의 욕구의 상위층과도 연관되어 있다고 본다. "문명은 전적으로 유용한 것에만 집중하지 않는다는 것은 우리가 문명의 관심사 중에서 빼놓을 수 없는 아름다움의 사례에서 입증된다."[8]

2. 문명의 요소와 발생적 기초

월 듀란트는 『문명 이야기』에서 다음과 같이 시작한다.

> 문명이란 문화 창조를 촉진하는 사회적 질서를 말한다. 문명을 구성하는 네 가지 요소로는 물자 비축, 정치 조직, 윤리적 전통, 지식 및 예술의 추구를 들 수 있다. 혼란과 불안정이 끝나는 지점에서 문명은 시작된다. 왜냐하면 두려움을 극복했을 때 호기심과 건설 정신이 자유롭게 발산되고, 나아가 인간이 타고난 본능적 충동을 넘어 삶을 이해하고 멋지게 꾸미려 노력하기 때문이다.[9]

월 듀란트가 말한 물자 비축은 경제적 요소이고, 지식 및 예술의 추구는 정신적 요소이다. 그는 문명의 경제적 요소에서는 수렵 생활에서 경작 생활로 바뀐 과정에 대한 논의에서부터, 산업의 토대와 경제적 조직화를 다룬다. 정치적 요소에서는 정부의 기원, 국가, 법, 가족이 논의의 대상이 되고, 윤리적 요소는 결혼, 성윤리, 사회윤리, 종교 등을 포함한다. 정신적 요소는 문자, 과학, 예술로 구성된다.

듀란트도 지리적 중요성을 언급하기는 했지만, 다른 조건들에 비해 비중을 크게 두지는 않았다. 문명은 기본적으로 인류가 만든 창조물을 의미하기 때문이다. 하지만 문명의 필요조건으로 지리적 조건을 생략할 수는 없을 것이다. 『총, 균, 쇠』로 유명한 제레드 다이아몬드(Jared Diamond)는 문명의 여러 조건 중 지리적 조건을 가장 중요시했다.

브로델은 문명을 4개의 차원에 따라서 구별한다.[10]

ⅰ) 지리적 영역으로서의 문명

ⅱ) 사회로서의 문명

ⅲ) 경제로서의 문명

ⅳ) 사고방식으로서의 문명

지리적 영역으로서의 문명을 논의하면서 브로델은 의사소통의 중요성을 강조한다. "어떤 문명도 유동성 없이는 생존할 수 없다. 모든 문명은 상업과 상인의 자극적인 충격에 의해 부유해진다."[11] 브로델은 또 사고방식으로서의 문명을 설명하면서 다음과 같이 주장한다. "모든 시기에 어떤 세계관, 어떤 집합적 사고방식이 사회의 전 대중을 지배한다." "어떤 집합적 사고방식이 사회의 태도를 지정하고, 그 선택을 지도하고, 그 편견을 확증하고, 그 행위들을 지도한다.[12]

로버트 콕스(Robert Cox)는 문명을 생존의 물질적 조건(정치 경제적 조직을 포함하는)과 상호주관적 의미 간의 조화라고 정의한다.[13] 이때 상호주관적 의미는 구성원들을 함께 묶는 신화와 종교 및 언어이다.[14] 이런 맥락에서 콕스는 문명을 구분하는 세 가지 차원을 제시한다.

ⅰ) 시공간에 대해 그들이 갖는 관념과, 공간과 시간에 대한 상대적 강조

ⅱ) 개인과 공동체 간의 긴장

ⅲ) 인간과 자연 및 우주의 관계에 관한 관념

우리가 문명을 발생적 차원에서 보면, 그 구성 요소는 어떻게 설명될 수 있을까? 이 물음에 답하기 위해 나는 프랜시스 후쿠야마가 사회적 자본인 규범을 논의하기 위해 사용한 준거틀[15]을 다소 변경시켜,

문명의 구성 요소를 분석해보고자 한다. 다음의 그림을 보자. 하나는
문명의 구성 요소들을 자연적 발생과 의식적 창조로 나누는 가로축이
고, 다른 하나는 문명의 구성 요소들을 이성적 기반과 정서적 기반으
로 나누는 세로축이다.

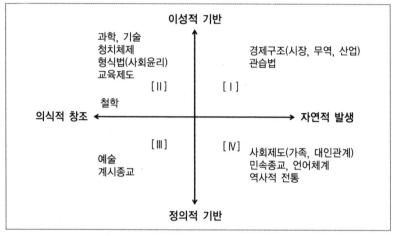

그림 1.5 문명의 발생적 기초와 구성 요소

이성적 기반을 갖는다는 것은 문제되는 내용의 우열을 가릴 객관적
기준이 존재함을 함축한다. 반면에 정의적 기반을 갖는다는 것은 우열
을 가릴 보편적 기준이 존재하지 않는다는 의미이기도 하다. 예컨대,
욕망이나 감정에 기초를 두고 있는 문명의 내용들에는 보편적 기준을
적용하기가 어려울 것이다.

이렇게 두 축을 중심으로 할 때 한 문명의 내용은 네 영역으로 나누
어진다.

[I]의 영역은 경제 구조가 중심을 이룬다. 이 영역은 자연 발생적 영
역이지만 동시에 이성에 기반을 두고 있다. 네 영역 중에서 가장 보편적

인 영역이다. 세계화가 경제 영역에서부터 출발한 것은 우연이 아니다.

[Ⅱ]는 이성에 기반을 두고 있지만, 의식적으로 창조된 영역이다. 과학, 기술이 이 영역의 중심을 이루지만 정치체제, 사회윤리, 교육제도 등도 이 영역에 속한다. 모두가 의식적으로 창조되었지만, 합리성의 기초 위에서 존립한다.

[Ⅲ]은 예술과 종교의 영역이다. 이들은 의식적으로 창조되었지만, 정의에 기반을 두고 있다. 철학도 이 영역 가까이 있지만 이성적 사유와 분석을 중시하는 그 특성상 [Ⅱ]의 영역에 귀속시킬 수밖에 없다.

[Ⅳ]는 자연 발생적이면서 동시에 정의에 기반을 두고 있는 영역으로, 가족이나 대인관계를 중심으로 하는 사회제도와 민속종교가 중심을 이룬다. 역사적 전통도 이 영역에 속한다.

전체적으로 이성적 기반의 영역 [Ⅰ]과 [Ⅱ]는 세계화와 함께 대체로 쉽게 보편화될 것으로 예상되는 반면, 정의적 기반의 영역 [Ⅲ]과 [Ⅳ]는 개성적 특수화를 견지하려 할 가능성이 높다.

3. 문명에 대한 구조적 분석: 3중 구조

나는 문명의 구조를 다음과 같은 3중 구조로 설명하려고 한다.[16) 문명의 구조에서는 근본적 신념체계가 핵심 원리에 해당되며, 사회체제와 과학, 기술이 보호대의 역할을 한다. 이러한 일반적인 구도는 문명의 특수성에 따라 약간씩의 변형은 가능할 것으로 생각된다. 예컨대 유교 문명의 종교와 철학의 분리가 어려운 경우라면, 근본적 신념체계에서 종교와 철학을 함께 묶는 것은 얼마든지 가능하다.

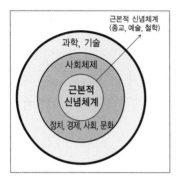

그림 1.6 문명의 구조 　　　　　그림 1.7 근본적 신념체계

위의 그림에서, 가장 중심부가 종교, 예술, 철학 등, 인간과 사회 및 세계에 관한 근본적 신념체계로 구성된 중핵 부분이고, 중간 부분이 정치, 경제를 비롯한 사회적 체제이며, 가장 바깥 부분이 과학과 기술의 영역이다. 중심부로 갈수록 개성이 부각되고, 바깥 부분으로 갈수록 보편성이 지배한다.

문명의 3중 구조 중에서 한 문명이 탄생되려면 근본적 신념체계가 먼저 구축되어야 한다. 이 부분의 정립이 없이는 아무리 거대 사회라도 문명으로 등극하지 못한다. 이것이 설사 발생론적으로 볼 때 다른 부분보다 나중에 발생했다고 할지라도 사정은 마찬가지다. 이것은 인간과 세계에 대한 가장 원초적인 이해이며, 실현하고자 하는 가치체계와 이념을 포괄한다. 비슷한 논리에서 오스발트 슈펭글러는 모든 문명은 나름대로의 혼을 갖지 않으면 안 된다고 주장하면서, 그 혼은 수학을 통해 드러난다고 설명한다. 말하자면 한 문명은 독자적인 수학을 가질 때만 독자적인 문명으로 등극한다는 것이다.

나는 문명의 중핵 부분을 인간과 세계를 보는 독특한 신념체계라 보고, 이것은 종교, 예술, 철학을 통해 드러난다고 규정한다. 종교는 인간의 삶과 죽음의 문제에 대한 가장 포괄적인 해답이며, 예술은 미적으로 인간과 세계를 이해하고 삶을 고양시키는 양식이다. 그리고 세계관으로서의 철학은 인간과 세계의 존재의미와 가치에 대한 규정이다. 그러므로 독자적인 종교, 예술, 철학이 없다면, 그것은 독자적인 문명이라고 하기 어려울 것이다.

종교가 문명의 가장 중핵일 수밖에 없는 이유는, 종교가 인간과 세계에 대한 가장 직접적인 이해 형식이기 때문이다. 제레드 다이아몬드는 진화심리학의 접근법에 기초하여 종교의 기능을 일곱 가지로 규정하면서, 그 기능들이 사회의 변천에 따라 어떻게 변화하는가를 논의한다.[17] 일곱 가지 기능이란, (1) 초자연적인 설명, (2) 의식을 통한 불안감의 완화, (3) 고통과 죽음에 대한 위안의 제공, (4) 규격화된 조직, (5) 정치적인 순종의 설교, (6) 이방인에 대한 도덕률, (7) 전쟁의 정당화 등이다. 과학기술의 발달에 따라, 그리고 종교와 정치권력의 분리에 따라, (1)과 (4), (5), (6), (7)의 기능은 다소 쇠퇴할 수 있을 것으로 추측되지만, (2)와 (3)의 기능은 인간이 생존하는 한 꾸준히 지속될 것으로 예상된다.

인간이 가진 고급 관념들 중에서, 즉 종교와 같은 보편적 구원, 세속적 인문주의의 형태, 지적이고 예술적이고 과학적인 작품들 중에서 종교가 가장 중요하다. 이런 관점에서 보면, 우리가 여러 문명들을 종교에 기반해서 분류하는 것은 합리적이라고 할 수 있다. 왜냐하면 모든 종교는 본능적 욕망과 특히 성행위에 대한 서로 다른 금기와 규제들을 갖고 있기 때문이다.

예술이나 철학도 인간과 세계를 총체적으로 이해하고자 하는 방식들이지만, 그것이 기반하는 방법론이 다르다. 헤겔의 표현을 빌리면 종교는 표상에 의해, 예술은 직관에 의해, 철학은 개념에 의해 인간과 세계를 이해하려고 하는 것이다. 헤겔은 절대정신이 나타나는 세 가지 양태로서, 예술, 종교, 철학을 논하면서 철학을 최상위에 놓았지만, 문명의 구조에서는 인간과 세계에 대한 가장 원초적이고 직접적인 이해에 초점을 맞추어 종교를 근본 신념의 중심으로 자리매김할 수밖에 없을 것으로 판단된다. 토인비를 비롯한 여러 문명론자들도 통상 종교를 중심으로 문명을 분류했다. 오늘날의 일반적인 문명 분류도 종교를 기반으로 한 것이다. 새뮤얼 헌팅턴은 종교를 무시하고 국제정치적 맥락에서 기존의 문명 분류에다 일본, 라틴아메리카, 아프리카를 독자적 문명으로 분류했지만, 이런 분류는 문명을 어떤 기준에 의해 구분할 것인가에 대해 새로운 문제점을 야기한다.

문명 다원주의의 선구자격인 니콜라이 다닐레프스키는 세계사에 등장한 중심 문명으로 이집트, 중국, 고대 셈, 힌두, 이란, 헤브루, 그리스, 로마, 아라비아, 유럽 등 10대 문명을 들었고, 슈펭글러는 8대 문명으로, 토인비는 23개 문명으로 분류했다. 현재 살아 있는 문명뿐만 아니라 과거 역사상의 문명을 분류하는 일이고, 또 그 기준이 엄격하게 일치하지 않기 때문에 문명의 수에서 차이가 나지만, 어느 경우든 종교를 중심적 기준에서 배제할 수는 없었다. 설사 오늘날의 기준에서 보면 미신이거나 종교가 아닌 것 같아 보인다 해도 그 당시에는 종교의 기능을 수행했다고 봐야 할 것이다.

우리는 주위 사람들의 죽음을 목도하고, 또 나의 죽음을 예상하며, 엄청난 고통을 겪는다. 뿐만 아니라 삶을 살아가는 과정에서도 수많은 고통을 체험한다. 종교는 이런 고통이 우연적으로 발생한 것이 아니라 어떤 의미를 갖고 있음을 설명하면서 우리의 고통을 달래준다. 동시에 우리는 삶의 과정에서 우리가 통제할 수 없는 위험과 해결할 수 없는 문제에 부딪히면서 불안감과 무력감에 시달린다. 종교는 이런 불안감과 무력감을 어떤 형태의 의식과 기도를 통해 해결해준다.

인간은 의미를 추구하는 존재이다. 과학이 나에게 의미를 주지 못한다면 종교를 통해 의미를 찾을 수밖에 없다. 인간과 세계에 대한 총체적이고 근본적인 이해 없이 인간은 살아갈 수 없다. 이런 신념체계가 없다면, 삶에 의미를 부여할 수 없고, 나의 정체성을 확립할 수 없기 때문이다. 넓은 의미에서 보면 문명이란 삶에 의미를 부여하는 양식이라 할 수 있다.[18]

그림 1.6의 중간 부분이 우리가 그 속에서 살아가는 사회체제이다. 우리는 통상, 정치, 경제, 사회, 문화의 여러 체제 속에서 산다. 이런 체제는 사회생활을 위해서는 필요불가결한 것들이다. 마지막 부분이 과학과 기술이다. 이때 과학은 자연과학뿐만 아니라 인문과학, 사회과학을 모두 포괄한다.[19]

과학과 기술을 사회체제와 특별히 구별한 것은 문명에서 차지하는 과학과 기술의 비중이 너무나 크기 때문이다. 칼 야스퍼스는 서구 문명에 의해 과학기술시대가 전개되기 시작했다고 보고 과학기술을 현대 문명의 대표적인 특징으로 꼽는다. 우리가 현대 문명을 과학기술문명이라고 부르기도 하는 것도 과학기술의 엄청난 힘을 인정한 결과이다. 아이젠슈타트는 두 유형의 문명을 구분한다. 차축시대의 문명(Axial Age Civilizations)과 근대 문명(Civilization of Modernity)이 그것이다. 차축시대 문명은 BC 6세기경 중요한 세계 종교들과 함께 탄생했다. 반면에 근대 문명은 과학기술혁명과 함께 나타났다. 차축시대라는 개념은 칼 야스퍼스(Karl Jaspers)가 그의 역사철학에서 사용한 것이다.

이런 3중 구조에서 근본적인 신념체계가 문명의 중핵을 이루며, 사회체제와 과학, 기술이 중핵을 둘러싸는 보호대가 된다. 보호대 중에서도 과학, 기술은 가장 변화하기 쉬운 부분이다. 동시에 문명 간의 공통성이 가장 강력하게 나타나는 부분이다. 이 부분은 사실 동시대의 문명에서는 문명 간의 특수성이 거의 나타나지 않는 부분이라 할 수 있다.

사회체제는 근본적 신념체계의 구체화로서 존재하지만, 과학, 기술의 부단한 영향을 받기도 한다. 이런 구조에서 보면 근본적 신념체계 ⓐ, 사회체제 ⓑ, 과학, 기술 ⓒ은 하나의 유기적 연관을 이루지만, 변화의 과정에서는 ⓒ가 바뀌고, 이를 바탕으로 ⓑ가 바뀐다. ⓒ는 통상 군사력으로 나타나고, ⓑ는 경제력으로 나타난다. ⓒ는 ⓑ를 기반으로 하지만, ⓒ에서 결국 힘의 우열이 갈라진다. 반면에 ⓐ는 가장 중요한 부분으로, 어떤 문명이든 ⓐ만은 끝까지 사수하려고 하지만, 문명 간의 힘의 격차가 극심해지면, ⓐ의 사수도 힘들어진다. ⓐ의 장기적 포기는 그 문명의 몰락을 의미한다.

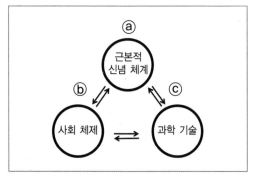

그림 1.8 3중 구조의 관계

이런 변화의 과정에서 보통 문화력으로 나타나는 ⓐ와 경제력으로 대변되는 ⓑ, 그리고 군사력으로 압축되는 ⓒ 간에 불균형이 나타나기도 한다. 말하자면 ⓑ와 ⓒ는 경쟁력을 상실했지만 ⓐ는 우월할 수 있다. 예컨대 그리스가 로마에 점령당했을 때도 문화력 ⓐ는 우월성을 유지할 수 있었고, 20세기 제2차 세계대전을 전후해서 미국은 ⓑ와 ⓒ에서는 프랑스를 앞서면서 세계 제일의 패권국으로 등장했지만, ⓐ에서는 프랑스에 뒤떨어져 있었다. 그렇지만 ⓐ만으로 문명을 존속시키지는 못한다. 현실적 힘의 우열은 결국 ⓑ와 ⓒ에서 결정되기 때문이다.

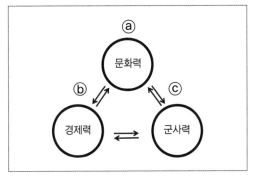

그림 1.9 세 힘의 관계

문명 담론에서는 중핵 부분 ⓐ가 매우 중요하다. 현실적으로는 아무런 힘도 없는 이 부분이 결정적인 이유는 우리의 정체성이 여기에 기반하고 있기 때문이다. 유교 문명을 이루고 있는 한국, 중국, 일본이 서구 문명을 수용하려고 노력하던 당시, 서구의 과학기술과 사회체제를 본뜨려고 무진 애를 쓰면서도, 말하자면 위 그림의 외곽 부분과 중간 부분까지는 거의 그대로 수용하려고 하면서도, 중심 부분만은 전통적인 것을 지키려고 했던 이유도 이 부분이 우리의 정체성을 규정한다고 이해했기 때문이다. 한혼서재(韓魂西才, Korean spirit and Western technics), 동도서기(東道西器) 등은 모두 이런 맥락에서 나타난 표어들이다.

만약 우리가 문명의 구조를 이렇게 이해하면, 두 문명이 중핵 부분에서 구별되지 않을 때는 다른 문명이라고 할 수가 없게 된다. 말하자면, 중핵이 같다면, 사회체제나 과학, 기술의 영역에서 차이가 있다 하더라도 같은 문명으로 분류될 수밖에 없으며, 과학, 기술이나 사회체제가 동일하더라도 중핵 부분이 다르면 다른 문명으로 분류할 수밖에 없다는 이야기이다. 실제로 유교 문명이라 할지라도 통시적으로 보면 ⓑ와 ⓒ는 계속 변화해왔다고 할 수 있다.

다른 한편으로 우리가 이런 문명의 구조를 주장한다 해서 한 문명의 중핵을 불변의 실체나, 논쟁의 여지없이 합의된 핵심 가치로 간주할 필요는 없다. 중핵도 끊임없이 진화한다. 그것은 고정된 실체가 아니라 진화의 과정에 있을 뿐만 아니라, 한 문명 내부에서도 국가에 따라 다소간 버전이 다를 수도 있다. 이것은 문명의 성장, 분화에 따른 자연적인 귀결이다.

2장

서구 문명 보편주의와 문명 다원주의는 모두 정당화될 수 없는 패러다임이다

이 장은 현대 문명을 설명하는 두 패러다임인 서구 문명 보편주의와 문명 다원주의를 문명의 구조 분석을 기초로 하여 비판적으로 고찰하려는 것이다. 서구 문명 보편주의는 서구 문명을 모든 문명의 유일한 표준으로 보고, 비서구를 이런 표준을 잣대로 하여 평가하자는 주장이며, 반면에 문명 다원주의는 문명이란 본래 여럿이며 이들은 모두 같은 가치를 갖는다는 주장이다.

새뮤얼 헌팅턴의 『문명의 충돌』(1996) 이후 세계적으로 정치학을 비롯한 여러 분야에서 문명에 관한 연구들이 진행되어왔다. 사딕 위네이와 무자퍼 시닐(Sadik Ünay & Muzaffer Senel)이 편집한 『세계질서와 문명』(2009)에서는 20여 명의 학자들이 역사, 철학, 그리고 국제관계의 관점에서 문명과 관련된 논의를 하고 있으며, 피터 카첸슈타인이 편집한 『세계 정치에서의 문명』(2010)에서는 미국, 유럽, 중국, 일본, 인도 등 세계 여러 나라의 위상을 문명의 관점에서 다루고 있다.

문명에 관해 다룬 괄목할 만한 국내의 연구서로서는 강정인의 『서구중심주의를 넘어서』(2004)와 서울대학교 인문학연구원에서 논문 모음집 형태로 출간한 『문명 안으로』(2011), 『문명 밖으로』(2011), 『문명의 교류와 충돌』(2013) 등의 시리즈를 들 수 있겠다. 강정인은 『서구중심주의를 넘어서』에서 서구 중심주의라는 개념 설명에서 시작하여 서구 중심주의 사상이 사상사적으로 어떻게 전개되었나를 자세하게 설명하면서, 서구 중심주의를 극복하기 위한 담론 전략들까지 논의한다. 『문명 안으로』는 문명이라는 개념이 동서양에서 어떻게 형성되어서 어떤 의미 변화의 과정을 겪었는가를 논의하고 있으며, 『문명 밖으로』는 주류 문명에 대한 저항이나 거부의 사상을 추적한다. 그리고 『문명의 교류와 충돌』은 문명들이 만나고, 갈등하고, 받아들이고, 뒤섞이는 과정을 천착한다. 그렇지만 이들 중 정작 문명의 구조를 해명하는 작업은 거의 눈에 띄지 않는다.

내가 앞에서 분석한 문명의 3중 구조에서 보면 서구 문명 보편주의는 비서구 문명의 세 영역이 모두 서구 문명의 내용들로 채워져야 한다는 것이며, 문명 다원주의는 이 세 영역이 모두 다르거나 적어도 중심부와 중간 부분은 다르다고 주장하는 것이다.

이 장은 서구 사회의 근대적 발전 경로를 인류의 보편적 역사 발전 과정으로 해석하고 비서구를 서구의 그림자로 취급하려는 서구 문명 보편주의도 비판하지만, 이에 대항하여 또 하나의 닫힌 문명을 추구하는 문명 다원주의까지 비판적으로 검토한다.

1절 서구 문명 보편주의:
문명의 표준은 서구 문명 하나뿐이다

1. 서구 문명과 비서구 문명

이 장에서 검토하려는 한 패러다임은 서구 문명 보편주의이며, 다른 패러다임은 문명 다원주의이다. 서구 문명을 보편주의라고 부르는 이유는 서구 계몽주의가 성취한 문명이 이후 현대 문명의 유일한 표준으로 군림하면서 거대한 쓰나미처럼 전 세계를 휩쓸었기 때문이다. 문명은 하나가 아니라 여럿이라는 문명 다원주의는 이에 대한 반명제로서 등장했다고 할 수 있다.

여기서 논의하는 현대 문명이란 유럽 계몽주의 이후의 인류 문명을 의미한다. 문명이란 말 자체가 계몽주의의 산물일 뿐만 아니라, 오늘날 우리가 이해하고 있고, 또 우리에게 계속해서 영향을 미치고 있는 서구 문명의 핵심 내용들은 계몽주의 시대를 거치면서 구체화되어 계승되고 있기 때문이다.

서구 문명 보편주의 용어는 대체로 서구 중심주의와 같은 의미를 갖는다. 특히 '서구 중심주의'라는 말의 개념을 역사철학적으로 해석하여 다음의 세 명제의 결합으로 규정한다면, 서구 중심주의와 서구 문명 보편주의라는 말은 거의 동의어라고 할 수 있다. 그것은 "첫째, 서구 사회의 역사 발전 경로는 서양뿐만 아니라 동양까지 포괄하는 인류사에 보편타당한 것이라고 간주하고, 둘째, 서구는 인류 역사의 발전 단계 중 최고의 단계에 와 있으며, 이는 비서구 사회도 따라가야 할 준거로서 받아들이며, 셋째, 따라서 서구의 관점에서 보았을 때, 비서구 사회는 역사 발전의 저급한 단계에 머물러 있고, 이 때문에 서구 사회와 비서구 사회가 역사 발전의 대척점에 서 있다는 의식을 일반적으로 받아들인다"[1]는 것이다.

그렇지만 중심주의라는 말은 신중심주의, 인간중심주의, 남성중심주의 등에서 보듯 역사 발전의 경로와는 무관하게 주변부와 대립되는 개념으로도 사용할 수 있다. 여기서 서구 중심주의라는 말을 꼭 필요한 경우를 제외하고는 서구 문명 보편주의라는 말로 쓴 이유는 인류의 역사 발전과 연관시켜 역사철학적인 관점에 초점을 맞추어 문명 패러다임을 논하려고 하기 때문이다. 말하자면, 서구 문명 보편주의란 서구 사회의 역사 발전 경로를 인류의 보편적 역사 발전 과정으로 해석하고, 비서구를 이런 표준에서 평가하는 입장으로 규정하려는 것이다. 서구 중심주의를 설명하면서 서구 사회와 비서구 사회 간의 관계를 서구 역사의 발전 논리를 준거로 한 역사철학적인 해석에 기초해서 논의하는 경우들은 많이 있다. 로스토(Walt Whitman Rostow), 알몬드(Gabriel A. Almond), 콜맨(James. S. Coleman), 파이(Lucian W. Pye)와 같은 역사 발전 이론가들이 그런 경우이다.

반면에 문명 다원주의는 문명이란 본래부터 여럿이며, 이들은 모두 같은 가치를 갖는다는 입장이다. 이것은 오늘날 일반적으로 잘 알려진 문화 다원주의와 같은 기반을 갖고 있다. 문화 다원주의란 개별 문화는 각각 독자적인 세계관이나 가치관을 갖고 있기 때문에 여러 문화들의 우열을 비교할 수는 없다는 입장이다.

서구 문명이 문명의 보편적 기준으로 세계로 퍼져 나갈 때, 제일 먼저 반발한 문명이 러시아 정교 문명이었다. 니콜라이 다닐레프스키 (Nikolay Danilevsky)가 슬라브 문명의 입장에서 밀려오는 서구 문명에 대항해서 쓴 저서가 『러시아와 유럽』(1869)이다. 이 저서의 기본 사상이 문명 다원주의이다. 그 후 많은 사람들이 서구 문명 보편주의에 대해 여러 측면에서 비판을 가했지만 대다수의 경우 그 기저에는 니콜라이 다닐레프스키가 주장했던 문명 다원주의, 즉 문명은 단수가 아니라 복수라는 명제가 깔려 있다. 이런 맥락에서 나는 서구 중심주의를 비판한 모든 논리들을 문명 다원주의라는 표제 하에 묶어 서구 문명 보편주의와 문명 다원주의라는 대립항을 만들었다.

우리 현실이나 학계의 사정도 예외라고 하기는 어려울 것이다. 우리는 1876년 개항 이래로 서구 문명 보편주의의 세례를 받은 일본의 영향 하에 있다가, 광복 후에는 서구 문명의 적통자인 미국의 영향을 직접 받았으며, 1960년대부터 추진한 근대화는 서구 문명 보편주의의 수용 이외에 다른 것으로 해석하기는 어렵기 때문이다. 1990년에 들어 고개를 들기 시작한 서구 중심주의에 대한 비판은 1970년대부터 논의되던 포스트모더니즘의 영향과, 근대화에 어느 정도 성공하면서 얻은 자신감이 주요 원인으로 작용한 것으로 이해된다.[2]

서구 문명 보편주의가 현실에 맞지 않는 지나친 주장이라는 것은 그동안에 축적된 비판 덕분에 쉽게 납득이 간다. 그렇다고 서구 문명을 전면적으로 부정해도 좋은가 하는 문제는 별도로 남는다. 동시에 그 반대 명제인 문명 다원주의가 자동적으로 정당화되지도 않는다. 서구 문명 보편주의를 비판하는 대다수의 사람들이 문명 다원주의를 암암리에 참된 명제로 전제하고 있다. 그렇지만 이미 전 세계가 한 동네가 되어가는 상황에서 문명 다원주의 역시 지지되기 어려운 주장으로 생각된다. 두 패러다임에 대한 비판적 고찰은 이런 맥락에서 진행된다.

2. 서구 문명의 본질

문명은 사회의 다른 상태인 야만상태에 대한 대립 개념을 구성하며, 야만적이거나 비이성적인 상태로부터의 해방을 의미한다. 18세기 유럽 계몽주의의 키워드는 '이성', '진보', '문명'이었다. 독일 계몽주의 운동의 중심지였던 예나 대학 본관 앞에 있는 프리드리히 실러(Friedrich Schiller)의 동상에는 다음과 같은 계몽주의의 시대정신이 기록되어 있다.

앞선 모든 시대가 우리의 인간적인 세기를 도래케 하기 위해 진력해왔다. 이 세계의 장구한 세월에 걸친 노력과 재능, 이성과 경험이 마침내 건져 올린 모든 보물들이 우리의 것이다.[3]

계몽주의자들은 진보적 개혁운동의 방향으로서 문명을 설정했고, 역사의 궁극적인 의미를 문명의 창조에서 찾았다. 프랑스의 계몽철학자 돌바흐(D'Holbach)는 『사회체계』에서 다음과 같이 말하고 있다.

인간의 이성은 이제까지 충분히 실현되지 못했다. 인간의 문명 또한 완성되지 못했다. 사려 깊지 못한 군주들이 언제나 휘말리는 지속적인 전쟁보다 공공의 행복, 인간 이성의 진보, 인간의 전체 문명에 더 큰 장애물은 없을 것이다.[4]

계몽주의를 대표하는 볼테르는 인간의 역사를 신의 뜻이 실현되는 과정이 아니라 인간이 스스로 만들어가는 과정으로 이해하면서, 역사의 내재적 원리를 탐구하는 학문에 '역사철학'이라는 이름을 붙였다. '역사철학'이라는 학문이 새롭게 탄생하는 순간이었다. 사회와 역사를 움직이는 궁극적 힘이 섭리가 아니라 인간의 이성이며, 이성의 작동에 따라 새로운 역사가 창조되어간다는 생각은 계몽주의 시대 처음으로 구체화된 새로운 사고방식이었다. 그 결과 종교적 섭리는 인간의 이성으로, 인간의 구원은 문명의 진보로 대체되었다.[5] 이리하여 역사의 목적과 의미는 인간이 그의 이성을 통해 자신의 생활을 개선하고, 진리와 행복을 향유하는 것으로 전환되었다. 말하자면 이성에 의한 문명의 창조야말로 역사의 궁극적인 의미가 된 것이다. 그리고 이때의 문명이란 과학과 기술뿐만 아니라 도덕과 법률, 교육과 산업의 끝없는 진보를 동시에 의미했다.

계몽주의가 역사의 목표로서 설정한 '문명'이란 개념 속에는 지난 2, 3세기 동안 서구 사회가 성취한 온갖 결과물이 집약되어 있다. 서구 사회는 이 '문명'이라는 개념을 통해 자신의 우월성을 확정짓고자 했다.

서구 문명은 세 가지 혁명의 종합으로 이해될 수 있다. 과학혁명, 산업혁명, 시민(정치)혁명이 그것이다. 과학혁명(scientific revolution)은 17세기 갈릴레이, 뉴턴 등에 의한 고전적 역학의 확립과 그에 따른 세계상의 변혁을 가리킨다.[6] 과학혁명의 주력은 수학과 물리학에서 이루어졌고, 그 대단원은 아이작 뉴턴의 『프린키피아(*Principia*)』(1687)와 『광학(*Optics*)』(1704)이다. 과학혁명은 종교나 전통적 철학의 관점에서가 아니라 관찰과 합리적 이성의 관점에서 세계를 이해하고 설명하는 새로운 과학적 세계관을 탄생시켰다. 프란시스 베이컨의

『신기관(*Novum Organum*)』이나 르네 데카르트의 『방법서설』은 이런 과학혁명을 정당화하는 철학적 작업들이었다. 과학혁명은 그 후 계속적인 현대 과학과 공학의 발달에 의해 자연을 지배할 수 있게 했고, 현대 물질문명의 풍요를 만들었다.

아놀드 토인비에 의해 논의되기 시작한 산업혁명(industrial revolution)은 18세기 중엽 영국에서 시작된 기술혁신과 이에 기초해서 발생한 사회경제구조의 급격한 변혁을 가리킨다. 산업혁명은 표면적으로는 농업사회에서 공업사회로의 이행이라고 할 수 있지만, 내용적으로는 자연자원을 이용하여 물질적 재화를 대량으로 생산해내는 조직적 경제 과정으로의 이행, 즉 국민경제 전체의 급격한 자본주의화였다고 할 수 있다. 자본주의의 위력이 어떠했는지는 마르크스와 엥겔스의 공산당 선언에 생생하게 잘 나타나 있다.[7]

시민(정치)혁명(bourgeois revolution)은 일반 시민들이 절대주의나 봉건왕정을 타도하고 근대 국민국가를 수립한 급격한 정치 변혁이다. 영국의 명예혁명(1688), 미국의 독립혁명(1776) 등도 시민혁명에 포함되지만, 시민혁명은 프랑스의 시민혁명(1789)에서 절정에 달한다. 시민혁명에 의해 사유재산제와 자본주의가 체계적으로 확립되고 정치적 자유와 입헌주의가 당연시되었다. 토머스 홉스(Thomas Hobbes), 존 로크, 장 자크 루소 등이 주창한 사회계약설은 시민혁명을 야기하고 또 정당화하는 철학이었다.

서구 문명을 과학혁명, 산업혁명, 시민(정치)혁명의 종합으로 규정하지만 현재의 논의에서는 이들이 발생한 순서에 큰 의미를 부여할 필요가 없다. 이들이 결과적으로 함께 하나의 서구 문명을 형성했다는 사실이 논의의 핵심이기 때문이다. '혁명'이란 말이 암시하듯이 이들

혁명은 과학기술에서, 사회경제구조에서, 정치체제에서 그 이전과는 너무나 다른 세계를 만들었다. 계몽주의자들은 이런 새로운 세계를 '문명'이라 불렀던 것이다. 계몽주의자들에 의하면, 문명은 미성숙의 상태로부터 벗어난 계몽된 이성에 의해 가능해진 것이며, 아직 완성되지 않았기에 끝없이 진보해갈 역사의 대장정이었다.

이런 혁명들의 종합적 결산인 서구 문명은 물리적 힘에서 이런 혁명을 겪지 못한 다른 세계와 비교가 되지 않을 정도로 절대적 우위를 점령했다. 부국강병의 형태로 나타난 문명한 서구 열강들의 경쟁 체제는 비서구의 불행을 배가할 뿐만 아니라 새우등 터지게 하는 고래 싸움이었다. 여기에 이들의 힘의 논리를 정당화하는 이론까지 등장하였으니, 허버트 스펜서(Herbert Spencer)가 주장한 사회 다윈주의(Social Darwinism)가 바로 그것이다. 이런 맥락에서 보면 서구를 자신의 생각이나 가치관의 중심에 놓고 서구를 문명의 유일한 표준으로 간주하는 문명 보편주의는 서구의 절대 강자나 비서구의 절대 약자들 모두가 가질 수밖에 없는 자연스러운 귀결이었다.

내가 앞에서 분석한 문명의 구조에서 보면, 서구 문명 보편주의는 비서구에 대해 과학, 기술의 영역(ⓒ)뿐만 아니라, 사회체제(ⓑ)나 근본적 신념체계(ⓐ)까지 서구화할 것을 요구하는 태도이다. 근본적 신념체계의 포기는 정체성의 포기를 의미한다. 이러한 요구에 맞서 비서구의 여러 나라들은 대체로 자신의 정체성을 지키기 위해 과학, 기술과 일부의 사회체계만 받아들이고 나머지는 배격하는 전략을 취했지만, 문명의 세 부분이 어느 정도 유기적으로 연관되어 있는 구조에서 그러한 전략이 성공하기가 매우 어려웠음을 역사는 보여준다.

다윈과 거의 동시대 인물인 영국의 철학자 허버트 스펜서는 찰스 다윈이 진화론에서 주장했던 생존경쟁과 자연선택 및 적자생존의 원리를 사회에 적용하여 사회진화론이라는 이론을 만들었다. 사회진화론은 결국 개인과 사회 양 측면에서 경쟁에서 이기는 자가 살아남는다는 교설이다. 스펜서의 『종합철학의 체계』는 개인 사이의 자유경쟁을 강조하는 영국의 정치경제적 자유주의를 다윈의 생물진화론과 한데 묶은 것이다. 그는 다윈의 자연선택(natural selection)을 '최적자생존(the survival of the fittest)'으로 표현하고, 최적자에다 도덕의 월계관까지 씌웠다.

다윈의 자연선택은 원래 환경에 가장 잘 적응하는 자가 살아남아 자손을 퍼트린다는 이론이다. 말하자면 시간 t의 환경 A에서 a가 가장 적합하다면 a가 번창할 것이고, 시간 t_1의 환경 B에서 b가 가장 적합하다면 b가 번창한다는 것을 의미할 뿐이다. 여기서는 스펜서가 생각한 것처럼 b가 a보다 더 낫다는 개념이 없다. 진화는 진보가 아니기 때문이다. 예컨대 날씨가 더울 때의 털 없는 코끼리가 빙하시대가 오면서 털북숭이 매머드로 진화했다 해서, 매머드가 코끼리보다 더 우월한 존재일 근거는 없는 것이다.

스펜서의 사회진화론은 두 개의 근본적인 오류를 범하고 있다. 하나는 진화를 진보로 오해하고 있는 것이고, 다른 하나는 가치판단에서 자연주의의 오류를 범하고 있다. '진화 ≠ 진보'는 오늘날의 진화론자들이 대체로 수용하고 있는 견해이고, 자연주의의 오류 역시 윤리학에서 인정되고 있다. 자연주의의 오류란 가치판단은 사실에 기초해서 내려서는 안 된다는 주장이다. 사실과 가치는 완전히 다른 세계이기 때문이다. 예컨대 여성에 대한 박해가 실제로 광범위하게 존재한다고 할 때, 이런 사실에 근거해서 그런 박해를 지지하는 윤리적 입장을 취할 수도 있고, 그런 태도는 비윤리적이기 때문에 당장 폐지되어야 한다는 입장을 취할 수도 있다. 동일한 사실에 대해서도 이렇게 상반된 태도가 가능한 것은 사실과 가치의 세계가 다르기 때문이다.

이런 오류들을 함축하고 있음에도 불구하고, 사회진화론은 서구 문명 보편주의를 정당화하는 윤리적 토대였다. 사회진화론은 서구 제국주의자들뿐만 아니라 침략을 당한 나라들에서도 자발적으로 수용되었다. 일본 근대 문명의 선구자 후쿠자와 유키치(福澤諭吉)와 중국 근대 계몽사상의 대표자인 량치차오(梁啓超)나 신문화운동의 중심이었던 천두슈(陳獨秀)뿐만 아니라, 우리나라의 독립운동가 신채호의 아(我)와 비아(非我)의 투쟁론이나 안창호의 무실역행(務實力行)도 모두 사회진화론의 영향을 받았다.

19세기 전 세계를 풍미했던 사회진화론에 의하면 사회적 약자를 지원하는 일체의 제도와 평등을 실현하려는 모든 사회개혁은 진화에 역행하는 행위들이다. 왜냐하면 도태되어야 마땅한 부적자들을 존속시킴으로써 자연의 섭리를 거스르기 때문이다. 사회진화론자들은 한 걸음 더 나아가 자신들이 허약하고 열등한 민족들에 대한 책임을 신으로부터 물려받았다고 믿었다. 19세기 말 영국의 시인 조셉 키플링(Joseph Kipling)은 「백인의 책무(White Man's Burden)」라는 시에서 유럽이 세계 문명의 이상이고 세계를 문명화하는 것이 유럽의 역사적 사명이라고 노래했다. 정체되고 미개한 비서구 문명은 서구 문명과의 접촉을 통해서만 구원받을 수 있기 때문에, 이런 접촉의 과정에서 발생한 아프리카의 노예제 역시 아프리카를 구원하는 수단이라는 것이다.[8]

서구 문명 보편주의는 여러 사람들에 의해 비판되어왔다. 이 말을 처음 사용한 사미르 아민(Samir Amin)은 그의 저서 『유럽중심주의』 서문에서 다음과 같이 시작한다.

　유럽중심주의는 다양한 민족들의 역사적 과정을 형성하는 데 독립적인 문화적 불변을 가정한다는 점에서 문화주의적이다. 그리고 유럽중심주의는 인간 발전의 일반적 법칙을 추구하는 데 관심을 두지 않는다는 점에서 반보편주의적이다. 그러나 모든 민족들에 의한 서구 모델의 모방이 우리 시대의 문제를 해결하기 위한 유일한 해결책이라고 주장하기 때문에 자신을 보편주의적인 것처럼 제시한다.[9]

　아민에 의하면, 유럽중심주의는 모든 패러다임처럼 겉으로 볼 때 자명해 보이는 사실과 상식의 애매한 영역 속에서 자연 발생적으로 작용하는 하나의 패러다임이다. 엘라 쇼하트(Ella Shohatt)와 로버트 스탐(Robert Stam)은 『경솔한 유럽중심주의』에서 그것은 유럽을 특권화시키는 일종의 허구적 세계관이며, 서구의 역사를 신성화시키는 반면 비서구 세계를 악마화한다고 주장했다.[10]

　서구 중심주의는 필연적으로 오리엔탈리즘(Orientalism)을 수반한다. 서구가 중심이 되면, 비서구라는 타자를 자신의 입장에서 규정해야 하기 때문이다. 그러므로 그것은 동양을 지배하고, 재구성하며, 억압하기 위해서 서양이 동양에 대해 만든 왜곡된 인식과 태도이다. 오리엔탈리즘을 개념화한 에드워드 사이드(Edward Said)는 그의 『오리엔탈리즘』에서 "그것은 동양을 소재로 하는 유럽의 공상만화가 아니라 하나의 이론화 실천체계로 창조된 것이다"라고 주장하면서도, "그것이 허위와 신화로 이루어진 것에 불과하고 만일 그 진실이 밝혀진다면, 허위와 신화는 일거에 없어질 것으로 생각해서는 안 된다고 본다."[11] 그만큼 그것은 뿌리를 깊게 내리고 있다는 이야기이다.

우리는 특히 동양 사회에서도 존경해 마지않는 여러 철학자들이 오리엔탈리즘과 사상적으로 연관된다는 사실에 주목할 필요가 있다. 독일 계몽주의의 아버지격인 칸트조차도 문화제국주의의 토대가 된 뷔퐁의 풍토이론을 그대로 수용하면서, 기껏 독일을 북방 한대가 아니라 온대지방에 집어넣는 일을 했을 뿐이다.[12] "온대권에 사는 주민들, 특히 그 한가운데 살고 있는 주민들이 세계의 다른 어떤 인종보다 육체적으로 더 아름답고, 더 부지런하고, 더 쾌활하고, 정열에 있어서도 더 중용적이며, 두뇌도 더 뛰어나다."[13]

세계사를 '자유 의식의 진보'라고 규정한 헤겔은 이 자유 의식의 실현 과정을 3단계로 구분하고 있다. 또한 각 단계는 3개씩의 하위 단계가 있어 역사는 변증법적으로 발전하며, 동에서 서로 옮겨 간다. 즉 세계사는 중국, 인도, 페르시아의 동양 세계로부터 시작하여, 그리스와 로마의 세계로 이어지고, 서유럽의 게르만 민족의 기독교 세계에서 절정에 달한다.

세계사는 동양에서 서양에로 진행한다. 왜냐하면 아시아가 세계사의 시작인 데 반해서 유럽은 단적으로 세계사의 목적이기 때문이다. 동양에서 물질적 태양이 떠서 서양으로 진다. 그에 반해 서양에서는 보다 고상한 빛을 발하는 자기의식의 태양이 뜬다.[14]

헤겔에 의하면 세계사는 자연적 정신이 주체적 자유로 도야되어가는 과정이다. 그런데 동양인들은 정신이나 인간 그 자체가 본래 자유로운 것임을 알지 못했다. 그들은 한 사람만이 자유롭다는 것을 알 뿐이다. 따라서 그러한 자유는 자의, 횡포에 지나지 않는 것이었고, 이 한 사람은 자유인이라기보다 전제군주에 불과했다. 우리는 여기서 철학적 오리엔탈리즘의 원형을 본다.

마르크스는 '아시아적 생산양식'을 논의했지만, 그의 역사의 5단계 발전 이론은 서유럽 사회를 기초로 성립된 것이었다. 더구나 공산주의 혁명운동 과정에서 공산주의자들은 마르크스가 제기한 '아시아적 생산양식'을 완전히 삭제하고, 이에 따른 공백을 메우기 위해 노예제나 봉건제의 개념을 자의적으로 확대했다.[15]

강정인은 유럽중심주의는 3개의 명제, 즉 '서구 우월주의', '서구 보편주의/역사주의', '문명화/근대화/지구화'로 압축될 수 있다고 설명한다. 그는 서구 중심주의가 비서구에 공통적으로 다음과 같은 세 가지 폐해를 가져왔다고 지적한다.[16]

ⅰ) 학문적 문제의식의 서구화
ⅱ) 비서구 현실의 동화주의적 해석
ⅲ) 서구 중심주의에 의한 비서구 현실의 주변화

이것은 말하자면 자신의 현실이면서도 다른 사람의 눈으로 이해하고 설명하려 한다는 것이다. 서구의, 서구에 의한, 서구를 위한 서구 문명 보편주의는 한마디로 길면 자르고 짧으면 늘리는 프로크루스테스의 침대(Procrustean bed method)라고 할 수 있다.[17]

이런 비판의 설득력을 부인하기는 어려울 것이다. 그렇지만 서구 문명 보편주의에 대한 비판이 문명의 외곽 영역인 ⓒ 과학, 기술이나 이념성이 극히 낮은 중간 영역의 ⓑ 사회체제에 대한 거부로까지 나아가는 것은 문제가 있다고 생각된다. 이런 부분은 원래부터 이념과는 거의 독립적인 영역이며, 보편성이 지배하는 영역이기 때문이다. 이런 영역의 서구화는 강제가 아니라 비서구의 자발적인 태도의 결과라고 봐야 할 것이다.

문제는 근본적인 신념체계 ⓐ, 즉 정체성과 밀접한 연관이 있는 종교와 예술과 철학까지, 그리고 이런 이념을 직접적으로 반영하는 일부의 사회체제까지 모두 서구화하려는 것이다.

3. 서구 문명의 전파

서세동점의 시대 서구 문명이 동아시아에 상륙했을 때, 동아시아인들에게 문명은 고상한 도덕이나 도시인의 세련된 태도가 아니라 바로 물리적인 힘 자체였고, 문명의 유무는 죽느냐 사느냐의 문제였다. 문명은 국가의 존립에 직결되는 문제였고, 문명의 성취는 국가가 살아남기 위한 절체절명의 과제였다.

서구 문명은 철선과 대포를 앞세워 불가항력적인 폭풍처럼 불어 닥쳤다. 그것은 전통 문명을 지키려는 동아시아인들에게는 힘으로 맞서야 할 폭력이었고, 이런 폭력에 대항하는 유일한 방책은 자신들도 힘을 기르는 길뿐이었다. 그러나 그 힘은 저 폭력적인 오랑캐에게 배우는 길밖에 없었으니, 오랑캐로서 오랑캐를 제어하는 이이제이(以夷制夷)가 아니라 오랑캐에게서 기술을 배워 오랑캐를 물리치는 길 이외에 다른 길은 없었다. 당시『독립신문』의 핵심적인 단어가 문명개화와 부국강병이었다.

조선 사람들이 꿈을 깨어 진보하여 공평하고 정직하고 편리하고 부국강

병하는 학문과 풍속을 힘쓰면 영국이나 미국 사람 못지않을 것이며, 청국을 쳐서 요동과 만주를 차지하고 배상 팔억만을 받을 수 있고, 십 년 후에는 일본 대마도를 찾아올 수 있다.[18]

1894년 수천 년간 동아시아의 패자로 군림해온 중국이 서구 문명을 배운 작은 섬나라 오랑캐 일본에게 패배한 청일전쟁은 당시의 동아시아인들에게 도저히 믿기 어려운 하늘이 뒤집히는 엄청난 충격이었고, 문명의 힘이 얼마나 무서운지를 실감케 한 계기가 되었다.

서구 문명에 대한 대응은 여러 가지 방식으로 나타났다. 처음에는 오랑캐를 격퇴하는 전략을 쓰기도 하고(위정척사파), 다음에는 정체성은 유지하면서 과학기술만은 배워 힘을 기르자는 전략을 쓰기도 했지만(동도서기의 온건 개화파), 종래는 문명인과 오랑캐의 위치가 완전히 뒤바뀌는 세상을 인정하고, 서구 문명을 문명의 표준으로 인정하는 상황에 이른다(급진 개화파). 이것은 문명의 충돌 과정 어디에서나 볼 수 있는 보편적인 현상이기도 하다.

도식은 대체로 간단하다. 선진 문명이 후진 문명으로 강압적 힘으로 밀려들 때 후진 문명이 대응할 수 있는 전략은 세 가지로 유형화시킬 수 있다.

첫째 유형은 자신의 문명을 고수하려고 하면서 외래 문명을 전체적으로 거부하는 태도이다. 이런 입장은 가장 보수적인 태도이다. 우리의 경우는 유림들을 중심으로 한 위정척사파가 여기에 해당된다. 두 번째 유형은 선진 문명을 수용하려고 하면서도 자신의 정체성만은 지키려고 하는 중도적 태도이다. 세 번째 유형은 첫 번째 유형과는 정반대의 태도로서 외래 문명의 모든 것을 수용하려는 입장이다. 이런 입장은 필요하다면 자신의 정체성도 바꾸려고 한다.

대체로 후진 문명은 일단 첫 번째 태도를 취해보지만 곧 실패한다. 선진 문명의 강대한 힘을 막아낼 수가 없기 때문이다. 그 다음으로 두 번째 유형과 세 번째 유형이 시차를 두고 등장하기도 하고, 거의 동시적으로 등장하기도 한다. 이들은 맥락에 따라 온건파와 급진파라 불리기도 한다. 한국의 경우 동도서기로, 중국의 경우 중체서용, 일본의 경우 화혼양재로 나타났다.

오랑캐에게 배워서 오랑캐를 막아낼 수밖에 없다는 사실을 확인한 후, 처음 동양 문명이 서구 문명으로부터 배우고자 한 것은 군사기술이었고, 과학이었다. 군사기술은 물리적 힘의 상징이며, 과학은 이를 뒷받침해주는 이론 체계이기 때문이다. 그렇지만 배움의 과정은 간단하지 않았다. 단편적 기술을 배우는 것은 큰 문제가 없다고 하더라도, 기초적인 이론과학의 습득은 쉬운 일이 아니었다. 서구 문명의 과학기술은 17세기 과학혁명을 통해 완성된 근대적 과학기술이었기에 전통적인 전근대적 태도로는 접근하기 어려운 것이었다.

두 번째 단계의 목표가 사회제도였다. 처음에는 과학기술만 배우고 사회체제에서는 전통적 제도를 유지하려고 했지만, 곧 이런 전략이 성공하기 어렵다는 사실이 드러났다. 과학기술을 익혔다 해도 이를 활용할 제도가 구비되지 않는 한, 별 쓸모가 없었기 때문이다. 새 술은 새 포대에 담지 않을 수 없었다. 강유위의 변법자강은 이를 대변한다.

그뿐만 아니라 배움은 여기서 끝날 수 없었다. 사회제도는 인간과 세계를 보는 근본적 신념체계와 밀접한 관련을 갖고 있기 때문이다. 이리하여 힘을 기르기 위해 서구 문명의 과학기술을 배우고자 했던 출발이 마침내는 철학과 예술과 종교까지 배우지 않을 수 없게 된다.

이런 과정은 문명 접변의 일반적인 원리라고 할 수 있다. 아놀드 토인비는 이런 문명 접변의 과정을 일반화시켜 외래 문명에 대한 철저한 저항주의를 젤로티즘(Zealotism)으로, 온건한 문화 접변적 저항 태도를 헤로디아니즘(Herodianism)으로 범주화했다.[19]

젤롯(Zealots)이란 기원후 6년에 유대 지방이 로마의 직할 속주가 되었을 때 일체의 타협을 거부하고 반로마 무장투쟁을 전개한 급진 열성당파 집단을 가리킨다. 그리스어로는 열성적인 사람(Zelotai)에서 그 이름이 유래했다. 그 당시 로마의 지배에 불만을 품은 사람들은 많았지만, 대부분 현실을 인정하고, 적절한 타협점을 찾았다. 그렇지만 열성당파는 마지막까지 저항했다. 그들은 자신들이 충실하면 신이 자신들을 파멸로부터 구해줄 것이라는 신념으로 전통적인 삶의 방식과 조상들의 법도를 끝까지 지키려 했다. 헤롯주의(Herodianism)는 당시 유대의 헤롯왕의 지지자 헤롯당이 취한 태도이다. 그들은 외래 문명을 맹목적으로 배척하지 않고 앞선 문명을 필요에 따라 수용하고 이용함으로써 외래 문명에 대항하려 했다.

1961년 우리가 단기(檀紀)를 버리고 서기(西紀)를 쓰기로 결정한 것은 서구 문명에 전적으로 편입되겠다는 의지를 강력하게 나타내는 상징적인 사건이었다. 역사적인 맥락에서 보면 1960년대 이후의 근대화는 구한말 급진 개화파 노선의 다른 버전이라 할 수 있다. 그 후 전개된 근대화의 두 축인 산업화와 민주화는 실질적으로는 서구화 이외의 다른 것이라 하기 어렵다. 서구 문명이 비서구 다른 지역에서와 마찬가지로 우리에게도 문명의 보편적 표준으로서 작용한 것이다.

문명과 야만이 갈라지는 과정을 보면, 모든 문명은 자신을 중심으로 하고 야만들이 자신을 둘러싸고 있다고 생각한다. 처음 출발 단계에서는 종족과 언어가 중요한 기준이 된다. 그리스인들은 자신의 말과 다른 종족들을 barbaria라고 불렀는데, 이것은 그리스어를 정확하게 사용하며 그리스적인 교양을 갖추고 있음을 의미하는 hellenismos와 대립되는 말로서, 잘 이해하지 못하는 말들을 '웅얼웅얼하는' 족속이라는 의미이다. 야만이라는 영어의 barbarism은 여기서 온 것이다. 중국의 중화주의도 황하 유역을 세계의 중심으로 여기고 주변을 동이(東夷), 서융(西戎), 남만(南蠻), 북적(北狄)이라는 오랑캐로 취급했다. 오랑캐란 만(蠻) 자나 적(狄) 자가 암시하듯 승냥이나 이리가 울부짖는, 사람들이 살 수 없는 땅에 사는 족속들이다. 말하자면 "먹는 음식과 입는 복식이 다르고, 재화도 통용하여 쓸 수 없고 언어도 통하지 않는"[20] 금수와 같은 존재들이다. 일본의 천황주의도 중화주의를 흉내 낸 것이다.

문명과 야만의 체계는 다수가 존재할 수 있다. 이런 체계들이 충돌하여 힘의 우열이 가려지면, 수천 년 지속되어온 문명이라도 하루아침에 야만으로 전락하며, 동시에 야만이 문명으로 등극한다. 세상이 바뀌는 것이다. 강력하게 우월해진 문명은 야만의 세계로 전파되어나가며, 야만은 문명을 배우려고 발버둥 친다. 이런 체계는 근대화를 기준으로 선진, 중진, 후진으로 구분되기도 한다. 그렇지만 이런 구분도 결국은 문명과 야만의 변형에 불과하며, 문명과 야만에 적용되었던 전파의 메커니즘은 동일하다.

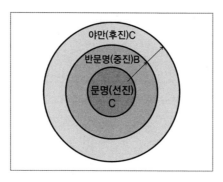

그림 2.1 문명의 전파

이런 관점에서 보면 인류의 역사란 문명화의 과정이고, 역사의 전환이란 낡은 문명에서 새로운 문명으로의 변천이며, 역사의 창조란 새로운 문명의 창조를 의미한다고 할 수 있다. 역사의 전환기마다 기존 문명에 대한 반성과 성찰이 제기되며, 새로운 문명의 비전을 추구하는 이유도 이런 맥락에서 쉽게 이해된다.

지금도 근대화를 추구하는 후발 국가들은 경우에 따라서는 근대화 = 문명화 = 서구화 모델을 확신에 차서 따르기도 하고, 또 어떤 때는 자신의 정체성을 유지한 채 과학기술이나 일부 사회제도만 서구 문명에서 배우자는 모델에 귀를 기울이기도 한다. 이런 딜레마에 시달리면서 가까스로 후발 근대화에 성공했다고 자부하는 우리는 다시금 묻지 않을 수 없는 상황에 서 있다. 우리는 어디로 나아가야 하는가?

소위 서구 선진국들도 자신들이 구축해온 문명에 반성과 성찰을 가하며 새로운 길을 모색하는 마당에, 그것을 유일 절대의 문명 모델로 간주하고 계속해서 추격하는 것은 맹목적인 자세라고 할 수 있다. 그렇다고 우리에게만 적용되는 우리 나름의 모델을 만들려고 해도 이미 전 세계가 한 동네가 되어가는 상황에서 그것이 과연 가능하겠는가 하는 의문이 제기된다.

4. 문명 보편주의와 보편사의 이념

우리가 문명을 포괄적인 삶의 방식으로 이해한다고 할 때, 그리고 이런 문명이 변화, 발전의 과정에 있다고 할 때, 인류의 역사는 하나의 문명화 과정이라고 볼 것인가, 아니면 질적으로 전혀 다른 다수의 문명화 과정이라고 해야 할 것인가?

문명 보편주의에 의하면, 한 시대의 인류 문명은 보편적일 수밖에 없다. 한 시대의 보편 문명이란 그 시대 사람들이 공통된 믿음과 가치관을 갖고 있으며, 공통의 체제나 제도 및 양식 속에서 생활한다는 것을 의미한다. 이런 현상은 여러 곳에서 발견된다. 현대의 산업화된 사회들의 유사성이나 대중문화의 보편화 현상, 그리고 자유민주주의 정치체제의 세계적 확산은 보편 문명에 대한 주장을 뒷받침해주는 사례들이라 할 수 있다.[21]

이런 주장에 대해 즉각 다음과 같은 반론이 제기될 수 있을 것이다. 역사의 단위를 이루었던 민족이나 국가가 모두 동시에 이런 과정을 거치는 것이 아닌데도 불구하고, 이러한 문명화의 과정을 보편적 과정이라고 할 수 있겠는가? 이 질문에 대해 우리는 다음과 같이 대답할 수 있을 것이다. 문명화 과정이 하나의 보편적인 과정이라 해도 그것은 시차를 두고 일어날 수 있다. 예컨대 18세기 영국에서 발생한 산업혁명은 200여 년이 지난 지금까지 아직 시작되지 못한 곳도 있다. 우리나라도 1960년대에 와서야 산업화를 시작했다고 할 수 있다. 중심부에서 멀리 떨어진 주변부로 갈수록 진행의 과정이 느린 것은 불가피할

지도 모른다. 물론 마야 문명이나 아즈텍 문명같이 이런 보편적 과정에 적응하지 못함으로써 도태되는 경우도 있을 것이며, 두 단계를 한꺼번에 겪어야 되는 경우도 생각할 수 있을 것이다. 그렇지만 모든 민족이나 국가들이 살아남기 위해 이 과정을 거쳐야만 한다면 이런 문명화의 과정은 보편적이라고 할 수밖에 없을 것이다.

정보사회가 되면서 보편 문명론자들의 목소리는 더욱 커지고 있다. 그 이유는 이렇다. 이 지상에 다수의 문명이 존재했던 것은 지리적으로 서로 멀리 떨어져 있고, 농경사회에서는 자연환경의 영향을 절대적으로 강하게 받기 때문에 서로 다른 자연환경 속에서 서로 다른 문명이 발생할 수 있었지만, 산업사회 이후 자연환경의 영향은 크게 줄어들었을 뿐만 아니라 정보사회가 되면서 세계가 하나의 지구촌이 됨에 따라 문명들은 서로 융합되어 하나의 보편 문명으로 될 수밖에 없다.

보편 문명의 세계 체제에는 인류의 보편적인 발전 단계와 보편적 역사라는 역사관이 배경으로 깔려 있다. 보편적 역사관은 인류의 역사를 작은 지류들을 가진 하나의 큰 강줄기로 보는 것과 흡사하다. 역사적 사건들의 과정을 통일시켜주는 보편사의 이념은 원래 기독교의 역사철학에 의해 형성된 것이었다. 즉, 보편사란 역사가 단일한 초월적 목적을 실현시키는 과정이라는 이론에 기초한 것이었다. 기독교의 역사철학을 정초한 아우구스티누스(Augustinus, 4-5C)는 성서에 기록된 대로 전지전능한 하나님의 천지창조와 인간의 타락을 믿었으며, 타락 이후에 전개된 인간의 역사는 신의 은총에 의한 인간의 구원사이며, 신의 섭리를 나타내주는 선민의 역사로 보았다. 신의 나라와 지상의 나라 사이의 투쟁으로 규정되는 이런 인류의 역사 과정에서,[22] 이스라엘 민족의 역사가 인류 보편사의 위치로 승격되고, 나머지 민족들의 역사는 선민의 역사와 관계를 맺음으로써만, 즉 보편사에 대한 기여도나 연관에 따라 의미를 갖게 된다.

우리는 또 하나의 보편사의 이념을 근대 유럽의 계몽주의에서 발견한다. 계몽주의는 이성을 기반으로 한다. '이성'은 계몽주의의 구심점이며, 계몽주의가 기초하고 성찰하고 성취해낸 모든 것을 포괄하는 이름이다. 계몽주의는 인간 이성의 동일성과 불변성을 믿는다. 이성은 모든 개별적 사유 주관에서, 모든 민족에서, 모든 시대에서, 모든 문화에서 동일하다. 이것이 이성의 보편성이다. 계몽주의는 이런 인간의 보편적 이성을 존중하고, 잠자는 이성을 깨움으로써 자유와 평등의 이상사회를 실현할 수 있다고 주장했다. 콩도르세를 비롯한 대다수의 계몽사상가들은 이성이 지배하는 인류의 무한한 진보를 낙관했다.

이런 계몽주의에 입각해서 임마누엘 칸트는 자연의 상태와 역사의 세계를 이성의 계발에 기초하여 구분하고자 한다. "이성이 깨어나기 전에는 명령이라든가 금지와 같은 것은 없었다. 그래서 아무런 위반도 있을 수 없었다. 이성이 자신의 업무를 시작했을 때, 그리고 이성은 미약했지만 동물적인 성질 및 그 위력과 뒤섞여 갈등을 겪을 때, 악이 생겨날 수밖에 없었다. 더욱 나쁜 것은 이성의 계발과 더불어 무지의 상태와 순진무구의 상태에서는 전혀 알지도 못하던 악덕이 발생한 것이다."[23] 이런 관점에서 보면, 이성이 잠들어 있는 한, 인간은 자연의 상태 속에 사는 것이다. 그리고 여기서는 자연 그대로가 존재할 뿐 선과 악의 구별이 있을 수 없다. 이성의 계발과 더불어 인간은 자연상태로부터 벗어나기 시작하며, 이때에야 비로소 악이 존재하게 된다. 그러므로 자연상태로부터 벗어나기 시작한다는 것은 도덕적 측면에서 볼 때는 타락이고, 물리적인 측면에서 볼 때는 형벌이라 할 수 있다. 그러한 타락의 결과는 이전에는 몰랐던 삶의 무수한 사악함들이기 때문이다. 이 때문에 "자연의 역사는 신의 작품이므로 선으로부터 시작되고, 자유의 역사는 인간의 작품이므로 악으로부터 시작된다"[24)는 명제가 성립될 수 있었던 것이다.

자연상태로부터의 탈출인 역사가 이성의 각성과 함께 시작되었다면, 인류의 역사는 어떤 목표를 향해 전진하는 것일까? 이에 대해 칸트는 다음과 같이 말한다. "자연이 인간으로 하여금 그 해결을 강요하는 인류의 가장 큰 문제는 법이 지배하는 보편적인 시민사회의 건설이다."[25)

이것이 가장 큰 문제일 수밖에 없는 것은 시민사회 속에서만, 그리고 시민사회에 의해서만 역사가 추구하는 소질의 계발이 가능하기 때문이다. 그러나 "이 문제는 동시에 가장 어려운 문제이며 인류에 의해 가장 나중에 해결될 문제이다."[26) 시민사회의 건설이 가장 어려운 이유는 자유에 대한 정확한 규정과 보장이 인간으로서는 해결하기가 가장 어려운 문제이기 때문이다.

뿐만 아니라 "완전한 시민적 정치체제를 확립하는 문제는 합법적인 국제관계의 문제에 의존하며, 이 나중 문제의 해결 없이는 해결될 수 없다."[27) 왜냐하면 개인들 사이에 작용했던 대립과 갈등은 국가 간에도 그대로 작용할 것이며, 그 결과 한 국가가 아무리 완전한 시민적 체제를 확립했다 하더라도 아주 밀접하게 연결되어 있는 다른 국가의 침략이나 영향력에 의해 그것은 쉽게 붕괴될 수 있기 때문이다. 약소국가는 말할 것도 없고, 강대국이라 할지라도 대외적인 전쟁 상태에서는 정상적인 국가체제를 유지하기가 어려울 것이다. 평화 상태라 할지라도 국가 간의 교류가 잦아지고 그 관계가 밀접하게 되면 될수록, 국제관계가 한 국가의 내부적 문제에 미치는 영향력과 비중은 더욱 증가될 것이다. 그러므로 국제관계에 대한 정립 없이 완전한 시민사회의 건설을 논의하기가 어렵다는 것은 분명하다.

그렇다면 칸트가 말한 합법적인 국제관계란 무엇을 의미하는 것인가? 그것은 간단히 말해 "모든 국가가 (비록 그것이 가장 작은 국가일지라도) 자신의 안전과 권리를 보장받을 수 있는"[28] 국가 간의 관계이다. 이것은 상호 합의된 국제법에 의해 가능해진다. 칸트는 이러한 국가 간의 관계를 "국제연맹(Völkerbund)"[29]이라 불렀다. 이것은 오늘날 국제연합(United Nations)의 선구적 형태이다.

칸트는 이런 국제연맹을 자연이 최고의 목표로 삼고 있는 보편적인 세계시민 상태(weltbürgerlicher Zustand)로 해석하고, 이러한 세계시민적 상태야말로 인류의 모든 근원적인 소질들이 계발되는 모체라고 보았다. 이러한 근거에서 칸트는 다음과 같은 결론을 내릴 수 있었다. "인류의 역사는 내부적으로도 완전하고 외부적으로도 완전한 국가체제를—이 완전한 국가체제는 인류의 자연적 소질이 완전히 계발되는 유일한 상태인데—산출하고자 하는 자연의 숨겨진 계획을 실현하는 과정으로 간주될 수 있다."[30]

헤겔이나 마르크스도 이성의 보편사를 주장했다고 할 수 있다. 헤겔의 역사철학을 구성하는 중심적 사상은 "이성이 세계를 지배하므로, 세계사도 역시 이성이 지배해왔고, 지금도 여전히 지배하고 있다"[31]는 명제로 단적으로 표현된다. 헤겔은 이성이 역사의 유일한 주체이며, 이성의 본성인 자유의 실현이 역사의 궁극 목적이라는 것을 주장했다. 헤겔은 시간 속에서 자신을 전개하는 자각적 이성을 정신으로 표현한다. 이리하여 세계의 본질인 신적 이성은 역사 속에서 세계정신

(Weltgeist)으로 규정되며, 세계사는 세계정신의 발전 과정으로 나타난다. 이 과정은 그의 변증법적 법칙에 따라 세 단계로 나누어진다. 오직 한 사람만이 자유를 알았던 동양의 세계, 소수의 몇 사람만이 자유를 알았던 그리스 로마의 세계, 모든 사람이 자유를 의식했던 북유럽의 게르만 세계가 그것이다. 이렇게 보면 세계사란 세계정신을 대변하는 세계사적 민족들을 연결하는 흐름이라 할 수 있다. 각 시대마다 세계사적 민족들은 바뀌지만, 각 시대에는 그 시대를 지배하는 세계사적 민족들이 있고, 주변부의 다른 민족들은 이 세계사적 민족에 복종하고 따르지 않을 수 없다.

마르크스가 본 인류의 역사는 생산력의 발달사이며, 생산력은 이성의 성장과 함께 발달한다. 이런 근거에서 그는 인류의 역사를 원시 공산 사회, 고대 노예제 사회, 중세 봉건 사회, 근대 자본주의 사회, 공산주의 사회라는 다섯 단계를 거치면서 발전해간다고 보았다. 이것이 역사의 법칙인 한 어떤 사회 공동체든 이 단계들을 거쳐야만 한다. 그렇지만 상황에 따라 발전의 시차는 있을 수 있고, 이 시차 때문에 선진 중심부와 후진 주변부의 구분은 불가피해진다.

우리가 인류의 보편사라는 이념을 수용하면, 역사의 발전 단계나 목적들은 보편적인 성격을 갖게 된다. 우리가 단기 몇 년 대신에 서기 몇 년이라는 서력을 사용하면서, 고대, 중세, 근대의 역사적 시대구분에서 서양 역사의 시대구분을 잣대로 사용하여 자신의 역사를 재단하는 것도 서구의 역사를 인류 보편사의 패러다임으로 간주하기 때문이다.

2절 문명 다원주의: 문명의 표준은 여럿이다

1. 문명 다원주의의 본질

문명 다원주의는 문명이란 하나가 아니라 다수이며, 이들은 모두 같은 가치를 갖는다는 것이다. 이것은 문화 다원주의에 기초해 있다. 문화 다원주의란 개별 문화는 각각 독자적인 세계 인식이나 가치관을 갖고 있기 때문에 여러 문화들의 우열을 비교할 수 없다는 입장이다.[1]

비서구의 여러 나라들이 근대화에 성공했거나 성공할 가능성이 높아지면서 자신의 목소리를 높여가고 있으며, 그동안 서구 문명 보편주의에 눌려 잊어버리고 있던 자신의 정체성을 찾으려고 하고 있다. 이런 분위기는 1970년대부터 유행하기 시작한 포스트모더니즘에 의해서도 고조되고 있다. 이런 노력을 근원적으로 뒷받침해주는 이론이 문명 다원주의이다.

서구 문명 보편주의에 대한 비판이 반드시 비서구에서만 제기될 이유는 없다. 서구 문명 내부에서도 얼마든지 가능하다. 이것은 비서구에서도 서구 문명 보편주의를 주장하는 것이 가능한 것과 마찬가지 논리이다. 실제로 계몽주의에 반대하면서 제기되었던 낭만주의 운동은 서구 중심주의에 대한 비판에 영감을 불어넣었던 사조이며, 독일의 고전적 역사주의뿐만 아니라 독일 바이마르 시기의 보수혁명도 반서구주의에 기반해 있다.[2]

문명 다원주의의 사상적 뿌리는 민족 문화 다원주의라고 할 수 있다. 민족 문화 다원주의의 원조는 풍토이론에 기초한 프랑스의 문화 제국주의에 통렬한 비판을 가한 독일 철학자 요한 헤르더(Johann Herder)였다. 풍토이론은 아리스토텔레스의 『정치학』에서 전개된 논의를 기초로 기후권대를 한대, 온대, 열대 지역으로 구분하고, 온대 지역만이 제대로 된 국가 조직을 갖출 수 있다는 교설이다. 이것은 유럽의 여러 국가들이 자연으로부터 부여받은 자국의 문화적 우월성을 정당화하기 위해 사용했으며, 그 후 심대한 영향을 미쳤다.

헤르더는 같은 지역 안에서도 윤리와 관습, 법과 제도가 세대마다 바뀐다는 사실을 강조하며 풍토이론을 비판했다. 헤르더는 그의 『인류의 교육을 위한 또 하나의 역사철학』에서 다음과 같이 주장한다.

한 개인의 개성이란 얼마나 표현하기가 어려운가. 그를 분명하게 드러내기가 얼마나 어려우며, 그가 어떻게 느끼고 체험하는지를 아는 것이 얼마나 어려운가. 모든 것을 그의 눈은 얼마나 다르게 보며, 그의 영혼은 얼마나 다르게 측정하며, 그의 심장은 얼마나 다르게 경험하는가. 모든 구슬이 각기 자신의 중심점을 지니듯이, 모든 민족은 자체 내에 자신의 행복의 중심점을 지니고 있다.[3]

그는 민족의 언어와 문학을 중심으로 '민족정신'이라는 키워드를 전면으로 부각시켰다. 일제강점기 인도의 시인 타고르가 우리나라를 두고 썼다는 시, 「동방의 등불」이 식민지 한국인에게 준 감동 이상으로 헤르더의 민족정신은 범슬라브주의 문화운동이 일어나는 원동력이 되었다.[4]

문명 다원주의의 고전적 3인방으로 거론될 수 있는 니콜라이 다닐 레프스키, 오스발트 슈펭글러, 아놀드 토인비 등은 문명을 분류하는 방식에서는 다소 차이를 보였지만, 한 문명은 나름대로의 독특한 세계 관을 갖고 있고, 이 세계관들은 상호 비교가 불가능하기 때문에 모든 문명은 동일한 값을 갖는다는 점에서는 의견의 일치를 보이고 있다. 이들은 때로는 모든 문명이 하나의 독특하고 독립적인 '혼'을 갖는 것으로 이야기한다. 슈펭글러도 문화의 혼을 이야기하고, 토인비도 베르 그송의 생명의 약동에 비유되는 혼을 말한다.

문명론자 간에도 특성이 있어 서로 다른 논점들도 있지만, 그들에게 공통되는 가장 핵심적인 논제는 다음과 같다.[5]

i) 한 문명은 나름대로의 독특한 세계관을 갖고 있고, 이 세계관들
은 상호 비교 불가능한 것이다.
ii) 한 문명의 요소들은 전파 가능하지만 그 기초는 다른 문명의 민
족에게 양도될 수 없다.
iii) 한 문명은 유기체와 같이 탄생과 성장 및 사멸이라는 과정을 밟
는다. 이런 점에서 문명은 순환적이라고 할 수 있다.
iv) 인류의 역사는 하나의 보편사가 아닌 문명들의 역사를 한데 모
은 총합에 불과하다.

이들이 주장하는 것은 세계관의 비교가 불가능하기 때문에 우리가 어떤 절대적 기준으로 다른 문명을 판단해서는 안 되며, 각 문명은 그 것이 생장한 독특한 환경과 역사적, 사회적 상황에서 이해되어야 한다 는 것이다. 클로드 레비스트로스(Claude Lévi-Strauss)의 『슬픈 열 대』나 루스 베네딕트(Ruth Benedict)의 『문화의 유형』은 이런 논제를 뒷받침하는 전형적인 실례이다.

위에서 제시된 문명 구조를 다시 원용해보면, 과격한 문명 다원주의는 근본적 신념체계 ⓐ뿐만 아니라 사회체제 ⓑ와 과학, 기술 ⓒ까지 모두 문명마다 달라야 한다고 주장하는 교설이다. 물론 문명 다원주의도 경우에 따라 과학, 기술의 부분뿐만 아니라 상당 부분의 사회체제까지 보편적일 수 있다고 주장하지만, 근본적 신념체계와 그 신념을 직접적으로 구현하는 사회체제에 대해서는 어떠한 경우에도 보편성을 허용하지 않는다.

이런 문명 다원주의는 존재론적 측면에서 보면 라이프니츠의 단자론과도 흡사하다. 라이프니츠에 의하면 세계는 무수히 많은 불가분의 실체, 즉 능동적인 힘의 단위인 단자들(monads)로 구성된다. 이것들은 자신 속에 전 우주를 표상하는 우주의 거울들이지만, 서로 간에 교류할 수 있는 창을 갖고 있지 않다. 그것은 외부로 통하는 창이 없으므로 서로 간의 교류는 불가능하다.

또한 인식론적 측면에서 보면, 토마스 쿤에 의해 현대철학의 중심적인 논제의 하나가 된 패러다임(paradigm)과도 비슷하다고 할 수 있다.『과학혁명의 구조』에서 토마스 쿤은 패러다임의 교체를 과학의 혁명으로 본다. 패러다임은 학문의 표본 모형(disciplinary matrix)이라 할 수 있다. 학문의 표본 모형은 탐구 활동을 준비하는 교육과정에서 과학자들이 질문하고 답하는 근본적인 문제들에 대한 기준을 제시해준다. 말하자면 그것은 문제풀이의 모형이나 한 시대 사람들의 사고를 지배하는 이론적 틀이나 세계관과도 같은 것이다.[6] 만약 이런 기준이 없으면, 어떤 과학 공동체도 함께 연구할 수 없게 된다. 그렇지만 패러다임들은 상호 통약 불가능하다.

물론 현대 문명 다원론자들은 이런 고전적 다원주의들과 비교해서 훨씬 유연한 자세를 보이고 있다. 말하자면 상호 소통 가능한 유연한 패러다임이다. 예컨대, 카첸슈타인이 편집한 『세계 정치에서의 문명(*Civilizations in World Politics*)』에는 '다원적이면서 동시에 다원주의자의 관점(*plural and pluralist perspectives*)'이라는 부제가 붙어 있다. 이 부제가 카첸슈타인의 주장을 압축적으로 나타내고 있다. 그는 문명 다원주의자이다. "문명들은 복수로 존재한다."[7] 동시에 한 문명은 그 자체 내에 다수의 행위 집단과, 다수의 전통과 다수의 관행을 갖고 있다고 주장한다. 말하자면 한 문명 내부도 다원적이다.

카첸슈타인의 문명 다원주의는 문명의 교섭과 교류를 설명하기에는 편리한 구조이다. 그렇지만 이런 유연성은 자칫하면 문명론 자체를 해체시킬 위험을 안고 있다. 한 문명을 구성하는 요소들이 지나치게 다원적이라면 이들을 하나의 문명으로 묶는 것 자체가 큰 의미를 갖지 못할 것이기 때문이다.

우리가 문명을, 엄격한 패러다임이든 유연한 패러다임이든, 하나의 패러다임으로 이해할 때, 인류의 역사는 하나의 문명화 과정이라고 해야 할 것인가, 아니면 질적으로 전혀 다른 다수의 문명화 과정이라고 해야 할 것인가? 문명 보편주의는 인류의 역사를 하나의 문명화 과정으로 보는 반면, 문명 다원주의는 인류의 역사에는 동등한 가치를 지닌 다수의 문명이 존재해왔고 또 앞으로도 공존해갈 것으로 이해한다. 예컨대 우리가 인류의 역사는 석기시대와 청동기시대를 거쳐 철기시대로 접어들었으며, 농업혁명과 산업혁명의 단계를 지나 정보혁명의 단계로 진입하고 있다고 주장한다면, 우리는 문명 보편주의의 관점에서 이런 주장을 하고 있는 것이다.

이에 대항하는 문명 다원주의는 역사에 대한 코페르니쿠스적 전환에 비유되기도 한다. 이것은 비서구의 복권이다. 문명 다원주의는 문명 보편주의의 근거가 된 인류 보편사의 이념을 거부한다. 각각 독립된 문명들의 역사가 보편사의 자리를 대신한다. 문명 다원주의에서 보면, 역사상 몇 개의 문명들이 존재했다면, 이들은 제각기 다른 발전 단계를 가지고 있으며, 다른 세계관을 갖고 다른 목적을 추구했다는 것이다. 그러므로 이들을 하나로 묶을 어떤 보편적 기준이나 연관도 존재하지 않는다. 이런 논리에서 보면 서구 중심의 보편적 역사관과 직선적 진보사관은 자연스럽게 부정된다.

18세기 계몽주의의 인류 보편사에 반대하여 민족들의 독자적인 역사를 주장한 고전적 역사학파들도 같은 논리에 기초하고 있다. 이들에 의하면 각 민족들은 고유한 발전의 논리를 갖고 있으며, 하나의 독자적인 역사를 형성한다. 그러므로 인류사는 이런 민족들의 역사를 집합한 것에 불과할 뿐이며, 우리가 역사에 대해 어떤 보편적인 발전 단계나 목적을 논의하는 것은 무의미하다. 여기서 우리는 문명 보편주의가 인류 보편사의 이념과 연결되어 있는 반면, 문명 다원주의는 민족 발전사의 이념과 연관되어 있음을 알 수 있다.

오늘날 문명이란 용어가 더욱 자유롭게 사용되면서, 옛 분류 방식에서는 한 문명으로 묶어야 마땅한 여러 나라들이 독자적인 문명으로 논의된다. 예컨대 헌팅턴 이후 일본을 유교 문명의 일원이 아니라 독자적인 문명으로 보는 학자들이 늘어나고 있으며, 이런 분위기의 영향으로 많은 개별 국가들이 자국을 독자적인 문명으로 주장하려고 한다. 이때 문명 다원주의는 문화 민족주의와 비슷한 의미가 된다.

동시에 포스트모더니즘에 의해 문명 다원주의는 다문화주의로 극단화되고 있다. 포스트모더니즘에 대한 해석도 분야별로 다양하지만, 안

드레아 셈프리니(Andrea Semprini)가 포스트모더니즘의 이론적 기초로서 제시한 다문화적 인식론의 네 가지 명제는 시사하는 바가 크다. 그것은 다음과 같다. (1) 현실은 만들어진 것이다. (2) 해석은 주관적인 것이다. (3) 가치는 상대적인 것이다. (4) 지식은 정치적인 것이다.[8] 명제 (1)은 현실이 언어에 의해 창조되며, 언어를 떠난 객관적 사실은 존재하지 않는다는 의미이다. 명제 (2)는 다양한 해석의 가능성을 주장하는 것이며, 명제 (3)은 가치에 관한 보편적 기준은 없다는 것이다. 명제 (4)는 이데올로기를 벗어난 진리란 없으며, 각 사회는 고유한 진리 체계와 진리의 일반 정치학을 갖고 있다는 의미이다. 이런 논리는 문명과 야만, 정상과 광기 간의 이분법적 구분을 해체하면서, 간수와 죄수, 의사와 환자 사이를 지식과 권력의 기제로 해석하는 미셸 푸코가 잘 대변한다. "진실이란 권력과 무관하게 존재하지 않는다. … 진실은 오로지 다양한 형태의 구속에 의해 생산된다. … 각각의 사회는 … 진실의 '보편 정치학'을 갖고 있다."[9]

이런 주장들의 논리적 귀결은 진리는 다양하기 때문에 어느 누구도 특별한 위치에 있지 않다는 것이다. 같은 논리의 연장선상에서 서구 문명이 보편 문명이 아니라 여러 문명 중의 하나라는 것을 밝힌 점에서는 큰 장점을 갖는다. 이런 이론은 서구 중심주의의 제국주의 논리를 거부하면서 비서구 문명들의 자존심을 북돋우고, 이들로 하여금 자신의 정체성을 확인하도록 도와준다. 그렇지만 제국주의에 대항하기 위한 닫힌 민족주의처럼, 문명 보편주의에 대항하기 위한 문명 다원주의와 그 변형들은 또 하나의 배타적 독단이 될 가능성이 높다.

오리엔탈리즘과는 대립되는 또 하나의 극을 형성하는 옥시덴탈리즘이 그 실례이다. 그것은 서양을 비하하거나 적대시하는 인식과 태도로서 서양은 비윤리적이고 물질적이며, 동양은 윤리적이고 정신적이라고 주장한다. 이안 부루마(Ian Buruma)와 아비샤이 마갤릿(Avishai Margalit)이 『옥시덴탈리즘: 반서구주의의 기원을 찾아서』(2004)에서 설명하였듯이 그것은 동양의 전통에 대한 무조건적인 강조와 예찬을 기조로, 서양을 동양과 대립되는 적으로 만들면서 오리엔탈리즘의 오류를 반복하고 있다.[10] 편협한 민족 중심주의, 종교적 배타주의, 자문화 중심주의나 포스트모더니즘의 무정부적 상대주의도 문명 다원주의가 변형되거나 산출한 부정적 유산들이다.

2. 문명 다원주의의 역사철학

문명 다원주의는 문명 보편주의의 근거가 된 인류 보편사의 이념을 거부한다. 각각 독립된 문명들의 역사가 보편사의 자리를 대신한다. 문명 다원주의에서 보면, 역사상 몇 개의 문명들이 존재했다면, 이들은 제각기 다른 발전 단계를 가지고 있으며, 다른 세계관을 갖고 다른 목적을 추구했던 것이다. 그러므로 이들을 하나로 묶을 어떤 보편적 기준이나 연관도 존재하지 않는다.

다원주의는 여러 측면에서 논의될 수 있지만, 어쨌든 서로 독립된 복수의 존재나 기준을 승인하는 것이다. 다원주의는 형이상학적 측면에서 논의할 수도 있고, 윤리적 측면에서 논의할 수도 있다. 형이상학적 다원주의는 세계는 독립적인 여러 요소들로 나눌 수 있다는 이론이다. 말하자면 세계를 구성하는 궁극적 실체가 다수라는 것이다. 윤리적 다원주의는 동일한 값을 가진 다수의 윤리체계가 존재할 수 있다는 입장이다. 이런 입장은 어떤 하나의 윤리체계가 절대적으로 옳다는 윤리적 절대주의를 부정한다. 인식론적 다원주의도 다원주의 논의에서

간과될 수 없다. 이것은 상호 번역 불가능한 다수의 개념 체계를 용인하는 것이다. 논의의 대상이 되고 있는 문명 다원주의는 이 모든 다원주의를 포괄한다. 그것은 '문명의 철학적 동시성'이라는 개념에서 극명하게 나타난다. 문명의 철학적 동시성은 토인비가 사용한 개념인데, 모든 문명들은 그들이 탄생한 시간의 선후와는 관계없이 모두 같은 차원에 있다는 것이다. 말하자면 한 문명과 다른 문명 사이에는 시간적 차이란 아무 의미가 없다는 것이다. 이런 관점에서 보면 모든 문명들은 독자적인 구조적 특성과 목적을 갖고 있고, 나름대로의 독특한 세계관을 갖고 있는 하나의 유기체가 된다.

문명 다원주의의 선구자격인 다닐레프스키[11]는 세계사에 등장한 중심 문명으로 이집트, 중국, 고대 셈, 힌두, 이란, 헤브루, 그리스, 로마, 아랍, 유럽 등 10대 문명을 들었고, 『서구의 몰락』으로 유명한 슈펭글러는 이집트, 바빌로니아, 인도, 중국, 그리스 로마, 아라비아, 멕시코, 서구 등 8대 문명을 들었다.

문명을 역사의 단위로 보는 문명사관은 여러 문명들의 병렬적 역사를 인류의 역사로 본다. 문명 다원주의에서 보면, 각각의 문명들은 독자성과 고유한 발전 과정과 자기 완결적인 체계를 갖는다. 한 문명사회가 다른 문명사회와 구별되는 점은 바로 문명이 지닌 특수성, 즉 개성이라 할 수 있다. 의식주의 생활양식에서 정치제도, 경제제도, 언어, 종교, 예술, 철학에 이르기까지 한 문명사회는 개성을 갖는 한에서 다른 문명사회와 구별된다.

문명사관의 선구자인 다닐레프스키가 그의 문명론의 주저인 『러시아와 서구』를 쓴 동기는, 표트르 대제 이후 계속된 러시아의 서구화 정책을 반성하고, 러시아와 유럽의 관계를 재검토하려는 것이었다. 그의 결론은 서구 문명이 인류의 유일 문명이거나 보편적인 문명이 아니라, 여러 문명 중의 하나에 불과하다는 것이었다.[12]

그는 한 문명을 하나의 중심 민족에 의해서 창조되는 것으로 보면서 문명의 발전 법칙을 다음과 같이 제시했다.

(1) 언어의 법칙 : 언어는 문화의 기초이며, 고유한 언어를 가지지 못한 민족은 독자적인 문화를 창조하지 못한다.

(2) 정치적 독립의 법칙 : 정치적 독립이 없이는 문화의 독립이 있을 수 없고, 또한 문화의 독자적인 발전도 불가능하다.

(3) 양도 불가의 법칙 : 한 문명의 요소들은 전파 가능하지만 그 기초는 다른 문명의 민족에게 양도될 수 없다.

(4) 발전의 법칙 : 한 문명은 민속학적 자료가 다양할 때 풍요롭게 발전한다.

(5) 순환의 법칙 : 모든 문명은 탄생과 성장, 성숙, 노화의 과정을 밟는다.[13]

모든 문명이 독자적이고 개성적이라면 어떻게 비교 연구가 가능할 것인가? 사실 문명 간에 아무런 공통점도 없다면 비교란 원천적으로 불가능할 것이다. 슈펭글러는 모든 문명은 탄생하여 성장하고, 그 다음 쇠퇴하여 사멸한다고 해석하고, 이런 공통의 발전 단계를 상동성(Homologie)이라 불렀다.

이 과정을 그는 계절의 순환에 비유하여, 봄, 여름, 가을, 겨울로 나누었다.[14] 지성의 측면에서 보면 봄은 전원적, 직관적이고, 눈뜨고 있는 몽환적인 혼의 거대한 창조 시기이다. 여름은 성숙하고 있는 의식의 시기이며, 가장 초기의 도시 시민적인, 비평적인 활동 시기이다. 가을은 대도시적인 지성이며, 엄밀한 지적 형성력의 정점이다. 겨울은 세계 도시적 문명의 출현 시기이며, 혼의 형성력이 쇠멸되고, 생명 자체가 의문시되는 시기이다.

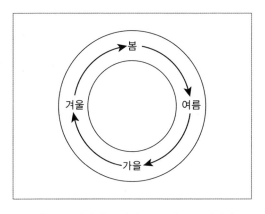

그림 2.2 계절이 순환하듯 문명은 순환한다.

슈펭글러의 문명론에서 특이한 점은(그는 문화(Kultur)라고 부른다) 한 문명이 독자적인 문명으로 형성되려면 독자적인 수학을 가져야만 한다고 본 것이다. 말하자면, 하나의 문명은 독자적인 혼의 표현이며, 그것은 독자적인 수학으로 나타난다. 수학은 하나의 혼이 가장 추상적인 형태에서 수행하는 세계에 대한 이해이며, 세계 감정의 표현이다. 수학은 플라톤이나 라이프니츠의 예로서도 알 수 있듯이 최고의 형이상학이다.

수 자체는 존재하지 않고 또 존재할 수 없다. 많은 수 세계가 존재한다. 그것은 많은 문화가 있기 때문이다. 수에 관한 사고에는, 따라서 하나의 수에는 인도형, 아라비아형, 그리스 로마형, 서양형이 있다. 이 유형은 어느 것이나 근본적으로 특유한 것이고, 유일한 것이며, 어느 것이나 세계 감정의 표현이고, 어느 것이나 과학적으로도 정확히 한정된 타당성이 있는 상징이고, 이루어진 것에 질서를 세우는 원리이다.[15]

이 질서화는 혼의 가장 깊은 본질을 반영하고 있다. 이리하여 한 수학의 양식은 그 수학이 어느 문화에 뿌리를 내리고 있는가, 어떤 인간이 그것을 고찰하고 있는가에 따라 결정된다. 예컨대 기원전 540년경 피타고라스학파에서 모든 사물의 본질은 수라는 견해가 생겨났을 때, 수학의 발달이 일보 전진한 것이 아니라, 훨씬 전부터 형이상학적 의문과 예술적 형식 속에 나타나 있던 완전히 새로운 수학이 자각적인 이론으로서 그리스 로마의 혼의 밑바닥에서 태어난 것이다. 이런 관점에서 슈펭글러는 수학 사상의 발전 과정에도 상동성을 발견할 수 있다고 본다.[16]

이러한 논제는 자연스럽게 서구 중심의 보편적 역사관과 직선적 진보사관에 대한 거부로 귀결된다. 서구 중심의 보편적 역사관은 서구 문명이 세계사에서 가장 보편적인 문명이며 다른 문명은 정체적이고 비창조적이라고 주장한다. 이에 대해 문명 다원주의는 다음과 같이 비판한다. 로마 제국의 멸망으로 끝나는 '고대'와, 신대륙의 발견으로 끝나는 '중세', 그리고 '근대'로 이어지는 서구의 시대구분을 모든 인류의 역사 과정에 적용하려 드는 것은 완전한 난센스다. 로마 제국의 멸망이 중국이나 인도, 이슬람 문명의 역사와 무슨 연관이 있단 말인가? 모든 문명은 나름대로의 고대와 중세, 근대를 가진다. 서구 중심의 보편적 역사란 실은 서구 문명의 역사를 보편사로 승격시키면서 다른 문명의 역사를 서구 문명에 대한 기여나 관계에서 재단한 것이다. 역사를 직선적 진보의 과정으로 보고자 하는 것도 과학기술에서 앞선 자신의 위치에 우선권을 부여하기 위해서이다. 인류의 역사는 같은 가치를 지닌 여러 문명들의 다원적인 변화 과정이며, 각각의 문명들은 하나의 독립적인 생명체와 마찬가지로 독자적인 탄생과 성장 및 사멸의 과정을 밟는다.

문명 다원주의 중에서도 토인비의 문명론은 매우 특이하다. 그는 다른 문명론자들에 비해 훨씬 많은 문명들을 열거하면서, 문명을 세대별로도 연관 짓는다. 아무리 문명들의 독자성을 주장한다 할지라도 비슷한 장소에서 새로이 출발하는 문명은 옛날의 문명과 전혀 어떤 연관이 없다고 하기는 어려울 것이다. 새로운 문명이 설사 옛 문명의 폐허 위에서 탄생한다고 해도, 옛날의 전통이나 역사가 완전히 파괴되지 않는 한 옛 문명의 영향을 철저하게 배제하기는 불가능하기 때문이다. 예컨대 근대의 중국 문명은 고대 중국 문명의 유산 위에서 출발했다고 보아야 한다. 그러므로 토인비는 다닐레프스키나 슈펭글러와는 달리 비슷한 장소에서 종교를 중심으로 해서 연속된 문명들을 모자(母子)관계로 이해하고자 하는 것이다. 토인비가 설정한 문명의 모자관계는 다음과 같이 그려진다.[17]

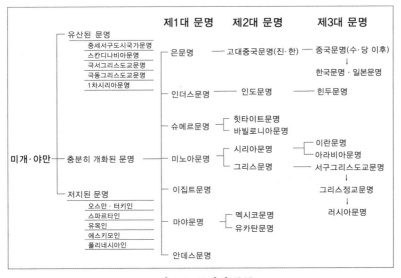

그림 2.3 문명의 종류

이 그림에서 보면 이집트 문명에서 마야 문명까지 7개 문명이 제1대 문명에 속하고, 그리스 문명에서 유카탄 문명까지 8개 문명이 제2대에 속한다. 그것은 이집트 문명과 안데스 문명은 1대로 끝났지만, 대신 미노아 문명, 수메르 문명, 마야 문명은 2대에서는 두 문명으로 나누어진 결과이다. 제2대의 네 문명은 사멸했지만, 그리스 문명과 중국 문명이 번창하여, 제3대에는 다시 8개의 문명으로 분류된다. (이란 문명과 아리비아 문명을 이슬람 문명으로 묶고, 러시아 문명을 그리스정교 문명에 포함시키고, 한국 일본 문명을 중국 문명에 포함시키면 5개 문명이 된다.) 이렇게 보면 제1대에서 사멸한 이집트 문명과 안데스 문명을 제외하면 모든 문명은 모자(母子)관계에 있다고 할 수 있고, 그런 면에서 이들은 완전히 독립적이라기보다는 긴밀한 어떤 연관 속에 존재한다고 할 수 있다.

상황이 바뀜에 따라 비슷한 논리가 횡적인 연관관계에도 성립될 수 있을 것이다. 옛날로 거슬러 올라갈수록 지리적 분할로 인해 각 문명들은 교섭이 거의 없거나, 상호 교류가 있더라도 서로 발전에 심대한 영향을 미칠 정도가 아니었다. 그렇지만 정보화 사회가 되면서 세계가 하나의 지구촌이 되고 있고, 이런 과정에서 문명 간의 교류가 과거 어느 때보다 활발하게 이루어지면서 여러 문명들이 하나의 세계 체제를 형성하게 된다.

3. 문명 다원주의의 문제점들

문명사관은 나름대로의 장점들을 갖고 있다. 우선 역사를 보는 시각의 확장을 주장한 것은 장점이라 하겠다. 서구 중심주의에서 벗어난 역사적 관점을 제시한 것도 주목할 만하다. 그리고 역사의 단선적 진보주의를 거부한 점도 문명사관의 장점이라 할 수 있다.

서구 문명이 유일 절대의 모델이라고 하는 것은 이미 설득력이 약하다. 그 자체가 현재 많은 문제점을 노출했을 뿐만 아니라, 처음부터 서구의 특수한 사회현상까지를 모든 사회에 무리하게 보편적 기준으로서 적용하려 했기 때문이다. 물론 서구 문명은 여러 부분에서 현대사회의 보편적 기준을 제시했다고 할 수도 있으며, 서구 문명 보편주의가 전적으로 강압에 의한 것이라고 보기도 어렵다. 일본은 자발적으로 이를 선택했고 탈아입구(脫亞入歐)가 그들의 표어였다.

그렇지만 서구 문명은 그들 사회에만 해당되는 특수성도 함께 포함하고 있었다. 그동안 서구 문명은 서구의, 서구에 의한, 서구를 위한 문명을 비서구에 강요해왔다. 이런 점에서 문명의 기록은 동시에 야만의 기록이었다. 문명은 서구 국가들이 자신의 탐욕을 채우기 위해 식민주의를 정당화하는 기만의 언어였기 때문이다. 비슷한 맥락에서 막스 호르크하이머와 테오도르 아도르노는 "인간에게서 공포를 몰아내고 인간을 주인으로 세우려 했던 계몽이 그 자체에 내재된 '도구적 이성'으로 인해 다시 신화적 미몽으로 후퇴했다"고 비판하면서 현대 문명을 비관적으로 진단하기도 한다.[18]

그렇다면 문명 다원주의가 우리의 남은 대안이라 할 수 있는가? 문명 다원주의는 적어도 이론적으로는 '강자의, 강자에 의한, 강자를 위한 문명' 대신에 '각자의, 각자에 의한, 각자를 위한 문명'이어야 한다고 주장한다.[19] 이 연장선상에서 '동양의, 동양에 의한, 동양을 위한 문명'도 제기될 수 있다. 일견 그럴듯해 보인다. 그렇지만 문명 다원주의는 이미 우리가 검토했듯이 서구 문명 보편주의와 마찬가지의 위험 부담을 안고 있다.

서구 문명이 유일 절대의 문명 모델은 아니지만, 문명들의 독자성을 주장하기도 어려운 상황이다. 하나의 생활공간에서 너무나 많은 것들이 뒤섞이고 있다. 문명들은 서로 통약 불가능하다는 논리도 전혀 현실적이 아닌 공허한 이야기이다. 뿐만 아니라, 우리가 정체성의 문제를 과거의 원형적 정체성으로의 회귀에서 해결하려는 것은 잘못이다. 정체성은 미래지향적 창조적 관점에서 찾아야 하기 때문이다.

서구 문명 보편주의든 문명 다원주의든, 둘 다 닫힌 문명을 전제한다. 서구 문명 보편주의는 다른 문명에 행사한 폭력적인 힘 때문에, 문명 다원주의는 다른 문명이 접근할 수 없는 고유한 혼 때문에, 이들은 모두 열려 있지 않고 닫혀 있다. 이런 이론들은 문명들의 전면적 교류로 특징되는 세계화 시대의 인류 문명을 현실적으로 적절하게 설명하지 못한다.

문명 다원주의 문제점들은 다음과 같은 주장들로 정리될 수 있다.

ⅰ) 인류에게 공통적인 특성보다는 특수성을 지나치게 강조한다.
ⅱ) 낡은 전통이나 관습까지도 문명의 특성이라는 이름으로 모두 긍정한다.
ⅲ) 학문의 세계를 논리의 싸움이 아닌 힘의 투쟁으로 이해한다.

문명 다원주의는 그것이 의도하지는 않았지만, 소통 불가능성과 통약 불가능성 때문에 결과적으로는 충돌을 피할 수 없을 것이고, 역설적이게도 자신이 부정했던 약육강식의 논리까지 인정하지 않을 수 없게 된다.

이런 일반적인 문제점들 이외에도 더욱 중요한 본질적인 문제들이 있다.

첫째, 문명의 단위를 정확하게 설정하기 어렵다는 난점을 갖는다. 이 점은 문명사관을 주장하는 사람들마다 상이한 문명들을 열거하는 것에서도 분명히 드러난다.

둘째, 문명사관은 역사의 결정론이라는 비판을 면하기 어렵다. 그것은 기본적으로 문명을 하나의 생명체에 비유하여, 모든 문명이 탄생, 성장, 쇠퇴, 사멸의 과정을 필연적으로 밟아가는 것으로 이해한다. 여기에는 인간의 자유의지가 개입할 여지가 없다. 토인비는 물론 이런 역사의 결정론을 부정하지만, 문명의 율동이나 순환을 인정하는 한 결정론에서 완전히 벗어나기는 어려울 것이다.

셋째, 문명사관은 인류 문명의 보편적 진보와[20] 17세기 근대 이후 형성된 세계 체제와 오늘날 정보화 시대에 이루어지고 있는 문명들의 융합을 설명하지 못한다. 오늘날의 세계화는 단순한 서구화가 아니라 지상의 여러 문명들을 하나로 융합하는 과정으로 보인다. 문명사관은 과거의 고립된 상태로 존재했던 문명의 역사에만 부분적으로 적용될 가능성이 있을 뿐, 근대 이후의 역사에 대해서는 설득력을 갖기가 어렵다.[21]

이런 문명 다원주의가 정보혁명으로 하나의 지구촌으로 되어가는 현대 문명을 제대로 설명할 수 있을까? 정보혁명은 엄청난 사회적 대변혁을 초래하고 있으며, 인터넷을 통해 문명을 구성하는 기본 세포인 문화 유전자들이 전 세계 구석구석까지 급속도로 퍼지면서 융합과 변형이 일어나고 있다. 이런 정보혁명은 결국 개인이나 국가의 장벽은 말할 것도 없고 문명 간의 장벽마저 파괴시켜버리지 않을까? 과학, 기술에 문명의 경계선이 없다는 것은 상식에 속하고, 효율성을 추구하는 일부의 사회체제도 세계적으로 동질화 현상을 보이고 있다. 뿐만 아니라 과학, 기술이 근본적 신념체계에 제공하는 합리적 증거와 설득력에 의해 종교와 예술, 철학까지도 문명권을 넘어 융합되는 현상이 나타나고 있다. 이런 현상을 부정한다면, 그것은 또 하나의 독단이 될 것이다.

3절 닫힌 문명과 열린 문명

1. 열림과 닫힘의 심리학적 기제

열림(openness)과 닫힘(closeness)은 원래 심리학적 용어로서 개인의 심성이나 성격의 특성을 설명하는 데 사용하던 개념이다. 어떤 사람이 다른 사람과의 관계에서 권위주의적이고, 비타협적이며, 배타적이고, 독단적인 특성을 나타낸다면, 우리는 보통 그를 닫힌 성격 내지 폐쇄적 성격이라 규정한다. 이와 반대로 평등주의적이고, 타협적이며, 관용적이고, 비판을 수용하는 특성을 나타낸다면, 그는 열린 성격 내지 개방적 성격으로 규정된다. 닫힌 성격의 사람일수록 충동에 사로잡히기 쉽고, 논리적 일관성이 부족하며, 다른 사람을 평가할 때 자신의 신념체계와 일치하느냐에 중점을 둔다. 이와 반대로 열린 성격의 사람일수록 이성적이고, 논리적 일관성에 의해 사고하며, 다른 사람을 평가할 때 신념의 차이에도 불구하고 그들을 긍정적으로 평가한다.[1]

이렇게 볼 때 열린 정신과 닫힌 정신은 서로 양립하기 어려운 인간 정신의 두 유형임이 드러난다. 그러므로 열린 정신과 닫힌 정신의 투쟁은 문명의 발생과 더불어 시작되었던 것이며, 고대로부터 현대에 이르기까지 열린 비판과 닫힌 독단은 끊임없는 상호 대립과 갈등의 관계를 유지해온 것이다.

열림과 닫힘에 관한 개인적, 심리적 차원에서의 논의는 사회적, 문화적 차원으로 확대되어 사용되기도 한다. 즉 열린 정신에 기초한 열린사회와 닫힌 정신에 기초를 둔 닫힌사회가 그것이다.

열린사회(open society)와 닫힌사회(closed society)라는 대립되는 사회의 유형을 체계적으로 이론화시킨 최초의 사람은 앙리 베르그송(Henri Bergson)이었다. 베르그송은 『도덕과 종교의 두 원천』에서 열린사회란 열린도덕과 동적 종교를 기초로 하는 사회이고, 닫힌사회란 닫힌도덕과 정적 종교를 기초로 하는 사회라고 규정했다. 이때 닫힌도덕은 불변의 도덕, 의무의 도덕, 배타적인 도덕으로서 사회적 통합만을 목적으로 삼는 도덕인 데 반해, 열린도덕은 변화를 승인하는 도덕, 호소와 열망의 도덕, 인류애의 도덕으로 지성보다 우위의 직관적인 것에 근거하고 있는 도덕이다. 정적 종교 역시 사회 전체의 통합을 최고 목표로 삼는 독단적 종교인 데 반해, 동적 종교는 생명의 창조적 열망에서 발생하는 열린 영혼의 종교이며, 위대한 신비가의 종교이다. 이리하여 결국 베르그송의 닫힌사회는 변화를 거부하는 보수적이고 권위주의적인 사회인 데 반해, 열린사회는 독단적이거나 배타적이지 않고 모든 인류를 포괄하는 사회이다.[2]

상당히 많은 유사성에도 불구하고 포퍼의 열린사회는 몇 가지 점에서 이와 성격을 달리한다. 기본적인 차이점은 베르그송의 열린사회가 신비적 정신을 기초로 하는 사회인 데 반해, 포퍼의 열린사회는 합리적 정신을 기초로 하는 사회라는 것이다. 오히려 포퍼에서 신비주의는 열린사회의 합리주의를 반대하는 반동으로 해석될 수도 있다.[3]

포퍼의 열린사회는 자율적 이성에 기반한 사회이다. 그것은 이념적으로는 전체주의와는 대립각을 이루는 자유주의와 민주주의의 사회지만, 오히려 더욱 근원적인 측면에서 보면 지식을 통해 자아의 해방을 추구하는 사회이다. 슈프(F. Suppe)는 포퍼의 이런 역사관을 해방적 관심(Das emanzipatorische Interesse)에서의 역사 해석으로 규정한다.[4] 열린사회는 앎에 의한 자아 해방을 기초로 해서만 가능하기 때문이다.[5]

앎에 의한 자아 해방이란 과학적 지식이 이론적, 정보적인 의미와 함께 우리를 해방시켜주는 힘도 갖고 있음을 의미한다. 합리주의적 전통에서 보면 과학은 물론 그 실용적인 성취 때문에도 가치 있는 것으로 평가된다. 그러나 과학은 바로 그 정보적 내용 때문에, 그리고 우리의 정신을 낡은 신념이나 편견, 낡은 확신으로부터 자유롭게 해주는 능력 때문에, 그리고 우리에게 새로운 추측과 과감한 가설을 제공해주는 능력 때문에 더 가치 있는 것으로 평가된다. 그러므로 과학은 인간의 자유에 이바지하는 가장 큰 힘 중의 하나이다.[6] 이런 점에서 볼 때 포퍼는 칸트의 계몽주의의 이념을 그대로 계승한다고도 할 수 있다. 그러나 '앎에 의한 자아 해방'이란 이념은 자연의 지배라는 이념과는 동일하지 않다. 오히려 이것은 합리적 비판을 통해 오류와 미신으로부터 벗어나고자 하는 정신적 자아 해방의 이념이다.[7]

포퍼는 이론적 영역에서의 지적 해방은 사회적인 해방과 함께 진행되며, 이 사회적인 해방 없이는 실제로 불가능하다고 해석한다. 말하자면 자아 해방은 비판과 사상의 자유가 보장된 열린사회 — "내가 틀리고 당신이 옳을지도 모르며, 노력에 의해서 우리는 진리에 더 가까이 접근해갈 수 있다"[8]는 비판적 합리주의가 바탕이 된 사회 — 에서만 가능한 것이다. 그러므로 비판적 합리주의와 열린사회를 실현하려는 시도 사이에는 대응관계가 성립한다.

권위와 편견의 지배로부터 자신과 자신의 정신을 해방시키고자 하는 일이 수많은 사람들의 갈망이었다고 포퍼는 주장한다. 말하자면 자유와 자비심과 합리적 비판이라는 기준에 맞는 전통은 모두 유지하고 발전시키고자 하면서도 단순한 전통에 불과한 기존의 절대적 권위를 거부하는 열린사회를 만들고자 하는 것이 수많은 사람들의 시도였다고 본다.9) 그러므로 이런 관점에서는 닫힌사회에서 열린사회로의 이행이야말로 인류가 수행한 가장 위대한 혁명 중의 하나인 것이다. 이 혁명은 고대 아테네의 민주주의에서부터 시작된 것이다. 그곳에서 비로소 열린사회의 기본 신념인 이성과 자유 및 박애의 사상이 싹텄기 때문이다. 이리하여 그리스는 아직도 시작 단계에 있는 것으로 보이는 위대한 혁명, 즉 닫힌사회에서 열린사회로의 전환을 시작함으로써, 우리가 지금도 여전히 서구 문화의 기원을 고대 그리스에서 찾도록 만든 것이다.

열린사회와 닫힌사회의 대립은 합리주의와 비합리주의의 대립으로도 표현된다. 합리주의란 매우 포괄적인 개념이다. 합리주의는 넓은 의미로는 지성적 활동뿐만 아니라 관찰과 실험을 중시하는 입장을 가리키며, 경험주의와 주지주의를 포괄하는 넓은 뜻으로 사용된다.10) 그것은 가능한 한 많은 문제들을 이성에 비추어서, 즉 감정과 정열보다는 분명한 사고와 경험에 비추어서 해결하려고 한다. 또한 합리주의란 논증과 주의 깊은 관찰에 의해 중요한 많은 문제들에 의견의 일치를 볼 수 있다는 희망을 쉽게 포기하지 않는 태도이며, 서로의 주장과 이해관계가 상치할 때에도 여러 주장과 제안에 대한 논증이 가능하며, 대다수가 받아들일 수 있는 어떤 타협에 도달할 수가 있다고 믿는 태도이다. 따라서 이런 합리주의적 태도는 진리의 추구에서 우리가 서로 협력해야 하며, 논증의 도움으로 우리가 언젠가는 객관적 진리에 도달할 수 있다고 믿는 과학적 태도와 비슷하다고 할 수 있다.11) 이것이 비판적 합리주의의 핵심적 주장이다.

열린사회의 지주가 되는 비판적 합리주의는 어떠한 사람도 자기 자신의 심판자일 수 없다는 공평의 사상에 기초해 있다. 이것은 과학적 객관성의 사상과도 밀접히 연결된다. 이성에 대한 신뢰는 그 자신의 이성에 대한 신뢰만이 아니라 다른 사람의 이성에 대한 신뢰도 포함한다. 공평의 이념은 책임과 의무의 관념으로 우리를 인도한다. 우리는 논증에 귀를 기울여야 할 뿐만 아니라, 다른 사람의 질문에 대답해야 할 의무를 가진다. 이리하여 궁극적으로 "합리주의는 비판의 자유, 사상의 자유 및 인간의 자유를 보장한 사회제도의 필요성에 대한 인식과 연결된다."[12] 그리고 이것은 이러한 제도를 지지해야 하는 도덕적 의무와 같은 것을 우리에게 부과한다. 이것이 합리주의가 사회공학과 같은 정치적 요구와 연결되며, 사회의 합리화를 위한 요구, 즉 자유를 위한 계획과 이성에 의한 사회 지배의 요구와 결합되는 이유이다. 그러므로 열린사회로 향한 역사적 창조는 전적으로 우리가 비판적 합리주의를 얼마나 참된 삶의 안내자로 간주하는가에 달려 있다고 할 수 있다.

2. 닫힌 문명과 열린 문명

문명은 두 유형으로 분류될 수 있다. 하나는 열린 문명이고, 다른 하나는 닫힌 문명이다.[13] 열린 문명과 닫힌 문명에 대한 논의는 두 차원에서 진행될 수 있다. 하나는 한 문명 내부의 체제에 대한 논의이고, 다른 하나는 문명 상호간의 관계에 대한 논의이다. 한 문명의 체제는 어느 때 열린 문명이 되고, 어느 때 닫힌 문명이 되는가?

열린 문명은 다른 문명의 존재를 인정하고, 평화롭게 교류한다. 반면에 닫힌 문명은 다른 문명을 불구로 만들어버리고 지배하려고 노력한다. 무굴 제국이나 오스만 제국의 경험이 보여주듯이 역사상 어떤 닫힌 문명도 그 목표를 완전히 달성하지는 못했다.

이런 논의에서는 열린사회와 닫힌사회의 논의가 하나의 준거 틀이 될 수 있다. 물론 개별 국가 사회에 적용되는 기준을 문명에 그대로 원용할 수는 없을 것이다. 문명은 보통 여러 국가들을 포괄하고 있고 이 국가들은 독립적 주권국으로서 독자적으로 행동하기 때문이다. 그렇지만 한 문명의 구성원이 되는 개별 국가들은 종교와 예술, 철학을, 즉 세계와 인간에 대한 근본 신념을 공유하고 있으므로, 사고방식이나 행동양식에서 어느 정도 유사성을 갖는다고 할 수 있다. 물론 한 국가 사회의 경우와 비교하면 유사성의 정도가 그렇게 강력하지 못하다고 할지라도, 어떤 특성을 정형화할 수는 있다.

이런 맥락에서 나는 열린 문명과 닫힌 문명을 다음과 같이 규정하려고 한다.

1) 닫힌 문명

우리가 닫힌 문명의 특성으로서 종교 배타주의부터 거론할 수밖에 없는 것은 종교가 문명의 구심점을 형성하고 있기 때문이다. 종교 배타주의는 닫힌 문명의 가장 큰 특징이라 할 수 있다. 예컨대 종교 배타주의는 자신의 종교 이외에 다른 어떠한 종교도 인정하지 않기 때문이다.

베르그송은 종교를 정적 종교와 동적 종교로 구분하고, 동적 종교를 열린사회, 정적 종교를 닫힌사회와 연결지었다. 이런 구분이 언제나 타당한지는 의문시된다. 많은 종교가 어느 정도 이 두 측면을 동시에 갖고 있는 것이 현실이다. 내가 이런 구분을 열린 문명과 닫힌 문명의 구분에 적용하지 않는 것은 종교에 대한 이 이분법에 다소 무리가 있다고 보기 때문이다.

많은 경우 독단과 한 쌍을 이루는 것이 남을 배척하는 배타이며, 이런 입장을 고수함이 배타주의이다. 왜 남을 배척하는가? 자신은 남보다 우월한 존재라고 생각하며, 동시에 자신보다 못한 남이 자신의 존재와 이익을 침해한다고 보기 때문이다.

배타주의의 사상적 뿌리는 선민사상에까지 소급해갈 수 있다. 선민사상의 원래의 뜻은 신이 특정한 민족이나 국민들을 세상을 다스리도록 선택했다는 것이다. 오늘날 이 말은 종교적 의미를 떠나 어떤 민족이나 사람들이 자기들만이 우월하다고 하는 사상이다. 종교적 배타주의나 중화사상, 그리고 자문화 중심주의가 배타주의의 전형적인 형태이다.

독단주의는 이념적 차원과 인식론적 차원에서 가장 분명하게 나타난다. 독단(dogma)은 논리를 초월한 권위에 의한 주장을 의미한다.[14] 종교적 영역에서는 가톨릭교회에 의해 초자연적 계시를 기초로 제정되어 교황의 선언에 의해 권위를 얻은 교리를 뜻한다. 그것은 비판을 허용하지 않는다. 철학적 영역에서는 어떤 철학자나 학파에 의해 타당성이 논증되지 않은 상태로 주장되는 학설이나 논제가 여기에 해당된다. 말하자면 지배적 이데올로기의 권위에 의해 무비판적, 맹목적으로 신봉되는 주장이 독단이다.

종교적 근본주의나 이념적 독단주의는 이런 독단주의의 전형적인 형태이다. 종교적 근본주의(religious fundamentalism)는 자신이 해석한 종교만이 옳고, 선이고, 다른 종교는 모두 거짓이며, 악이라고 규정한다. 또한 이념적 독단주의는 자신이 옹호하는 이데올로기만을 진리로 인정할 뿐만 아니라, 이에 대한 비판적 논의 자체를 거부한다. 인식론적 독단주의는 칸트가 잘 규정했듯이, 인식 능력에 대한 검토나 비판 없이 논증되지 않는 특정 교설을 그대로 진리라고 주장하는 태도이다. 이러한 태도 역시 비판적 논의를 수용하지 않는다.[15]

정치적 전체주의는 강력한 국가권력이 국민의 생활을 간섭하고 통제하는 사상이나 체제를 가리킨다. 이것은 개인은 전체 속에서 비로소 존재 가치를 갖는다는 존재론적 전체론에 기초하고 있다. 여기서 개인의 모든 활동은 오로지 전체의 존립과 번영을 목표로 해야 한다는 교설이 도출된다.

전체주의나 집단주의의 사회는 전체나 집단이 존재하지 않는다면 개인이란 전혀 존재할 수 없다는 이론이 지배하는 사회이다. 말하자면 이 이론은, 전체란 이런저런 개체들의 산술적 집합으로는 환원될 수 없는 하나의 불가분적 유기체이며, 이런 유기체의 각 부분인 개체들은 유기체 속에서만 존재할 수 있을 뿐 유기체를 떠나서는 존립할 수 없다는 것이다. 그러므로 개체는 항상 전체를 위해서만 존재하게 된다. "부분은 전체를 위해 존재하지만, 전체는 부분을 위해 존재하는 것이 아니다. 너는 모든 사람을 위해 창조되었지만, 모든 사람이 너를 위해 창조된 것은 아니다."[16]

이러한 전체주의의 사회는 전체, 즉 국가가 크든 작든 시민생활의 모든 측면을 규제하려는 특성을 갖는다. 정치적 전체주의자들에 의하면, 국가는 합리적 목적을 가진 공동체라기보다는 보다 높고 고상한 어떤 것, 즉 숭배의 대상이 된다. 말하자면 국가는 국민의 권리 보호라는 한층 높은 과업을 가지며, 시민의 덕성을 보살피는 일이 참으로 그이름에 합당한 국가의 사업이 된다. 이러한 요구는 국가가 국민의 자유를 보호하기보다는 국민의 도덕 생활을 통제하기 위해 권력을 사용해야 한다는 것을 의미한다. 그것은 고유한 도덕의 영역, 즉 우리 자신의 양심과 도덕적 결단에 의해 부과된 규범의 영역을 희생하고서, 국가에 의해 부과된 법의 영역이 증가해야 한다는 요구이며, 개인의 책임을 부족주의적 금기와 개인에 대한 전체의 무책임으로 대체시키려는 요구이다.[17] 그러므로 정치적 전체주의를 특성으로 하는 닫힌사회에서는 개인은 무엇이 옳고 그른지에 관해 전혀 독단적 판단을 내릴 수 없는 반면, 국가만이 개인들의 판단에 대해 대답할 권리를 갖는다.[18]

배타주의와 독단주의, 그리고 전체주의는 서로 연결하여 닫힌 체계라는 하나의 체계를 형성한다. 이러한 체계는 내부적으로 닫힌 문명이된다. 이런 체계가 다른 문명과는 어떤 관계를 맺게 될 것인가? 닫힌 체계의 논리상, 자문명 중심주의와 패권주의로 나아갈 수밖에 없다.

자문명 중심주의란 자기 문명의 우월성을 믿고 모든 다른 문명을 그것에 준거해서 측정하고 평가하는 태도를 의미한다. 자문명 중심주의는 자문화 중심주의(ethnocentrism)(혹은 자민족 중심주의)와 같은 논리에 기초하고 있다. 자민족 중심주의라는 용어는 섬너(W. G. Sumner)의 『민속』(1906)에서 "자신의 집단을 모든 것의 중심으로 보며, 그 집단을 기준으로 나머지 모두를 측정하고 평가하는 사물관"을 가리키는 용어로 처음 등장했다. 섬너는 자민족 중심주의를 내집단과 외집단을 구분하는 데 사용했고, 그것을 애국주의와 국수주의의 결합과 비슷한 의미로 규정했다. 자신을 세계의 중심으로 보고 동서남북 주변을 모두 오랑캐로 취급하는 중화주의도 자문화 중심주의의 한 사례이다. 문명적 차원에서 보면, 동양 문명을 폄하하고 왜곡하는 오리엔탈리즘(orientalism)이나 역으로 서양 문명을 평가절하하는 옥시덴탈리즘(occidentalism)이 자문명 중심주의의 대표적인 사례들이다.

문명 패권주의(civilizational hegemonism)는 제국주의(imperialism)와 같은 논리에 기초하고 있다. 제국주의는 강대국이 군사력을 기반으로 다른 나라를 침략하여 정치적, 경제적으로 지배하려는 대외 정책이다. 이런 제국주의가 제2차 세계대전 이후에는 패권주의로 나타났다. 패권주의란 강대국이 1960년대 이후 무력으로 다른 나라를 식민지화하는 일이 어려워지면서, 경제적, 문화적으로 지배적 영향력을 확대하려는 정책이다. 문명 패권주의 역시 한 문명이 다른 문명에 대해 지배적 영향력을 행사하려는 태도라고 할 수 있다. 이런 문명 패권주의의 이면에는 자신만을 특별한 존재로 규정하는 선민주의 사상이 깔려 있다.

2) 열린 문명

열린 문명의 가장 큰 특징은 종교 다원주의 내지는 종교 포용주의라고 할 수 있다. 종교 다원주의는 모든 종교가 같은 값을 갖는다는 주장이다. 어떤 종교도 다른 종교보다 우월하거나 열등하지 않다는 것이다. 종교 포용주의는 자신의 종교와는 다른 종교가 그 교리 측면에서는 아직 완전하지 않다고 믿지만, 타 종교를 기본적으로 인정하고 긍정하는 입장이다.

이념적, 인식론적 비판주의는 열린 문명의 철학적 기초이다. 독단주의와 대립되는 비판적 합리주의는 다음과 같은 특성을 갖는다.

첫째, 인간의 이성은 본질적으로 오류를 범할 가능성을 갖고 있다. 그러므로 모든 주장은 가설적 성격을 가지며, 절대적으로 확실한 인식의 근거는 존재하지 않는다. 칼 포퍼가 잘 지적하였듯이, 만약 우리가 절대적으로 확실한 지식을 얻고자 한다면 결국 다음과 같은 세 가지

방식 중 어느 하나를 선택하지 않을 수 없게 된다. 즉 (i) 무한퇴행에 빠지거나, (ii) 논리적 순환에 빠지거나, 혹은 (iii) 어떤 지점에서 인식의 정초 작업을 자의적으로 중지해야 한다.[19] 첫 번째와 두 번째는 논리적으로 우리가 수용하기 어렵다. 명백한 논리적 오류이기 때문이다. 세 번째 방식은 항상 독단주의로 귀착할 수밖에 없다. 왜냐하면 그것은 어떤 단계를 인식의 아르키메데스 기점으로서 자의적으로 설정하기 때문이다. 그러므로 우리가 만약 절대적으로 확실한 지식을 원한다면, 진리의 계시이론과 손을 잡지 않으면 안 된다.[20] 이렇게 신비적 종교적 영역에로 도피하여 인식을 독단화하는 태도는 결국은 인식의 진보를 방해하게 된다.

이러한 인식 태도는 사회적, 정치적 영역에서 종종 독재적이고 반민주적인 생활양식을 초래한다. 왜냐하면 절대적 진리를 주장하는 정치 이론이나 이데올로기가 존재할 때는, 종종 소수 사람에 의한 진리의 독점 현상이 불가피하기 때문이다.

둘째, 모든 인식은 합리적 비판을 필요로 한다. 이 합리적 비판의 이념은 이성의 오류 가능성 명제와 짝을 이룬다. 말하자면 그것은 우리가 독단에 호소해서가 아니라 비판적 시험과 논의에 의해서 우리의 실수를 인식하고 그것을 개선시킬 수 있다는 것을 의미한다. 우리가 진리를 궁극적으로 정초시키려고 하지 않고 합리적 논증의 도움으로 비판적으로 시험하고 논의하고자 한다면, 진리에로 가까이 접근해갈 수는 있다. 그러나 이때에도 절대적 확실성에 도달할 수는 없다.[21] 그러므로 비판과 자기비판의 준비가 비판적 합리주의에서는 일반적인 삶의 방식으로서 요구된다. 포퍼는 이를 다음과 같이 주장한다. "적시에 오류를 교정하고자 하는 이 방법은 진리의 규칙일 뿐 아니라, 바로 도덕적인 의무이다. 그것은 끊임없는 자기비판과 끊임없는 학습의 의무이며, 우리의 태도와 판단과 이론을 끊임없이 조금씩 수정해야 하는 의무이다."[22]

비판적 합리주의는 전체주의, 전제주의, 권위주의를 거부하고, 자유주의와 민주주의를 지지한다. 이성의 오류 가능성과 합리적 비판의 요구는 반민주주의적이고 반자유주의적인 진리의 독점 체제와 양립할 수 없기 때문이다.

개인의 자유를 보장하고 존중하는 자유주의는 존재론적으로도 전체주의와는 대립된다. 자유주의의 존재론은 개인주의이다. 개인주의 존재론은 사회적 집단을 단순히 개인들의 무리로 보는 것도 아니고, 유기체로 보는 것도 아니다. 사회적 집단이 개인들의 무리라면, 무리는 부분들의 합과 동일할 것이다. 이때 부분들은 무리 안에서 서로 바뀔 수 있다. 유기체는 부분들의 합 이상이다. 이때 부분들은 전체 속에서 그 역할이 주어져 있기 때문에, 상호 교환될 수 없다. 개인주의 존재론은 사회적 집단을 독특한 종류의 집합체로 본다. 그것은 전체란 부분들의 합 이상이지만, 부분들은 그들의 기능이나 위치에서 교환될 수 있다는 입장이다.

나는 관용을 여기에 추가하고자 한다. 말하자면 열린 문명은 관용(tolerance)의 사회여야 한다는 것이다.[23] 관용은 킹이 정의한 대로 반대(objection)와 용인(acceptance)이라는 두 요소가 결합된 말이다.[24] 말하자면 어떤 사람이 다른 사람의 행위나 이념이나 조직이나 예술 작품 등에 대해 심리적으로나 논리적으로 반대하고 시인하지 않음에도 불구하고 이를 용인할 때, 우리는 그가 관용을 실천하고 있다고 말한다. 반대하면서 용인한다는 것은 모순적인 개념 같기도 하다.

우리는 언제 반대하면서도 용인하는가? 어떤 저항할 수 없는 힘에 눌려 반대하면서도 용인할 수 있다. 그러나 이런 경우는 진정한 관용이 아니다. 저항할 수 있는 힘이 있음에도 불구하고 반대하는 것을 용인할 때, 진정한 관용은 성립한다. 용인이란 무엇인가? 그것은 내가 반대하는 것을 적극적으로 받아들인다는 의미라기보다 소극적인 의미에서 그것에 대한 부정적 행위를 자발적으로 중지하는 것이다.[25] 그러므로 관용이란 결국 나와 반대되는 어떤 것에 대해 내가 저항할 수 있는 힘이 있음에도 불구하고 부정적 행위를 자발적으로 중지하는 태도라고 정의할 수 있다.

왜 우리는 관용스러워야 하는가? 관용의 이유는 어디에 있는가? 그것은 우리의 이성이 완전하지 않기 때문이다. 우리의 이성은 언제든지 오류를 범할 수 있다. 오늘은 내가 옳고 당신이 틀릴 수 있지만, 내일은 내가 틀리고 당신이 옳을 수 있다. 혹은 우리 모두가 틀릴지도 모른다. 그러므로 언제나 내가 옳고, 나와 다른 당신은 틀리다는 흑백논리는 성립될 수 없는 것이다. 이런 이성의 불완전성과 오류 가능성을 기반으로 우리는 우리와 다른 가치, 다른 사상, 다른 종교, 다른 문화에 대해 관용을 베풀 수 있고, 또 베풀어야 하는 것이다. "우리는 서로 관용스러워야 한다. 왜냐하면, 우리는 모두 약하고, 불일치하고, 변덕스럽고, 잘못을 범하기 때문이다."[26] 갈등이 심한 사회일수록 관용의 미덕은 요구된다. 그렇지 않을 경우 갈등은 폭력을 유발하고 폭력은 모두를 파멸로 이끌 수도 있기 때문이다.[27]

열린 문명은 다른 문명과는 어떤 관계를 추구할 것인가? 닫힌 문명이 자문명 중심주의나 패권주의를 추구하는 데 반해, 열린 문명은 박애주의와 인도주의를 실현시키려 한다고 볼 수 있다. 박애

(philanthropy)는 모든 인간은 평등하다는 사상에 기초하여 인종, 종교, 국적 등을 초월한 인간애를 의미한다. 이 말은 그리스의 비극 작가 아이스킬로스가 인간에 대한 사랑을 philanthropia라고 부르면서 사용되었다. 아리스토텔레스는 『시학』에서 최고의 악인에 대해서까지도 느끼는 연민의 정을 인간애라고 규정했다.

박애는 종교, 교육, 윤리 등의 분야에서 오랜 세월에 걸쳐 영향력을 행사해왔지만, 프랑스 대혁명 이후 인간에 대한 사랑은 최고의 도덕적 의무로서 인식되었다. 박애를 현실적으로 구체화시킨 이념이 인도주의(Humanitarianism)이다. 이것은 인류의 공존과 복지의 실현을 추구하는 사상으로, 보통 불우이웃 돕기 운동이나 자선 운동으로 표출되기도 하지만, 평화주의, 비폭력주의, 사해동포주의 등을 포괄하는 개념이다.

이런 원리 위에서 내가 제시하려는 열린 문명은 모든 문명들이 자유롭게 뒤섞이고 융합되어 탄생하는 새로운 보편 문명이다. 이때의 보편은 이미 고정된 어떤 것이 아니라 앞으로 형성되어갈 보편이라는 의미에서 열린 보편이라 할 수 있다.[28]

나는 열린 문명의 특성을 다음과 같이 규정하고자 한다.

(1) 열린 문명은 현재 존재하고 있는 모든 문명들을 하나의 보편 문명으로 통합되어야 할 지역 문명들로 간주한다. 현대 문명의 최대 과제는 세계성과 지역성의 화해와 소통이다. 문명들이 서로 만나 융합하는 과정에서 사람들은 수많은 공통성과 기본적인 공통 가치들을 발견할 수 있다. 열린 문명은 인류 전체가 평화적으로 통합되고 번영하는 이상적 세계에 대한 꿈을 함축하고 있다.

(2) 열린 문명은 현대사회가 당면한 중요한 문제들을 인류 보편적 관점에서 접근하여 문제 해결의 새로운 표준을 만들어야 한다고 주장한다. 생명 존중, 민주주의, 인권, 평화, 정의, 평등, 자유, 존엄 등은 어떤 특정 문명이 강요하지 않더라도 보편적으로 수용하지 않을 수 없는 가치들이다. 작은 공동체를 포함하여 문명 간의 배타와 독단을 조장하는 종교, 예술, 철학 등의 온갖 선민주의적 사상 체계들은 근본적으로 재검토되고, 재해석되고, 재정립되어야 한다.

(3) 열린 문명은 배타적 민족주의나 국가주의를 제어하고, 인류 차원에서의 과학기술의 개발과 응용 및 지구적 자원의 효율적 분배를 위한 보다 강력한 국제기구를 요구한다. 현재의 자본주의 체제는 국가 간의 극심한 빈부의 격차를 해결하지 못한다. 분배적 정의의 문제는 한 사회 내에서 뿐만 아니라 국가 간에도 적용되도록 검토되어야 할 문제이다.

(4) 열린 문명은 인간과 자연의 관계에 대한 근본적인 변혁을 추구한다. 말하자면 인간 중심적 세계관은 자연 중심적 내지는 생명 중심적 세계관으로 전환되어야 한다. 정신과 육체, 자연과 인간을 이원론적으로 구분하여 자연을 단지 정복과 착취의 대상으로만 생각하는 온갖 이원론적 철학은 재검토의 대상이 된다.

(5) 열린 문명은 제3의 새로운 계몽을 지향한다. 인류의 첫 번째 계몽이 인간 정신의 자유와 초월성의 발견이었고, 두 번째 계몽이 만인의 자유와 평등의 실현이었다면, 제3의 계몽은 우주 속에서 생명과 인간 존재의 의미를 확인하고 구현하는 것이다.

인류가 수많은 문제들을 해결하며 소규모의 지역 문명에서 보편적 문명으로 확장시켜온 것은 열린 정신이 닫힌 정신을 누르고 승리했기 때문이라 생각된다. 인류가 다른 유인원과 다른 점은 문제를 해결할 수 있는 협력체를 만들 수 있었다는 것이고, 어떤 점에서는 우리 인류보다 우수했던 네안데르탈인과의 경쟁에서 승리할 수 있었던 것도, 작은 집단을 넘어서는 보다 큰 공동체를 만들 수 있었던 능력 때문으로 밝혀지고 있다. 이제 이 공동체는 지구적 공동체가 되어야 하고, 그러기 위해서는 독단과 배타, 그리고 광신을 극복할 수 있는 열린 문명을 창조해야 한다.

열린 문명은 역사의 필연적인 방향인가? 우리가 역사 법칙주의자가 아닌 한에서 이런 주장을 하기는 어려울 것이다. 역사가 정해진 길을 따라 전진한다는 생각은 우리의 자유로운 선택을 무력화한다. 열린 문명으로의 길은 필연적 과정이라기보다는 우리의 자유로운 선택이 초래할 미래이다. 지금 전개되고 있는 정보통신혁명은 지구를 하나의 촌락으로 만들었다. 세계는 하나의 사회적 관계망을 갖게 되었고, 서로 다른 지역들 사이에는 사람과 재화의 흐름과 함께 혈관을 따라 전신에 피가 돌듯 문화 유전자들이 흐르고 있다. 이런 상황에서 열린 문명의 길이 우리가 할 수 있는 최선의 합리적인 선택이라 여겨진다.

21세기에 들어 경제적 불황이 깊어지면서 세계의 여러 나라들이 과거의 닫힌 국가주의나 민족주의로 회귀하는 경향을 보인다. 미국 제일주의나 중화 패권주의나 일본의 국수주의가 그런 실례들이다. 이런 대응은 불확실한 미래의 위험에 대한 방어적 몸짓이지만, 문명사의 관점에서 보면 역사의 후퇴이다. 우리가 이성적 존재자인 한, 열린 문명의 길이 인류사의 방향이라고 하지 않을 수 없다.[29]

3장

문명은 문화 유전자들의 결합체다

　제임스 볼드윈(James Baldwin)은 자연선택이 그저 생물학에 적용되는 법칙일 뿐 아니라, 생명과 정신을 다루는 모든 과학에 적용되는 원칙이라고 주장했다. 이런 사상을 우리는 보편 다윈주의라고 부른다. 그렇지만 진정한 다윈주의적 설명이 되려면 변화가 일어나고, 그것이 축적되어 어떤 변형이 발생한다는 주장만으로는 부족하다. 자연선택이라는 진화론적 기제에 기반한 설명이 되어야 하기 때문이다.

　그동안 많은 연구가들은 생물학적 진화와 문화적 변화 사이에 어떤 유사점이 있을 것으로 생각해왔다. 이런 생각은 (생체) 유전자(gene)와 문화 유전자(meme)는 모두 정보를 가진 실재들이고, 한 세대에서 다음 세대로 전달된다는 사실에 근거하고 있다. 여기서 당연히 gene이 진화하듯이 meme도 진화한다는 추론이 도출되었다. 문화적 진화, 유전자–문화 공진화, 이중 전승 이론 등은 모두 문화의 진화를 다룬다. 집단 유전학적 접근은 문화를 사상, 신념, 가치, 그리고 지식들로 이루어진 진화하는 공급원으로 간주한다. 인간의 문화도 유전적 진화와 비슷한 기제로 진화한다는 생각은 찰스 다윈(Charles Darwin)으로부터 시작되었다. 그 후 도널드 캠벨(Donald T. Campbell)은 진화론의 원리를 문화의 진화에 적용하는 연구를 발표했다.[1]

적어도 수백만 년 동안 우리 조상들은 두 종류의 정보를 상속받아왔다. 하나는 유전자에 의해 부호화된 지식이고 다른 하나는 문화 유전자에 의한 지식이다. 유전자-문화 공진화 이론(혹은 이중 전승 이론)은 개념적으로는 문화 유전자학과 진화 심리학의 잡종 같아 보인다. 유전자-문화 공진화론자에게 문화를 유전자에 묶는 가죽 끈은 양쪽에서 당긴다고 할 수 있다. 이것은 기본적으로 이렇게 된다. 유전자에 기초해서 문화가 만들어진다. 이제 문화는 유전자를 통제한다.

물론 문화는 인간의 생물학적 욕구와 완전히 동떨어진 어떤 것이 결코 아니다. 인간은 생명체인 한에서 생물학적 진화의 선상에 있으며, 또 생명체의 유전자 욕구를 우선적으로 충족해야 한다. 문화는 일차적으로 이런 기본적인 욕구의 충족을 상황에 알맞게 기능하게 하는 장치이다. 그럼에도 불구하고 한 번 형성된 문화는 나름대로 독자적으로 진화하면서 영향력을 행사한다. 예컨대 컴퓨터를 비롯한 여러 복잡한 인공물들이 발전해가는 과정을 보라. 하루가 다르게 더욱 높은 성능의 컴퓨터가 출현하고 있다. 이러한 현상은 컴퓨터 문화 유전자의 진화를 전제하지 않고는 힘들다. 이것은 코끼리의 긴 코나 사자의 날카로운 이빨에 대해 생물학적 진화를 전제하지 않고 설명하기가 어려운 것과 같은 이치이다. 생물학적 진화를 물리적 법칙만으로 설명하는 것은 무리이듯이, 문화적 진화를 전적으로 생물학적 유전자의 진화로만 설명하는 것은 무리이다.

내가 사회생물학자들의 관점에서 문명을 유전자들의 결합체라고 하지 않고 문화 유전자들의 결합체라고 규정하면서, 인지기관과 윤리의 영역에서까지 문화 유전자와 유전자의 공진화 현상을 자세하게 논의하는 것도 문명의 역사를 자연사의 일부로만 볼 수 없다는 것을 보여주기 위해서이다.

1절 문화 유전자 이론

1. 문화에 대한 진화론적 논의

문화에 대한 생물학적 해석은 20세기 중반 생물학과 사회학의 학제적 과학으로 태어난 사회생물학에 의해 본격적으로 논의된다. 그 구체적인 실례가 모든 사회적 행동을 생물학에 기초하여 설명하려는 에드워드 윌슨(Edward Wilson)의 『사회생물학』이다. 윌슨은 다양한 동물들의 공동체 구조에 관하여 얻은 포괄적 지식과 생리학이나 생태학 같은 생물학의 도움을 받아 인간의 사회적 행동양식을 설명하려고 한다. 윌슨은 다음과 같이 주장한다. "사회생물학이 규명하는 원리들은 인간과 그의 '문화적 행위'에도 타당하게 적용되므로 문화인류학과 사회학은 생물학의 특수 분과로 통합될 수 있다."[2]

생물학 중에서도 진화론은 특히 핵심적 위치를 차지한다. 찰스 다윈의 『종의 기원』 이후 진화론을 제외하고 생물학을 논의하기 어렵게 되었으며, 유전학자 도브잔스키(Th. Dobzhansky)가 잘 말했듯이 진화의 개념을 통하지 않고는 생물학의 그 무엇도 의미를 가질 수 없는 상황이다. 또한 진화론은 생물학과 사회과학을 연결하는 가장 중요한 고리이기도 하다. 진화는 유기체의 종이 세대를 거치면서 환경에 적응한 결과 처음 형태와는 아주 다른 종으로 변화함을 의미한다. 더욱 엄격하게 말할 때는, 진화는 때로는 이런 과정을 의미하기도 하고, 때로는 이런 과정에서 변화된 형질을 의미하기도 하지만, 보통 이 두 가지 모두를 포괄적으로 진화라 부른다.

진화에서 가장 논란의 대상이 되는 것은 선택의 단위이다. 무엇이 선택되는가? 생존경쟁에서 이기거나 지는 주체는 무엇인가? 찰스 다윈은 개체라고 생각했다. 오늘날의 많은 이론가들은 선택의 단위를 유전자나 집단으로 주장하기도 한다. 유전자의 관점에서 보면 진화는 한 집단 내에서 일어나는 유전자 빈도상의 변화이다. 말하자면, 새로운 유전자가 출현하거나 예전의 유전자가 사라지거나 혹은 유전자의 조합이 바뀌면, 진화가 일어난 것으로 본다. 집단의 관점에서는 한 집단의 형질이 바뀔 때, 진화가 일어난 것으로 이해한다.[3]

사회생물학은 문화에 관한 진화론적 설명을 추구하지만, 문화의 독자적 지위를 인정하지 않는다. 사회생물학적 관점에서 보면, 문화는 유전자의 연장선상에서 이해된다. 말하자면 문화는 확장된 유전자이며, 유전자의 적응도를 높이는 것이 문화의 고유한 기능이라는 것이다.

이런 설명은 문화의 특성을 제대로 드러내지 못한다. 문화의 전승 구조는 유전자의 전승 구조와는 다르며, 문화의 기능도 단지 유전자의 적응도를 높이는 것으로만 이해하기는 어렵기 때문이다. 이런 문제점들 때문에 보이드(R. Boyd)와 리처슨(P. Richerson)은 이원적 전승 모형(dual inheritance model)을 주장한다.[4] 이것은 문화까지도 진화론적으로 설명하려고 하는 보편적 다윈주의를 수용하면서도, 유전자의 전승 구조와 문화의 전승 구조는 서로 다르다는 것을 인정하는 것이다.

나는 문화 유전자의 도입을 통해 이원적 전승 모형을 보완하는 것이 필요하다고 생각한다. 물론 문화 유전자를 도입하지 않고도 문화의 변화에 대한 진화론적 설명은 가능하다. 보이드와 리처슨은 문화 유전자를 적극적으로 도입하지 않는 이유를 사회적 학습에 관한 신경생리학적 지식이 유전자에 관한 분자생물학의 지식과 비교해서 원시적인 수준에 있기 때문이라고 주장하면서, 문화 유전자를 가정하지 않고도 문화에 관한 설득력 있는 이론을 구성할 수 있다고 주장한다.[5] 그렇지만 이때의 설명은 집단적 수준에 국한될 수밖에 없으며, 유전자 수준에서의 진화론적 설명과 비교해서 설명력이 떨어진다고 할 수 있다. 동시에 이런 설명은 진화론적 설명을 거부하는 사람들을 설득하기 어려워진다. 이들은 진화론의 핵심인 유전자를 문화적 현상에서는 상정하기 어렵다는 사실을 강조하기 때문이다.

문화를 진화론적으로 설명하고자 할 때, 진화론의 유전자에 해당하는 어떤 단위가 필요한 것은 이런 이유 때문이다. 도킨스(R. Dawkins)는 이를 모방 단위(meme)라 불렀고, 이를 기초로 블랙모어(Susan Blackmore)는 meme의 진화에 관한 이론을 더욱 진척시켰다.[6] 럼스덴(C. Lumsden)과 윌슨(E. O. Wilson)은 문화 유전자(culturgen)이라는 명칭을 제안했다.[7] 이것은 전통적인 관점에서 보면 문화의 기본 요소에 해당되는 것으로, 말하자면 문화의 최소 단위라 할 수 있다. 나는 때로는 이를 간단히 문전자(文傳子)라 부르기도 했다.[8] 이 명칭은 간단하면서도 유전자와 쉽게 대비되는 장점을 갖고 있다. 이 장은 문화 유전자의 개념을 기초로 문화에 관한 진화론적 설명의 두 모형을 정식화시키고, 문화의 변화에 관한 진정한 설명 모형을 논증하려는 것이다.

2. 문화 유전자란 무엇인가

진화의 핵심적 기제는 어떤 것인가? 진화가 일어나기 위해서는 어떤 요소와 조건들이 갖추어져 있어야 하는가? 진화론자들은 진화가 일어나기 위해서는 다음과 같은 것들이 존재해야 한다고 주장한다.

ⅰ) 정보의 원형

ⅱ) 원형의 변이를 생산할 수 있는 방법

ⅲ) 적합한 변이를 선택하는 근본적 이유

ⅳ) 선택된 변이를 복제하고 전달할 수 있는 방법

유전자 선택의 수준에서 보면, 정보의 원형은 유전자들이다. 유전자들은 단백질 합성의 정보를 담고 있다. 변이는 유전자의 재조합과 돌연변이에 의해 발생한다. 이것들은 자연적으로 발생한다. 자연선택은 환경에 적합하지 않은 변이들을 도태시킨다. 적자생존의 원칙에 의해 최적의 변이들만 살아남는다. 복제는 유전자형의 차원에서 세대를 거치면서 일어난다. 이것은 다음과 같은 이야기가 된다.[9]

표 3.1 변이와 선택

정보의 원형	변이	선택	복제
a	a		a_1
	a_1	a_1	a_1
	a_2		a_1

문화도 이런 기제에 따라 변화한다고 할 수 있을까? 문화는 의식적인 활동의 결과라는 의미에서 자연과는 대립된다. 자연은 저절로 발생한 것, 스스로 성장한 것들의 총체인 데 반해, 문화는 의식적 노력에

의한 창조물이나 생산물을 가리킨다. 한 사회의 문화는 그 속에 사는 사람들의 의식주에 관련된 모든 물질적인 것과, 행위와 정서와 사고의 양식들로 구성된다.[10]

문화의 가장 큰 특징은 개인에서 개인으로 생물학적 유전을 통하지 않고 사회적 학습을 통해 전파되는 점이다. 학습의 대상이라는 측면에서 문화는 정보의 체계로 규정될 수도 있다. "문화는 개인들이 교습이나 모방에 의해 다른 동료로부터 획득하는 정보로서, 그들의 표현형에 영향을 미칠 수 있는 정보이다."[11] 말하자면, 문화는 행동에 영향을 줄 수 있는 사회적으로 학습된 정보이다. 이 정보의 저장소는 두뇌다.[12]

문화는 시간의 흐름에 따라 변화한다. 오늘날의 정치체제나 경제제도, 사회조직을 단지 한 세기 전의 그것들과 비교해본다 해도 우리는 엄청난 변화를 확인할 수 있다. 이들은 왜 변화하였으며, 어떤 기제로 변화하는가?

문화의 진화를 설명하기 위해 리처드 도킨스가 창안한 meme은 모방을 의미하는 그리스어 mimeme의 축약어인데, 문화적 정보의 복제자로서 문화적 전달 내용의 단위를 의미한다. 유전자 gene와 문화 유전자 meme는 다음과 같이 구분할 수 있다. gene은 신체의 세포 속에 저장되어 다음 세대에 전달되는 단백질을 만드는 정보인 데 반해, meme는 두뇌나 다른 대상에 저장되어 모방에 의해 전달되는 행위의 수행을 위한 정보이다.

나는 새로운 종류의 복제자가 지구상에 최근에 출현했다고 생각한다. 이것은 우리 눈앞에 있다. 이것은 아직은 유아기에 있으며, 원시 용액 속에서 서투르게 헤매고 있는 중이다. 그렇지만 그것은 낡은 유전자들이 따라잡을 수 없는 속도로 진화적 변화를 겪고 있다. 이 새로운 용액은 인간 문화의 용액이다. 우리는 이 새로운 복제자에게 문화적 전달의 단위나 모방의 단위라는 생각을 전달해주는 새로운 이름을 붙일 필요가 있다. 'mimeme'는 모방에 해당되는 그리스어 어원으로부터 나온 것이다. 그러나 나는 다소 'gene'과 같이 들리는 단음절을 원한다. 나는 나의 고전학자 친구들이 내가 'mimeme'를 'meme'로 줄인다 해도 양해하기 바란다.[13]

더햄(W. H. Durham)은 문화 유전자를 "변이와 정합적 전달을 보여주는 문화적 정보의 일정한 정도의 배열이다"[14]라고 규정하는 반면, 블랙모어는 문화 유전자를 사고의 도구라고 특징짓는다. "모든 사상이 문화 유전자는 아니라는 것을 기억해야 한다. 원칙상, 우리의 직접적인 지각이나 정서는 문화 유전자가 아니다. 왜냐하면 그것들은 우리 자신에게만 속하고 우리는 그것을 다른 사람에게 전달할 수 없기 때문이다. … 그렇지만 실제로 우리는 문화 유전자를 너무 많이 사용하기 때문에 대다수의 우리 사고는 문화 유전자에 의해 이런저런 방식으로 채색되어 있다. 문화 유전자는 우리 사고의 도구가 되었다."[15]

생명의 지속과 번성은 자신을 복제하는 유전자의 출현에서부터 가능했다. 유전자들은 30-40억 년 전 해양을 구성하고 있었다고 생각되는 원시 용액(primeval soup) 속에서 생성되어 용액 속을 떠다니면서 자기복제를 시작했다. 이들은 서로 결합하기도 하고 분리되기도 하면서 다양한 유전자형을 만들었고, 그 결과 다양한 생명체가 출현한 것이다. 문화를 구성하는 가장 기본 단위인 문화 유전자도 이와 비슷하다고 할 수 있다. 문화 유전자도 문화라는 용액 속을 떠다니면서 최대한 자신의 복제를 시도한다.

유전자들이 유전자 공급원에서 정자나 난자를 통해 육체에서 육체로 뛰어넘으면서 자신들을 번식시키듯이 문화 유전자들도 두뇌에서 두뇌로 뛰어넘으면서 문화 유전자 공급원에서 자신들을 번식시킨다.[16]

칼 포퍼가 말한 객관적 관념의 세계(the world of ideas in the objective sense)나 니콜라이 하르트만(Nicolai Hartmann)이 주장한 객관화된 정신의 세계(Die Welt der objecktivierter Geist)는 모두 문화라는 대양을 의미한다고 할 수 있다. 동시에 객관적 관념의 세계에서 살고 있는 가장 핵심적인 주민들, 즉 이론이나 명제, 혹은 진술들은 모두 중요한 문화 유전자들이다. 그리고 포퍼나 하르트만이 객관화된 정신의 세계에 포함시킨 모든 것들, 문학, 시, 조형 예술, 음악 등의 창작물, 각종의 기념물, 건축물, 기술적 작품, 도구, 무기, 수공업과 공업의 산물, 과학적 및 철학적 체계들, 신화적 관념들이나 종교적 관념들은 모두 중요한 문화 유전자들이다. 물론 칼 포퍼나 니콜라이 하르트만은 이들을 문화 유전자로 규정하지는 않았다. 이들에게는 문화 유전자 개념이 없었다.

이렇게 문화 유전자의 관점에서 문화를 규정할 때, 문화의 변화에 대해 진화론적으로 설명하는 것은, 즉 문화가 진화한다고 주장하는 것은 문화 유전자가 진화론적 기제에 기초하여 변화한다는 이야기가 된다. 객관적 관념의 세계가 진화하고 있다거나, 객관화된 정신의 세계가 진화하고 있다고 말하는 것도 가능하겠지만, 이것은 너무나 전체론적인 설명이다. 한 세계가 한꺼번에 변화할 수 없는 이상 어떤 부분이 어떤 식으로 변화한다는 논의가 있어야 한다. 말하자면, 문화에 대한 진화론적 설명이 구체적 의미를 가지려면, 문화를 구성하는 여러 요소들, 즉 문화 유전자를 구체화할 수 있어야 하며, 이 요소들이 진화한다는 것을 논의할 수 있어야 한다. 이것은 생물학에서 진화를 유전자의 수준에서 유전자 빈도의 변동으로 설명하는 것과 같은 논리라고 할 수 있다.

문화 유전자의 변이란 무엇인가? 그것은 원형적인 문화 유전자의 여러 다양한 변형들이다. 이들은 명품의 짝퉁들이 나타나듯이 나타나기도 하고, 이질적인 문화들이 만났을 때 유전자의 돌연변이같이 나타나기도 한다. 문화 유전자의 선택도 유전자와 마찬가지로 상황에 적합한 것들이 선택된다. 어떤 생각들은 순식간에 사라지는 반면, 어떤 생각들은 널리 퍼진다. 세대를 통해 그대로 전달되기도 하고, 그런 과정에서 다듬어지고 변형되기도 한다.

문화 유전자는 학습이나 모방에 의해 사방으로 전달된다. 내가 학습을 통해 플라톤의 형상이론을 이해하고 그것을 받아들인다면, 그 형상이론은 플라톤에게서 나에게로 전달된다. 그리고 내가 강의실에서 그것을 학생들에게 설명하여 학생들이 그 이론을 이해하면 그것은 또 학생들에게 전달된다. 나는 가정교육을 통해 부모로부터 전통 예절을 배우며, 여러 대중매체들을 통해 새로운 유행과 지식을 배운다. 내가 텔레비전에서 본 어떤 연기자의 몸짓이나 의상 양식을 흉내 내어 그대로 모방한다면, 그런 행동이나 의상 양식은 나에게 전달되었다고 할 수 있고, 나와 같이 행동하는 모든 사람들에게도 전달된 것이다.

이런 전파를 내용적 측면에서 보면, 어떤 문화 요소, 즉 문화 유전자의 자기복제가 이루어졌다고 말할 수 있다. 위에서 예로 든 플라톤의 형상이론은 그 이론을 받아들인 사람의 수만큼 자기복제를 한 셈이다. 몸짓이나 의상 양식도 이것을 모방하는 사람의 수만큼 자기복제를 한 것이다. 그러므로 이런 문화 유전자들은 자기복제라는 측면에서 유전자와 아주 유사하다.

유전자와 마찬가지로 모든 문화 유전자의 자기복제 능력이 같을 수는 없을 것이다. 문화 유전자마다 수명이 다르고, 다산성에 있어서도 차이가 난다. 어떤 패션 유행같이 잠시 반짝하다가 사라져버리는 경우도 있고, 유교의 인의예지(仁義禮智)같이 수천 년을 견디면서 자기복제를 하는 경우도 있다.

문화 유전자는 유전자형(genetype)과 표현형(phenotype)으로 구별될 수 있다. 유전자형은 문화 유전자의 객관적 내용이고, 표현형은 그것의 구현, 즉 그것이 표현되거나 전달되었을 때 나타나는 형태이다. 유전자형은 같아도 표현형은 다를 수 있다. 베토벤의 월광 소나타를 각 음악가는 다르게 연주할 수 있다. 이것은 북극지방의 소나무와 온대지방의 소나무가 유전자는 동일하지만, 크기나 모양새는 기후 환경에 따라 아주 다르게 된 것과도 같다. 문화 유전자는 통상 유전자형과 표현형의 통합적 의미로 사용되지만, 맥락에 따라서는 한쪽의 의미로만 사용되기도 한다.

전체적으로 문화 유전자를 유전자와 비교해보면, 정보의 원형은 문화 유전자들이고, 변이는 의식적이거나 무의식적인 문화 유전자의 결합, 변형, 재조직화에 의해 발생한다. 복제는 표상들이 행위나 언어로 변형되거나, 모방과 같은 과정을 통해 전파되어 다른 두뇌 속에서 재생산될 때 발생한다.

물론 유전자와 문화 유전자가 모든 면에서 동일한 것은 아니다. 유전자는 한 덩어리로 결합되어 있는 데 반해, 문화 유전자는 한 덩어리로 뭉쳐 존재하지는 않는다. 우리의 뇌가 이들을 함께 묶는다. 말하자면 존재 방식이 다른 것이다. 다음으로 유전자의 경우 변이는 자연적으로 발생하는 데 반해, 문화 유전자의 경우 의식적인 노력의 산물로 나타난다. 이런 이유 때문에 굴드(Glenn Gould), 롤스톤(H. Rolston) 등은 문화적 진화를 생물학적 진화에 비유하는 것은 나쁜 비유라고 보면서, 생물학적 진화를 문화적 진화에 적용하는 일을 극력 반대한다. "유전적 과정은 무계획적이고, 무작위적이고, 맹목적이다. 그것에 관해서 생각하는 자는 아무도 없다. 반면에, 두뇌에 기초한 과학적 과정은 합리적이고, 계획적이다. 과학적 과정에서 자연선택은 근본적으로 생략된다. 왜냐하면 유전자들은 적어도 의도적인 의미에서 그들이 하는 것을 알지 못하지만, 과학자들은 그들이 하는 것을 알기 때문이다."[17]

문화적 전승과 유전적 전승의 차이는 다른 측면에서도 논의될 수 있다. 생물학적 유전자의 세계에서는 자식은 자신의 고유한 부모를 갖는다. 반면에 문화 유전자의 세계에서는 고정된 문화적 부모가 존재하지 않는다. 우리가 문화적 부모(cultural parents)나 문화적 자손(cultural offspring)이라는 용어를 사용한다 해도, 생물학적 세대처럼 연결되어 있는 것은 아니다.

문화적 세대의 길이는 상황에 따라 매우 가변적이다. 변화가 빠르게 진행되는 사회에서는 문화적 세대의 길이는 생물학적 세대보다 훨씬 짧으며, 변화가 느리게 진행되는 사회에서는 문화적 세대는 매우 길 수가 있다. 전달의 방식에 있어서도 유전자와 문화 유전자는 완전히 다르다. 유전자는 부모로부터 자식에게로 수직적으로 전달되는 통로만을 갖는 데 반해, 문화 유전자는 전혀 낯모르는 사람들끼리도 수평적으로 전달할 수 있고, 한 사람이 동시에 여러 사람들에게 전달할 수도 있고, 많은 사람들이 한 사람에게 전달할 수도 있다.[18]

물론 유전적 전승에서도 혁명은 일어나 세대가 단절되는 경우도 있다. 예컨대 눈의 탄생을 들 수 있다. 식물 플랑크톤의 빛을 감지하는 로

돕신 유전자가 동물 DNA와 결합해서 눈이 탄생했다. 식물성 조류에서 동물로 유전자가 전이된 것이다. 와편모조류에서 해파리로 유전자가 이전될 수 있었다. 진화의 혁명은 유전자를 조상에서 자손으로 내려오면서 서서히 변형시키는 것이 아니라, 다른 종에서 직접 흡수한다.

유전자와 비교하면, 많은 경우 문화 유전자의 수명은 훨씬 길어 보인다. 그것이 언어의 옷을 입고 나타날 때는 시간의 제약을 어느 정도 넘어선다. 그리고 유전자에 비해 독자적으로 존재한다. 유전자가 존재하는 곳은 살아 있는 생명체뿐이다. 우리가 유전자를 불멸의 코일이라 부를 때도 그것이 세대를 거치면서 생명체 속에서 계속 살아남는다는 것을 의미한다. 이에 반해, 문화 유전자는 살아 있는 생명체 속이 아니라 언어의 옷을 입고 독자적으로 존재할 수 있다. 한 번 인쇄된 책은 보관만 잘되면 몇 백 년도 견딜 수 있다. 물론 아무도 그 책을 읽지 않는다면 문화 유전자의 복제 활동은 정지된 상태니까 잠자는 상태라고 해야 할 것이다. 그렇지만 잠자는 상태는 소멸된 상태는 아니다. 그것은 언제든지 깨어날 수 있다. 예컨대 근대 초 천 년 동안 잠들어 있던 그리스 로마의 정신을 재발견한 문예부흥은 잠들어 있는 문화 유전자를 깨워 산 정신 속으로 재도입시킨 것이라 할 수 있다. 말하자면 그리스 로마 정신을 형성했던 문화 유전자들이 잠에서 깨어나 복제를 다시 시작한 것이다.

문화 유전자는 번식력이 빠르다. 유전자는 세대를 거치면서 번식한다. 그러나 문화 유전자는 세대와는 관계없이 순식간에 전파될 수도 있다. 유전자의 경우도 마찬가지지만, 수명보다 다산성이 더욱 중요하다. 번식의 정도를 적응도라 한다. 유전자는 얼마나 많은 자식을 갖느냐에 따라 적응도를 계산하지만, 과학 이론은 과학자 집단에서 얼마나 많은 과학자들이 수용하느냐에 따라, 그리고 가곡인 경우 얼마나 많은 사람들이 애창하느냐에 따라 그 적응도가 계산된다.

이런 모든 차이에도 불구하고, 유전자와 문화 유전자는 다 같이 정보의 단위이며 변이와 선택과 복제의 기제를 갖는다는 점에서, 이들은 모두 진화론적 설명의 대상이 된다고 할 수 있다.

3. 문화 유전자의 특성들

우리는 두 종류의 유전자를 논의해왔다. 하나는 생물학적 유전자이고, 다른 하나는 문화적 유전자, 즉 문화 유전자이다. 유전자와 문화 유전자는 다 같이 자기복제자들이다. 이와 연관해서 다음과 같은 물음들이 제기된다.[19]

  i) 문화 유전자의 단위는 구체화될 수 있는가?
  ii) 문화 유전자의 본질적인 특성을 자기복제로 보는 근거는 무엇인가?
  iii) 문화 유전자와 유전자는 어떤 관계가 있는가?

이런 문제들에 대한 블랙모어의 연구는 탁월하다. 우선 첫 번째 물음에 대해 그녀는 다음과 같이 묻는다. "베토벤의 제5교향곡이 하나의 문화 유전자인가? 아니면 단지 첫 번째 네 음표만으로 하나의 문화 유전자인가?" 이것은 우리가 문화 유전자의 단위를 확정짓고자 할 때 반드시 짚고 넘어가야 할 유형의 물음이다. 뿐만 아니라 문화 유전자의 단위를 분명하게 규정한다 해도 전달의 과정에서 변형이 일어난다면, 단위에 대한 의문은 제기될 수 있다. 우리가 칸트의 코페르니쿠스적 전회 이론을 읽고 이해한다고 했을 때, 칸트가 생각했던 그대로가 아니라,

다소간 다르게 이해했을 수도 있다. 독자적으로 해석한 부분도 있고, 잘못 이해한 부분도 있을 수 있다. 그리고 이를 다른 사람에게 전달하는 과정에서 이와 같은 일이 반복될 수도 있다. 혹은 우리가 의도적으로 그 이론을 변형시켜 비슷하지만 다소 다른 이론을 만들 수도 있고, 다른 이론과 결합시켜 제3의 이론을 만들 수도 있다. 이 모든 상황에도 불구하고 어떤 독립적인 문화 유전자들이 존재한다고 할 수 있을까?

사실 모든 문화 유전자를 하나하나의 벽돌같이 완전히 독자적인 단위로 만든다는 것은 어려운 일이다. 그러나 이러한 상황은 유전자에 있어서도 마찬가지라고 할 수 있다. 유전자의 세계에도 개별적인 유전자도 있고, 유전자 복합체도 존재한다. 또 새로운 유전자도 생성된다. 흑인과 백인이 결합하면, 중간 피부색이 나타난다. 그렇다고 유전자의 단위를 설정하는 것이 불가능하지는 않다. 도킨스는 유전자를 다음과 같이 정의한다. "유전자는 흑백논리로 정의되지 않는다. 오히려 그것은 편리함의 단위로서 자연선택의 단위로 기능할 수 있을 정도의 충분한 복제 충실도를 가진 어떤 길이의 염색체이다."[20]

예컨대, 여기에 코페르니쿠스 지동설의 이론이 있다고 하자. 이것이 A와 B 두 부분으로 나누어지고, 어떤 사람은 A만 수용하고 B는 배척하며, 어떤 사람은 반대로 B만 수용하고 A를 배척한다면, A와 B는 서로 다른 문화 유전자로 볼 수 있다. 그렇지만 A를 수용하는 사람은 언제나 B도 수용한다면, 즉 A와 B가 밀접하게 연관되어 있다면, 이것은 하나의 문화 유전자로 취급될 수 있을 것이다.

또한 우리가 칸트의 코페르니쿠스적 전회 이론을 다소 잘못 이해하거나 그것의 다른 버전을 만들어낸다고 할지라도, 코페르니쿠스적 전회 이론이라는 하나의 문화 유전자는 분명히 존재한다고 하지 않을 수 없다. 만약 그와 같은 것이 없다면, 어떤 이론에 대한 두 사람 사이의 의견 일치란 불가능할 것이며, 어떤 것의 버전이란 말도 성립되지 않을 것이기 때문이다.

두 번째 문제로 나아가 보자. 데닛의 지향계 이론(intentional system theory)은 문화 유전자의 최대 특성이 자기복제자라고 보는 이유를 매우 잘 설명해준다. 지향계 이론이란 "우리가 다른 인간, 동물, 인공물(컴퓨터나 로봇 같은)에도 우리 자신의 행동을 해석하고, 예측하고, 설명하기 위해 사용하는 정신적 용어들—'믿는다', '욕구한다', '기대한다', '결정한다', '지향한다'와 같은 통속 심리학적 용어들—을 적용하여 설명하는 것이다."[21] 데닛에 의하면, 이들 대상들이 반드시 믿음과 욕구를 갖고 있기 때문에 이러한 용어로 설명하는 것은 아니다. 우리가 그 대상을 지향적 자세(intentional stance)를 가지고 볼 때, 그 행동을 더욱 잘 설명할 수 있고, 더욱 잘 예측할 수 있다면, 그런 입장을 채택할 수 있다는 것이다. 말하자면, 지향성은 원래 의식을 가진 존재자에게만 귀속시킬 수 있는 속성이지만, 방법론적 차원에서는 무의식적 존재자에게도 이런 속성을 귀속시킬 수 있다는 것이다.

데닛이 분류한 자세에는 지향적 자세 이외에 물리적 자세(physical stance)와 설계적 자세(design stance)가 있다. 물리적 자세는 물리법칙과 원리를 동원하여 무생물이나 인공물을 설명하는 것이다. 돌의 낙하는 법칙에 따라 움직인다. 돌의 낙하를 설명하기 위해 물리적 자세 이외의 자세를 필요로 하지 않는다. 설계적 자세는 어떤 대상이 특정한 구조로 설계되어 있으며, 그 구조와 설계대로 작동할 것으로 보는 전략이다. 우리가 시계의 작동을 설명하려고 할 때, 설계적 자세로 한다. 지향적 자세는 어떤 대상이 합리적 행위자처럼 행동한다고 예측하

는 전략이다.22)

이러한 데넷의 전략은 도구주의적인 전략으로 비판을 받아왔다. 그렇지만 도구주의인가 실재론인가 하는 논의는 현재의 논의에서 필수적인 것은 아니다. 우리의 당면 과제는 지향적 자세가 최선의 설명 방식인가 아닌가 하는 것이기 때문이다.

우리는 우리의 견해나 신념에 따라 행동할 뿐만 아니라 우리가 신봉하는 사상을 최대한 널리 퍼트리려고 하며, 최대한 많은 사람들의 공감을 얻기 위해 노력한다. 이것은 문화 유전자의 관점에서 보면, 자신의 복제를 위해 최대한으로 노력한다는 이야기가 된다. 데넷의 지향계 이론이 설득력을 갖는 이유가 이것이다.

도킨스는 복제자의 성공 조건으로 복제의 충실성(fidelity of copying), 다산성(fecundity), 충분한 수명(sufficient longevity)을 들면서,23) 유전자의 경우나 문화 유전자의 경우나 큰 차이가 없다고 본다. 말하자면, 한 복제자가 성공하기 위해서는 복제가 충실하게 이루어져야 하며, 많은 복제품을 산출할 수 있어야 하며, 그 자신의 복제 비율에 영향을 미칠 수 있도록 충분한 수명을 가져야 한다는 것이다.24)

나는 좀 더 포괄적인 관점에서 칼 포퍼가 세계3에 부여한 모든 속성을 문화 유전자에도 그대로 귀속시킬 수 있다고 생각한다. 세계3이란 문화 유전자들의 저수지이기 때문이다. 포퍼는 문화의 세계를 세계3으로 표현하기도 한다. 그의 구분에 따르면 세계1은 물리적 세계(the physical world)이고, 세계2는 심리적 세계(the mental world)이며, 세계3은 객관적 관념의 세계이다. 물리적 세계란 우리가 일상적으로 대하는 흙과 물과 불과 바람 등으로 구성된 세계이다. 세계2는 주관적 경험의 세계이다. 그것은 희로애락의 감정과 의지의 세계, 잠재의식과 무의식의 세계를 포함한 내면적, 심리적 세계이다. 이에 반해, 세계3은 사고의 대상들로서 이루어진 세계이고, 그런 한에서 이론 자체와 그것들의 논리적 관계의 세계이며, 논증 자체의 세계나 문제 상황 자체의 세계이다. 세계3의 가장 중요한 주민은 언어적 실재이다. 세계3의 속성들은 실재성과 자율성, 비시간성과 상호주관성 등이다.[25] 문화 유전자들도 실재성과 자율성, 비시간성과 상호주관성을 갖는다고 할 수 있다.

여기서 포퍼가 세계3의 실재성을 논증하기 위해 사용한 사유 실험을 다시 한 번 활용하는 것이 유용해 보인다.[26]

ⅰ) 모든 생산수단과 그것들을 사용하는 방법에 대한 이해가 파괴되었지만 도서관과 그로부터 배울 수 있는 능력이 존재하는 경우와

ⅱ) 모든 생산수단과 그것들을 사용하는 방법에 대한 이해뿐만 아니라 모든 도서관도 파괴되었고 다만 책으로부터 배울 수 있는 능력만이 존재하는 경우를 상정해보자.

이 두 경우에서 문명의 재건은 어느 쪽이 용이하겠는가? 도서관이 보존되어 있을 경우 문명의 재건이 용이하리라는 것은 자명해 보인다. 불탄 숭례문(崇禮門)의 설계도가 존재한다면 물리적 측면에서의 재건이 어려운 일은 아니다. 이것은 무엇을 의미하는가? 이것은 세계3의 실재성을 의미한다. 말하자면 책 속에 기호화된 정신적인 것들은 그 인과적 효력이나 존재에서 세계2에 의존하고 있지 않다는 것이다.[27]

세계3의 자율성은 다음과 같이 설명된다.[28] 우리는 자연수를 창안

한다. 그렇지만 소수나 홀수, 짝수는 발견된 것이다. 말하자면 우리가 창안한 것은 하나에다 계속해서 하나를 더해 나가는 자연수의 계열인데, 그 자연수의 계열은 그것을 창안한 정신에 의해서는 전연 고려되지 않았던 소수나 홀수, 짝수 등의 속성을 자율적으로 갖게 된다는 것이다. 그러므로 이런 속성들은 우리의 창안이 아니라 발견의 대상이 될 수밖에 없다.

세계3의 대상들에는 시간적 술어를 귀속시킬 수 없다는 점에서, 그것은 시간을 넘어서 있다. 물론 그것들이 창조된 시간은 존재하며, 전체적으로 세계3은 증가한다고 할 수 있다. 그렇지만 일단 창조된 후에는 세계3의 개별적 실재들은 플라톤의 형상처럼 영원히 지속된다고 봐야 한다.

상호주관성은 세계3의 대상들이 그것을 창조한 인간 정신에 의해서가 아니라 다른 인간 정신에 의해 이해될 수 있다는 의미이다. 여기서 특히 중요한 것은 상호주관성은 그것의 현실적인 실현 여부와는 관계 없이 세계3의 대상들이 소유한 성향적 특질이라는 점이다. "책은 객관적 지식의 세계3에 속하기 위해서 원리적으로 혹은 사실적으로 어떤 사람에 의해 이해되어야만 한다."[29]

세 번째 문제 역시 어려운 문제이다. 사회생물학의 관점에서 보면, 문화 유전자는 유전자의 연장선상에 있다. 이것은 유전자가 문화 유전자를 만들었다는 이야기나 마찬가지다. 그렇지만 이와 정반대의 입장도 있을 수 있다. 문화 유전자는 자율적으로 유전자와는 관계없이 진화하며, 유전자보다 더욱 강력한 힘을 발휘할 수 있다는 주장이 바로 그런 것이다. "문화 유전자는 우리에게 유용한지, 중립적인지, 해로운지에 관계없이 무차별적으로 자신을 퍼트린다."[30]

문화 유전자와 유전자가 대립하는 대표적인 사례가 독신주의 문화 유전자이다. 이것은 분명 유전자에 의해 만들어진 것은 아니다. 자기 복제에만 관심이 있는 유전자 저수지에서 독신주의를 발현시키는 유전자는 오래 존속할 수가 없다. 그렇지만 독신주의라는 문화 유전자는 문화 유전자 저수지에서는 성공할 수 있다. 독신자 성직자에 대한 존경은 오랜 전통을 갖고 있다.

2절 진화론적 설명 기제

진화론에 기초한 철학은 넓은 의미에서 자연주의 철학의 한 유형이라고 해야 할 것이다. 그렇지만 이것은 물리학에 기초한 자연주의 철학과는 여러 면에서 차이가 난다. 물리주의 철학의 최대 특성은 환원적 태도였다. 그것은 모든 것을 물질적 토대로 환원될 수 있다고 보았고, 그러므로 모든 학문은 물리학이 지배했다. 물리주의의 위대한 업적은 물리현상에 대한 자연적 설명을 제공하는 것이며, 그 이전 사람들이 받아들였던 초자연적인 것에 대한 믿음을 대부분 제거한 것이다. 반면에 물리주의는 살아 있는 생명체와 죽은 물질 사이에 아무런 본질적 차이도 없다고 보았기 때문에, 살아 있는 생명체와 관련된 현상이나 과정을 제대로 설명하지 못하는 약점을 갖고 있었다.

진화론적 자연주의에 대한 최근의 관심은 이런 맥락에서 설명될 수 있다. 그것은 생명체의 속성과 그 인지 기제, 그리고 그것의 윤리를 설명하는 데 새로운 빛을 던진다. 동시에 그것은 존재론적, 인식론적, 윤리적 차원에서 우리가 해명해야 할 새로운 화두를 던진다. 생명의 단위는 무엇이며, 그것은 어떻게 작동하는가? 진화론적 인식론은 실용주의의 길 이외의 다른 길을 개척할 수 있을까? 우리가 자연주의의 오류에 빠지지 않고 진화론적 윤리학을 구성할 수 있을까? 이것은 모두 진화론적 자연주의자들이 대답해야 할 과제들이다.[1)]

1. 진화론의 기본 골격

'진화'라는 사상은 그리스 시대부터 있었다. 엠페도클레스는 진화론자로서 최적자생존(survival of fittest)을 주장했다는 기록이 보인다.[2] 하지만 진화론은 유대 기독교의 창조론에 밀려 오랫동안 관심의 대상이 되지 못했다. 진화론이 다시 관심의 대상으로 떠오른 것은 19세기 초엽이었는데, 이를 하나의 확립된 사실로서 정돈하고 이론적으로 설명하고자 한 것은 1859년 찰스 다윈의 『종의 기원(*Origin of Species*)』이라고 할 수 있다.

『종의 기원』에서 그는 종의 변화를 설명하는 새로운 진화론을 제안했다. 그것은 다음과 같은 네 가지 소이론, 즉 공동 후손, 종의 증가, 점진주의, 자연선택 이라는 이론들로 구성되어 있다.[3]

공동 후손이란 동물, 식물, 미생물 등 모든 생물들이 궁극적으로는 지구상에 단 한 번 나타났던 생명체에서부터 유래했다는 이론이다. 이 이론은 모든 생명체가 갖는 염색체의 염기 서열에 의해서도 확인되고 있다. 종의 증가는 종의 다양성의 기원에 관한 이론으로 한 종에서 다른 한 종이 만들어지게 되어 종의 수가 증가한다는 이론이며, 점진주의는 진화가 개체군의 점진적 변화에 의해서 일어나며, 새로운 형을 대표하는 개체가 갑작스럽게 만들어지지는 않는다는 이론이다.

이들 이론 중에서도 가장 중요한 자연선택(natural selection)은 다음과 같이 설명될 수 있다.

ⅰ) 모든 생명체는 생존할 수 있는 수량보다 더 많은 자손을 생산하는 경향이 있다.

ⅱ) 자손들은 형질에서 다소간의 차이가 있으며, 변하지 않는 원형에서 찍어낸 복제품이 아니다.

ⅲ) 음식물과 공간의 제약 때문에 이들은 모두 생존할 수는 없으므로, 불가피하게 생존경쟁에 돌입한다. 이때 X 형질을 가진 개체가 그런 형질을 갖지 못한 개체보다 생존경쟁에서 유리하다면, X 형질을 가진 개체가 경쟁에서 살아남는다.

ⅳ) 살아남은 개체만이 자손을 퍼트릴 수 있으므로, 끝내는 X 형질을 가진 개체만이 존재하게 된다.

ⅴ) 이런 변화가 점진적으로 누적됨으로써 마침내는 출발점과는 아주 다른 종이 탄생한다.[4]

ⅰ)은 경험적으로 확인할 수 있는 사실이다. 찰스 다윈은 토머스 맬서스(Thomas Malthus)의 인구론에서 이에 관한 힌트를 얻었다. ⅱ)는 자연적 변이(natural variation)를 의미한다. 자연적 변이는 생명계의 도처에서 항상 일어난다. 예컨대 생명체는 크기나 무게, 속력 등에서 차이가 난다. 이것 역시 경험적으로 확인할 수 있는 사실이다. ⅲ)은 경쟁에서의 승리가 결국 어떤 형질의 기능 때문임을 의미한다. ⅳ)는 ⅲ)에서 도출되며, ⅴ)는 작은 형질의 차이가 점진적으로 누적되어 끝내는 다른 종이 탄생한다는 주장이다.

진화론의 핵심이 되는 자연선택에 대해 루즈(Michael Ruse)는 다음 세 가지를 고려해야 한다고 주장한다.[5]

첫째, 선택과 적응(adaptation)은 상대적인 일이며, 절대적으로 완전한 기능이나 신이 만든 청사진과는 무관하다. 승자는 단지 그의 동료보다 상대적으로 나은 위치에 있었을 뿐이다. 예컨대 우리의 눈이 아무리 놀라운 기관이라 해도, 그것은 더욱더 잘 설계될 수도 있었을 것이다.

둘째, 진화는 새로운 변이의 계속적인 공급을 필요로 한다. 다윈은 새로운 변이의 원인에 대해서는 별다른 논의를 제시하지 않았지만, 모든 새로운 변이가 유기체의 현재의 필요와는 관계없이 나타난다는 의미에서 무작위적(random)이거나 혹은 맹목적(blind)일 수밖에 없다고 생각했다. 또한 변이는 적응에 도움이 되기보다는 해로운 경우가 많다. 그러므로 진화에 있어 결정적인 변이는 매우 작은 범위에서 일어날 것이고 이것이 점진적으로 누적되어 큰 변화가 이루어지는 것으로 생각된다.

셋째로, 선택의 단위 문제이다. 무엇이 선택되는가? 생존경쟁에서 이기거나 지는 주체는 무엇인가? 여기에는 가장 낮은 유전자 수준에서부터 개체나 집단에 이르기까지 세 가지 수준의 선택이론이 존재한다.

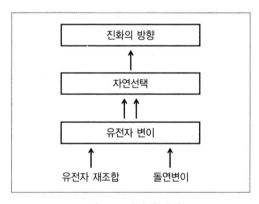

그림 3.1 진화의 방향

다윈의 진화이론 자체도 그 후 여러 형태로 변형되면서 진화해왔지만, 총체적으로 위의 그림과 같은 골격을 갖는 것으로 이해된다.[6]

진화론을 존재론적 측면에서 보면, 다윈의 진화론은 기독교 교리의 중심 사상들—예컨대 세계가 불변한다는 믿음, 세계가 창조되었다는 믿음, 현명하고 자비로운 창조자에 의해 세계가 설계되었다는 믿음, 창조에서 인간은 독특한 위치를 차지하고 있다는 믿음—을 거부했을 뿐만 아니라, 본질주의, 결정론, 그리고 목적론 같은 철학 이론들을 철저히 잘못된 것으로 낙인찍는 것이었다.[7] 그러므로 진화론적 존재론은 반본질주의(anti-essentialism), 비결정론(indeterminism), 무목적론(ateleology)을 기본 특성으로 한다고 할 수 있다.

본질주의는 모든 자연의 사물은 일정한 유형들로 이루어져 있으며, 이 각 유형은 다른 유형과는 질적으로 다른 어떤 본질을 갖고 있다는 이론이다. 본질주의는 플라톤에 의해 창시된 이론이다. 이 이론에 따르면 삼각형은 각을 어떻게 만들든지 간에 삼각형이라는 형태를 유지하고 있으며, 그러므로 어떤 크기나 어떤 재료로 만들어진 삼각형이든지 세 개의 변으로 만들어진 세 각을 갖는 도형이라는 본질을 갖고 있다. 말하자면 삼각형은 사각형이나 다른 다각형들과는 불연속적인 차이를 갖고 있다. 또한 고양이와 호랑이는 본질적으로 다른 특성을 갖는다. 그러므로 본질주의자에게는 진화란 결코 일어날 수 없는 것으로, 중요한 돌연변이나 도약에 의해 급작스럽게 새로운 본질이 만들어지는 길밖에 없다.

진화론은 본질주의를 부정한다. 왜냐하면 진화론은 개체군(population) 사상에 기초하여 모든 생명체가 거대한 연쇄의 부분으로서 존재한다고 보기 때문이다. 그렇기 때문에 종과 종 사이의 구별은 항상 애매성을 띠며, 본질적인 구별은 불가능하다. 진화론의 관점에서 보면 고정 지시어와 연관된 크립키의 자연종 개념은 불합리하다.

물리주의는 엄격한 결정론으로 이론에 의해 미래의 예측이 가능할 뿐만 아니라 예측으로 이론의 타당성을 정확하게 검증할 수 있다고 주장한다. 결정론에 관한 가장 단순한 생각은 우리가 세계를 영화 필름과 같이 보는 것이다. 지금 비치고 있는 그림이 현재이고, 이미 보인 필름의 부분들은 과거를 구성하고, 아직 보이지 않은 부분들은 미래를 구성한다. 필름은 처음부터 끝까지 완성되어 있기 때문에 필름 속에서 과거와 미래는 공존하고 있다. 물론 영화를 보는 관객은 아직 전개되지 않은 미래에 대해 전혀 알지 못하지만, 영화 제작자, 즉 세계의 창조자는 미래를 이미 잘 알고 있다. 이런 결정론은 보통 세 종류로 분류한다. 종교적 결정론, 형이상학적 결정론, 과학적 결정론이 그것이다.[8]

종교적 결정론(religious determinism)은 신의 전지전능한 성격과 결부되어 있다. 말하자면 신은 그의 전능에 의해 미래까지 완전히 결정했으며, 또 전지에 의해 미래까지 미리 알 수 있다. 그러므로 신의 입장에서 보면 세계는 창조의 순간부터 종말까지 완전히 결정되어 있는 셈이다.

우리가 신과 신의 법칙 대신에 자연과 자연의 법칙을 대체시키면, 종교적 결정론은 형이상학적 결정론(metaphysical determinism)으로 된다. 이때 자연은 신의 전능을 대신한다. 그러므로 자연 속의 모든 사건은 미리 결정되어 있으며, 미래도 과거와 마찬가지로 고정되어 변화할 수 없다.

과학적 결정론(scientific determinism)은 형이상학적 결정론에다 미래에 대한 예측의 가능성을 덧붙인 것이다. 말하자면 우리가 자연의 법칙을 안다면 순전히 합리적 방법에 의해 현재의 재료로부터 미래를 예측할 수 있다는 것이다. 포퍼는 과학적 결정론을 다음과 같이 규정한다. "그것은 만약 자연의 온갖 법칙들을 동원해서 과거의 사건에 대해 더없이 정확하게 기술한 것이 있다면 우리는 모든 사건을 우리가 원하는 만큼 엄밀하게 합리적으로 예측할 수 있을 정도로 세계의 구조는 미리 결정되어 있다는 교설이다."[9] 그렇지만 진화 과정은 확률적이며, 따라서 완벽한 예측을 허락하지 않는다. 이것은 데카르트에서 뉴턴에 걸쳐 나타난 어떤 형태의 결정론과도 양립할 수 없는 것이다.

아리스토텔레스가 "자연에는 쓸데없이 만들어진 것은 하나도 없다"고 했을 때, 세계는 모든 사물들이 지향하는 하나의 목적을 갖고 있는 것으로 이해된 것이다. 수정란에서 성체가 되는 개체 발달은 목적을 향해 열심히 달려가는 사례이다. 같은 논리로 세계 속의 모든 사물이나 과정은 미리 정해져 있는 목적을 향해 달려가듯이 변화하고 있다고 주장한다면, 우리는 목적론적 세계관에 기초하고 있는 것이다. 신이 설계한 세계나 신이 관여하는 세계 역시 목적론적 세계이다. 이때는 신이 바로 사물의 궁극적인 목적인이 된다. 근대 독일은 목적론의 왕국이었다. 근대 독일에서만큼 목적론이 커다란 영향력을 행사한 나라는 없었다. 라이프니츠, 헤르더로부터 시작해서 칸트, 헤겔, 에두아르트 폰 하르트만 등 거의 모든 독일 철학자들은 다소간의 차이는 있지만, 목적론자들이었다. 이들은 대체로 자연계의 조화와 생명체의 훌륭한 설계라는 개념에 압도되어 있었다.

그렇지만 진화론에서는 어떠한 목적도 가정할 필요가 없다. 환경이 변한다면 생물들은 이러한 변화에 적응해야 한다. 이때 자연선택이라는 기제만이 작동할 뿐, 필연적인 방향성도, 필요한 과정도, 어떠한 최종적 목표도 불필요하기 때문이다. 물론 개별 생명체 자체는 최종 목표나 목적지가 프로그램된 목적론적 체계라 할 수 있다. 개체 발생 중에 나타나는 변화가 이를 뒷받침한다. 또한 생명체 내부의 각 기관들은 목적론이라 불릴 수 있는 기능적 작동을 한다. 그렇지만 진화론은 이를 생명계 전체로 확대시킬 어떠한 근거도 없다고 본다.

진화론은 문화 세계의 존재와 그 설명에 관해서도 나름대로 견해를 갖는다. 가장 최신의 이론은 문화 유전자(cultural gene)를 중심으로 펼쳐진다.[10] 문화 유전자 이론에 의하면, 유전자(gene)가 생명체를 구성하는 최소 단위이듯이, 문화를 구성하는 최소 단위는 문화 유전자이다. 이것은 하나의 관념(idea), 하나의 사상, 하나의 이론이다. 이들이 모여 하나의 독특한 문화를 만든다. 미미(meme)라고도 불리는 이 문화 유전자는 생명체의 유전자와 마찬가지로 오직 자신의 복제만을 추구한다. 따라서 문화 세계는 이 문화 유전자들의 생존을 위한 각축장이 된다. 여기서 승리한 문화 유전자는 선택되어 번식을 계속하고, 패배한 문화 유전자는 사장되고 만다. 문화의 팽창이나 전파는 경쟁에서 선택된 문화 유전자의 번식이라 할 수 있다.

2. 환원적 설명과 비환원적 설명

엘리엇 소버(Elliott Sober)는 진화론적 설명 모형을 세 가지로 분류했다. 그의 설명에 의하면, 진화에는 결정적으로 중요한 두 가지 요소가 있어야 한다. 하나는 대상들이 생존하고 번식하는 능력의 차이를 낳는 어떤 특질상의 차이가 있어야 하며, 다른 하나는 자손이 그 부모를 닮도록 보장하는 어떤 방법이 있어야 한다. 우리는 보통 전자를 차별적 적응도라 부르고, 후자를 전달 통로라 부른다.[11] 전달 통로와 적응도를 기준으로 다음과 같은 세 가지 설명 모형이 나타난다.

표 3.2 전달 통로와 적응도

	전달 통로	적응도
1	유전자	자식을 가짐
2	학습	자식을 가짐
3	학습	추종자를 가짐

이를 문화 현상에 적용시켜보자. 첫 번째 설명 모형은 어떤 문화적인 특질이 우세하게 된 것은 그런 특질을 발현시킨 유전자가 선택되었기 때문이라고 설명한다. 두 번째 설명 모형은 생명체가 적응도의 극대화를 추구한다는 주장은 받아들이지만, 문화적 특질의 전달 통로가 유전자가 아니라 학습에 의해 이루어진다고 주장한다. 예컨대 자식들이 그 부모를 흉내 내기 때문에 그 부모를 닮는다면 유전자의 개입 없이도 하나의 선택은 발생한 것이다. 근친상간 금기는 좋은 예가 될 수 있다. 근친상간 회피가 그 형질을 가진 개체들이 그것을 가지지 않은 개체들보다 생존 가능한 자손을 더 많이 갖기 때문에 유리하다고 하자. 만일 자손들이 근친상간 회피자가 될 것인지 아닌지를 그들의 부모로부터 학습한다면, 집단 내에서 그 형질의 빈도는 진화할 수 있다. 이것은 근친상간을 회피하는 자들과 그렇지 않은 자들 사이에 어떤 유전적인 차이점이 없이도 발생할 수 있다. 말하자면 학습은 유전자만큼 필요한 유전적 메커니즘을 제공할 수 있다.

세 번째 설명 모형은 문화적 특질이 부모와 자식 간에서만 전달되는 것이 아니라, 생물학적으로 아무런 연관이 없는 사람들 상호간에도 학습에 의해 전파된다고 주장한다. 적응도도 한 유기체가 얼마나 많은 자식이 아니라 얼마나 많은 추종자를 갖느냐로 측정된다. 여기서 개인들은 부모의 생각에, 동료의 생각에, 다른 사람들의 생각에 노출되기 때문에 자신들의 생각을 갖게 된다. 전달 방식은 수직적이고 수평적이고 또 사선으로도 이루어진다. 생각은 마치 전염병처럼 퍼지며, 어떤 생각은 쇠퇴하고 어떤 생각은 유행한다.

이런 세 가지 모형 중에서 두 번째 모형과 세 번째 모형은 구태여 구별할 필요가 없어 보인다. 전달 통로가 모두 학습이고, 자식도 추종자의 일부로 볼 수 있기 때문이다. 또한 소버의 설명 모형에는 문화 유전자가 중심 위치를 차지하고 있지 않다. 이런 이유 때문에 나는 문화 현상에 대한 진화론적 설명 모형을 환원적 설명과 비환원적 설명 두 종류로 나누어 논의를 전개하고자 한다. 환원적 설명은 문화 유전자를 인정하지만 문화 유전자의 기능을 오직 유전자의 적응도를 높이는 것으로만 이해하는 설명이다. 반면에, 비환원적 설명은 문화 유전자가 유전자의 적응도와는 관계없이 그 자신의 적응도를 높이는 것으로 이해하는 설명이다.

가장 단순한 환원적 설명은 문화 유전자를 유전자로 환원시키는 것이다. 말하자면, 어떤 문화적인 특질이 우리 사회에 흔하게 된 것은 그런 특질을 실현할 유전자가 선택되었기 때문이라고 설명하는 것이다. 어떤 행위나 문화적 특성이 겉으로 보기에는 유전자와 아무런 연관이 없어 보이지만 사실상은 유전자의 작용으로 볼 수밖에 없다는 것이다. 이런 관점에서 보면 실제로 진화를 해온 것은 문화라기보다는 문화를 발전시키는 힘, 즉 여러 가지 문화를 창출하는 유전자인 것이다.

환원적 설명의 대표자는 정통 사회생물학이다. 유전자와의 관계에서 사회생물학은 다음과 같이 주장한다. 인간의 본성은 유전자형 속에 부호화되어 있으며, 현재와 과거의 문화의 내용들은 유전자의 특수한 작용의 불가피한 표현이다. 이것은 한마디로 유전자 결정론(genetic determinism)이다. "수렵 채집 사회에서 남자는 사냥하고, 여자는 집에 남아 있다. 농업사회와 산업사회에 나타나는 이런 강력한 경향은 어떤 유전적 기원을 갖는 것으로 보인다."[12] 윌슨은 "유전자는 문화를 아주 긴 가죽 끈으로 묶어둔다"[13]고 말하기도 한다. 이런 관점에서 보면, 현재의 문화 세계는 자연선택의 산물이며, 적응의 결과로서, 라이프니츠가 말한 모든 가능한 세계들 가운데 최선의 세계이다.

환원론자들은 간단히 말해 인간의 마음과 행동을 "유전자의 긴 팔"이라고 본다. 즉, 유전자가 확장된 것이다. "모든 문화는 유전자의 발현이다"[14]라는 테제는 폭스의 다음과 같은 예가 잘 대변해준다.

만일 우리의 새로운 아담과 이브가 어떠한 문명의 영향으로부터도 완전히 격리된 채 계속 살아서 자손들을 생산해냈다면, 결국은 다음과 같은 사회가 형성되었을 것이다. 즉 그들은 재산에 관한 법칙, 근친상간 및 결혼에 관한 규제, 금기와 기피 사항에 대한 관습, 사회적 위치 체계와 그것을 표현하는 방법, 젊은 사람들을 위한 입회 의식, 여성의 몸치장을 포함한 구애 관습, 일반적으로 상징적인 신체 장식 방법, 여성을 제외한 상태에서 남성을 위한 활동과 연합관계, 어떤 종류의 도박, 도구와 무기 제조산업, 신화와 전설, 춤, 간통, 그리고 여러 종류의 살인 행위, 자살, 동성애, 정신분열, 정신병과 신경증이 있는 사회, 그리고 이러한 것들을 어떻게 보느냐에 따라서 이것들을 이용하거나 치료하는 여러 종류의 사람들이 있는 사회를 이루었을 것이다.[15]

유전자는 오직 자신을 복제하는 일에만 관심을 갖는다. 비유적으로 말한다면, 철저하게 이기적이다. 그런데도 우리의 문화는 이타주의를 권장하며, 이타주의적 행위를 높게 평가한다. 이런 현상을 환원적 모형은 어떻게 설명할 것인가? 윌슨은 이타성을 "사회생물학의 이론적인 문제 중에서 중심을 차지하는 문제"라고 지적하면서 어떻게 생존경쟁이라는 진화의 기제 속에서 이타적 행위가 가능한가를 묻고 있다. 이타성은 혈연 이타성과 호혜적 이타성, 그리고 집단 이타성으로 보통 구분되는데,16) 이들은 표면적으로 자신의 적응도를 낮추고 상대방의 적응도를 높이는 것같이 보인다.

혈연 이타성은 유전적으로 혈연을 돕고자 하는 성향을 의미한다. 혈연의 관계가 부모와 자식 간의 관계, 또는 형제간의 관계처럼 가까워야 할 필요는 없다. 공유하는 유전자의 비율은 그 관계가 멀어짐에 따라 현저히 낮아지지만 질적인 면에서의 부족은 양적인 면이 증가함에 따라 보상받을 수 있다. 유전자의 관점에서 보면 어미가 자기의 새끼를 돌보는 이타적 행위는 사실은 이기적이라고 할 수 있다. 자신의 유전자를 최대한 많이 공유한 새끼를 돕는 것은 자신의 적응도를 높이는 행위이기 때문이다.

호혜적 이타성은 "네가 나의 등을 긁어준다면 나도 너의 등을 긁어주겠다"는 상호 보상의 이타주의인데, 이런 이타성이 나타나려면, 도움을 줄 만한 존재와 그렇지 않은 존재를 구별할 수 있는 능력과, 도움에 상당한 보상이 어느 정도인지를 아는 능력, 의사소통의 능력이 전제되어야 한다. 호혜적 이타성은 윤리학에서 사회계약이론과 유사해 보인다. 그렇지만 이런 이타성도 사실은 개체 자신의 적응도를 높이는 전략이라 할 수 있다.

집단(group)이란 종(species)보다는 훨씬 작은 단위를 말하는데, 집단 이타성은 개체가 이런 집단의 적응도를 높이기 위해 자신의 적응도를 낮추는 성향을 갖는다는 것이다. 이때 집단은 구성원들의 집합을 의미할 수도 있고, 전체로서의 한 조직체를 의미할 수도 있다. 여기서는 집단 상호간의 지리적인 격리와 적개심 등이 중요하게 작용한다. 국가와 민족에 대한 충성심이 그 대표적인 예이다. 환원주의는 집단에 이득이 되는 개체 차원의 이런 이타주의도 결국은 이기주의로 판명된다고 본다.

여기서 다음과 같은 물음들이 제기된다.

ⅰ) 모든 이타적 행위는 결국 유전자의 이기적 행위인가?
ⅱ) 인간 아닌 동물의 이타적 행위와 인간의 이타적 행위는 궁극적으로 어떤 질적 차이도 없는 것인가?

윌슨은 두 물음 모두 그렇다고 대답한다. 뿐만 아니라 그는 혈연 이타성이 모든 이타성의 핵심을 이룬다고 본다. 이타주의는 물론 문화적 학습에 의해 변형될 수 있고, 강화될 수 있다. 그럼에도 불구하고 이런 환원주의적 관점에서 보면, 문화가 생물학적 기호를 완전히 벗어날 수는 없다. 이것은 동시에 윤리가 인간 사회에 국한된 특이한 현상이 아니라 동물 사회에 공통적인 규율임을 함축한다.

그렇지만 문화 중에는 생물학적 욕구와 상반되는 것도 있다. 산아제한이 그 대표적인 경우이다. 충분히 자녀를 더 낳아 키울 재력이 있는데도 불구하고 산아제한을 하는 풍조는 생물학적 적응도와는 분명히 상반된다. 교육받은 여성일수록 경제력과는 관계없이 산아제한에 긍정적이다. 유전자 환원 모형은 이런 현상을 잘 설명해주지 못한다. 독신주의도 유전자 환원주의로는 설명하기 어렵다.

이에 반해, 비환원론자들은 문화가 유전자 세계로부터 나타났다고 할지라도, 한 번 창조된 문화 유전자들은 독자적인 세계를 형성하며, 문화 유전자는 유전자와 협력하기도 하지만, 때로는 유전자와 경쟁하고, 대립하기도 한다고 본다. 그러므로 비환원적 설명 모형은 문화 유전자의 진화를 유전자와 연관시키지 않고 독립적으로 설명하려고 한다.

우리는 이런 모델의 대표적인 사례를 진화론적 인식론에서 발견한다. 이론이나 지식이 경쟁적인 상태에서 어떻게 살아남는가? 왜 어떤 이론이나 지식은 살아남고 어떤 것들은 사라지는가?

3. 문화 유전자의 진화론적 설명

이제 문화 유전자를 대표하는 이론이나 지식의 진화로 관심을 옮겨보자.[17] 인지기관의 진화와는 달리 지식이나 이론의 진화는 비유적으로 사용되고 있다. 왜냐하면 인지기관은 생명체의 일부분이지만, 지식이나 이론은 생명체가 산출한 결과물일 뿐 생명체의 일부분은 아니기 때문이다. 그럼에도 불구하고 이론적 진화론자들은 생물학적 진화와 인간 지식의 본성 사이에 본질적인 유사성이 있다고 보고, 이론의 변화를 설명하기 위해 진화론을 활용하려고 한다. 이들의 주장은 다음과 같은 논제로 정식화시켜볼 수 있다.

 ⅰ) 생명체가 환경이 제기한 문제에 대해 수많은 변이들을 산출하여 대응해가듯이, 과학자도 제기된 문제를 설명하기 위해 수많은 가설들을 창안한다.
 ⅱ) 변이들 중에서 환경에 가장 적합한 변이가 생존경쟁에서 살아남듯이, 수많은 가설 중 최선의 것이 선택되어 보존된다.
 ⅲ) 생명체의 진화가 끝없이 계속되듯이, 이론이나 지식의 세계에서도 맹목적 변이와 선택적 보존이라는 진화의 과정은 계속된다.

칼 포퍼는 이런 진화론적 인식론을 가장 정교하게 제안한 철학자라고 할 수 있다. 그는 그의 저서 『객관적 지식』에 '진화론적 접근법(*An Evolutionary Approach*)'이라는 부제까지 달았으며, 아메바에서 아인슈타인까지 적용되는 보편적인 지식 획득의 방법이 시행착오의 방법 내지 추측과 논박의 방법임을 주장하는데, 이것들은 모두 맹목적 변이와 선택적 보존의 다른 이름에 불과하다.

생명체의 문제 해결은 여러 경로를 통해 나타날 수 있다. 인간에서는 새로운 가설의 형성으로, 동물의 경우에는 새로운 행동양식의 채택으로, 식물의 경우에는 규칙성에 대한 기대의 구체화로, 박테리아나 가장 원시적인 생명체의 경우에는 일련의 화학적 경로를 축적하는 것으로 나타난다. 이 모든 경우에, 문제들은 여러 시도들 중의 하나를 통해서 해결된다.

여기에서 우리는 두 가지 기본적인 문제를 제기할 수 있다. 하나는 생물학적 변이와 과학적 가설의 창안을 과연 같은 차원에서 비교할 수 있겠는가 하는 것이고, 다른 하나는 진보를 함축하지 않는 다윈의 진화론을 활용하면서 과학의 진보를 주장할 수 있겠는가 하는 문제이다.

첫 번째 물음이 제기되는 것은 생물학적 변이는 무작위적이고 맹목적으로 진행되는 데 반해, 과학적 이론의 창안은 각고의 의식적인 노력 끝에 가능하기 때문이다. 물론 우리는 상당수의 과학 이론들이 우연히 착상되었다고 할 수도 있다. 꿈속에서 힌트를 얻을 수도 있고, 자신이 믿는 신의 계시를 받을 수도 있고, 다른 문제를 시험하다가 전혀 생각지도 않은 결실을 얻을 수도 있고, 귀납에 의해 어떤 이론에 도달할 수도 있다. 칼 포퍼가 말한 대로 어떤 하나의 고정된 과학적 발견의 논리는 없는 셈이다. 그렇다고 과연 과학적 이론의 착상들이 무작위적이고 맹목적이라고 할 수 있을까?

두 번째 물음 역시 중대한 의미를 갖는다. 허버트 스펜서의 진보적 진화론이 아닌 현대의 적응적 진화론을 지지하는 이상, 진화론적 인식론을 주장하면서 과학의 진보를 강조하는 것은 논리가 맞지 않아 보이기 때문이다. 진화는 진보를 함축하지 않는다.[18] 말하자면 진화는 오직 환경에 대한 적응 과정일 뿐, 보다 나은 단계로의 전진을 의미하지 않는다. 그런데도 불구하고 진화론적 인식론자로 자처하는 포퍼가 지식의 성장과 진보를 주장하는 근거는 어디에 있는가?

이런 문제들에 대해 어떤 입장을 취하느냐에 따라 진화론적 인식론 내부에서도 갈래가 나누어진다. 대다수의 진화론적 인식론자들은 첫 번째의 문제에 대해서는 비교적 긍정적인 대답을 하려고 한다. 즉 생물학적 변이와 과학적 가설의 창안을 비교할 수 있다고 본다. 캠벨은 이 둘 사이의 차이점을 강조하지만,[19] 이론들의 발생 과정이 어찌되었던 하나의 문제에 대해 다양한 이론들이 제창되어 경쟁관계에 돌입한다는 점에 초점을 맞춘다면, 이 문제의 심각성은 크게 완화될 것으로 판단된다. 그렇지만 두 번째 문제에 대해서는 의견의 대립이 심각해진다.

실용주의자들은 우리가 진화론을 단지 비유적으로만 사용하지 않고 실제로 수용한다면, 진화론으로 지식의 진보를 설명하기는 어렵다고 주장한다. 이런 입장에서 캠벨, 루즈 등은 실용주의적인 진화론적 인식론을 지지한다.[20] 반면에, 객관주의자들은 객관적 지식과 지식의 진보를 주장하면서도 진화론적 인식론을 주장한다. 이들은 과학을 합리성의 세계로 이해하면서, 합리성이 지식의 적자생존 기준이 된다고 본다.

진화론적 인식론을 주장한다 해서 우리가 반드시 실용주의자가 될 필요는 없을 것이다. 이론의 적자 기준은 유전자의 적자 기준과는 다를 수 있다. 합리성의 세계인 과학의 세계에서 적자는 객관적 진리를 담지한 이론이기 때문이다. 이것은 문화 유전자들이 유전자의 적응도가 아니라 자신의 적응도만을 추구할 뿐이라는 것을 의미하며, 문화의 세계에 비환원적 설명이 필요한 이유이기도 하다.

　진화론적 인식론의 핵심 주장은 대체로 다음과 같이 정리된다.[21] 진화론적 인식론은 우리의 온갖 지식을 적응적인 진화 과정의 한 부분으로 이해한다. 그것은 인식적 적응의 과정을 표상주의자들(representationalist)이 주장하듯 외부에서 우리의 감각에 주어진 표상을 통해 외부 세계를 인식하는 것으로 보지 않는다. 그것은 오히려 우리의 마음이 가설적 정보를 먼저 창출하고, 이런 정보 중에서 최선의 정보를 세계가 선택하는 것으로 이해한다. 이러한 과정은 유전자 변이에 의해 다양한 개체가 발생하지만 환경에 가장 적합한 개체가 살아남아 자손을 퍼트리는 진화의 자연선택 과정과 같다고 할 수 있다.[22]

　이런 과정을 우리의 지식 성장에 보다 구체적으로 적용시켜보자. 우리는 설명해야 할 어떤 문제 상황에 부딪힌다(P1). 이를 해결하기 위해 여러 잠정적 가설들이 창안된다(TT). 그리고 다음 단계로 이런 가설들을 시험하여 잘못된 가설들을 폐기처분하고 논박되지 않은 가장 최선의 가설을 선택함으로써 문제를 해결한다(EE). 처음 문제가 해결되면 새로운 문제가 나타난다. 이것은 다음 그림과 같이 비교된다.[23]

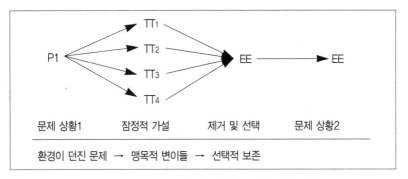

그림 3.2 지식은 진화론적 기제에 따라 성장한다.

인식의 이런 생물학적 모형은 전통적 경험주의자의 물리적 모형을 대체한 것이다. 물리적 모형은 지식을 에너지의 이동으로 이해한다. 예를 들어 어떤 물체가 빛을 발사한다. 그 빛이 나의 망막을 때린다. 망막은 메시지를 뇌에 보낸다. 뇌는 메시지를 해석한다. 그 결과 나는 빛을 발사한 물체에 관한 지식을 갖는다. 그러므로 대상이 지식을 유발한다.

오늘날의 관점에서 보면 이런 물리적 모형은 부분적으로만 타당하다. 에너지의 이동이 있는 것은 사실이지만, 에너지가 망막에 도달한 후 진행되는 과정은 단순하지 않기 때문이다. "눈은 카메라가 아니다"라는 명제는 우리의 최종적인 지식이 대상을 있는 그대로 반영하지 않을 수도 있음을 의미한다. 만약 우리의 마음이 백지와 같지 않고 이미 어떤 틀을 갖고 있다면, 메시지를 다르게 해석할 것이다. 틀 A는 a로, 틀 B는 b로 하는 식으로 말이다. 지식사회학을 비롯한 닫힌 체계의 인식론은 모두 이와 같은 논리에 기초해 있으면서, 우리는 이런저런 이유로 갖게 된 인식의 틀 속에 갇혀 있다고 주장하는 것이다. 이런 관점을 극단화시켜보면, 우리가 갖는 지식은 인식자와 인식 대상 간의 관계가 아니라 우리가 속한 공동체나 집단과 공유해야 할 어떤 마음의 상태이다. 말하자면 우리의 지식은 세계에 관한 정보라기보다는 우리 자신이 구성한 이데올로기와 같은 것이다.

인식의 생물학적 모형은 이와는 전혀 다른 것이다. 이것은 우리가 세계에 관한 지식을 가질 수 있다고 본다. 물론 이때의 지식은 전통적 경험주의가 주장하는 것 같은 정당화된 지식은 아니다. 말하자면 이것은 지식을 인식 주관과 대상의 관계에서 발생하는 신념으로 여전히 주장하면서도 주관과 대상의 동일성의 관계라고 주장하지는 않는다. 또 인식의 생물학적 모형은 우리가 갖는 지식이 세계에 의해 유도되거나 결정된다고 보지 않는다. 그뿐만 아니라 지식을 얻기 위해 사용하는 방법에 의해서 정당화되지도 않는다고 주장한다. 그 방법이 직접적 관찰이든 귀납적 방법이든 혹은 다른 방법이든 마찬가지다. 인식의 생물학적 모형에서는 지식 창출의 주도권이 인식 주체에 있다. 우리가 환경에 대해 온갖 형태의 가설을 먼저 제시하고 환경이 이런 가설 중에서 적합한 것을 선택하는 것이기 때문이다.

여기까지는 생물학적 진화와 이론적 진화가 매우 유사하다고 할 수 있다. 이제 결정적인 차이는 생물학적 진화의 기준은 적응인 데 반해, 이론적 진화의 기준은 합리성이라는 점이다. 생물학적 진화는 진보를 의미하지 않지만, 이론적 진화가 진보를 함축하는 것은 이 합리성 때문이다. 합리성이란 사실을 설명하는 좋은 이론과 그렇지 못한 이론을 구별하는 객관적 기준이 존재한다는 것이며, 우리의 지식이 시간의 흐름과 더불어 계속 진보할 수 있음을 의미하는 것이다.

이런 관점과 지식의 역사성은 양립 가능하다. 왜냐하면 세계에 대해 우리는 설명의 여러 대안들을 가지며, 참된 지식은 이런 대안들의 집합 속에서 선택되며, 이런 선택된 견해들의 연속이 지식의 역사성을 구성하기 때문이다. 말하자면 어떤 것은 다른 것보다 앞서고, 어떤 것은 다른 것을 전제한다. 이런 합리적 역사성은 진보적이다. 어느 단계까지 도달한 지식은 억압에 의해 파괴되지 않는 한, 정지하거나 후퇴하지 않는다. 만약 일시적인 후퇴나 정지가 발생한다 할지라도 그것은 얼마든지 회복 가능하다. 우리가 과학기술을 발전시킴으로써 지금과 같은 현대 문명을 건설했다는 것은 우리의 과학기술이 계속해서 발전해왔음을 의미한다. 이것이 지식의 비합리성을 주장하는 패러다임 이론과 결정적으로 다른 점이다.

물론 진화론에 대해 부정적인 관점에서 보면, 성공한 종의 인지 능력이 생존과 번식에 유리하다는 것을 우리가 인정한다 할지라도, 인식된 것이 반드시 참이라는 사실은 도출되지 않는다. 말하자면 참과 유용성은 다른 것이다. 참과 유용성의 구별은 항해에서 잘못된 것으로 밝혀진 프톨레마이오스의 이론을 사용하는 것이 편리하고 유용한 경우가 많다는 데서 명백하게 드러난다. 도널드 캠벨에 의하면 미각은 영양상의 작은 이점을 절대적 선호로 변형시킨다. 즉 우리에게 필요한 것은 더욱 생생하고 명확하게 표상하는 데 반해, 우리의 생존에 불필요하거나 덜 필요한 것은 작거나 희미하게 표상한다는 것이다. 이것은 결국 유용성이 표상의 기준이 됨을 의미한다. 사회적 맥락에서 보면 진리가 필연적으로 유리하다는 주장은 더욱 성립하기 어려워진다. 플라톤에서 오늘에 이르기까지 신화와 고상한 거짓말의 유용성은 계속해서 언급되고 있다.

이런 반론은 어떤 특수한 상황에서는 가능할 것으로 보인다. 그렇지만 일반적인 상황에서는 성립되기 어려울 것이다. 적응의 관점에서 볼 때도 일반적으로 환경에 대한 정확한 정보나 지식을 획득하는 일은 필수불가결하다. 잘못된 정보와 지식을 가진 생명체 a와 정확한 정보와 지식을 가진 생명체 b가 경쟁할 때, 다른 조건이 같다면, 정확한 정보나 지식을 가진 생명체가 분명 유리할 것이다. 진화의 관점에서 보면 더욱 정확하고 고차적인 정보나 지식을 가진 생명체만이 경쟁에서 살아남을 수 있을 것이다. 이것은 역으로 보면 현재 생존하고 있는 생명체는 환경에 대한 완전한 지식은 아니라 할지라도 어지간히 근접한 지식을 소유하고 있다고 추정할 수 있다. 경쟁에서 살아남았다는 사실자체가 환경에 대한 터무니없는 지식을 갖고 있다는 생각을 하지 못하게 한다. 이것은 과학적 탐구에서도 마찬가지라고 할 수 있다. 문제를 설명해주는 이론은 유지되고, 그렇지 못한 이론은 제거된다. 또한 살아남은 이론이라 할지라도 새로운 문제를 설명해주지 못한다면 끝내는 폐기될 수밖에 없다.

지식의 진보는 단지 이론이 갖는 확실성의 증가나 서술상의 정확성의 증가가 아니다. 진보는 기본적으로 이론이 주장하는 보편성(universality)의 증가이다. 이것은 이론의 설명력이 증가함을 의미하기도 한다. 예를 들어 "모든 사람은 죽는다"는 이론과 "모든 생명체는 죽는다"는 이론은 설명력에서 차이가 난다. "원자로 구성된 모든 물체는 흩어진다"는 이론은 이들보다 더욱 보편적이다. 지식은 언제나 사물들의 규칙성에 관한 지식이기 때문에, 보편적 법칙이나 이론으로 표현된다. 그러므로 지식의 성장은 자세한 관찰의 축적이 아니라 일반적인 법칙의 보편성이 증가하는 것이다.[24]

지금까지의 논의를 기초로 우리는 다음과 같은 결론에 도달한다. 문화의 변화는 문화 유전자를 중심으로 해서 진화론적으로 설명할 수 있다. 그렇지만 이런 설명은 유전자와는 독립적으로 진행된다. 즉 문화의 변화에 대한 진화론적 설명 모형은 비환원적일 수밖에 없다. 이것이 문화의 변화를 가장 합리적으로 설명해주기 때문이다.

3절 문화 유전자들의 결합과 진화

1. 문화 유전자 결합체로서의 문명

문화 유전자에 대한 설명을 끝낸 지금, 나는 이제 문명을 문화 유전자의 결합체로 규정하려고 한다. 여기서 결합체란 어떤 유기적 질서를 가진 집합체를 의미한다. 간단히 우리의 근본적 신념체계, 즉 문명 중핵을 예로 들어보자.

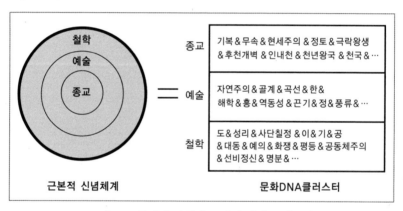

그림 3.3 문명의 중핵과 문화 유전자 클러스터

종교적 측면에서 보면, 우리의 문화 유전자는 기복, 무속, 현세주의, 정토, 극락왕생, 후천개벽, 인내천, 천년왕국, 천국 등으로, 예술 영역에서는 자연주의, 골계, 곡선, 한, 해학, 흥, 역동성, 끈기, 정, 풍류 등으로, 그리고 철학 영역에서는 도(道), 성리(性理), 사단칠정(四端七

情), 이(理), 기(氣), 공(空), 대동(大同), 인(仁), 의(義), 예(禮), 지(智), 화쟁(和諍), 평등(平等), 공동체주의, 선비정신, 명분, 정의 등으로 구성된다고 할 수 있다.

사회체제나 과학, 기술의 영역에서도 문화 유전자의 구체화는 가능하다. 물론 이런 구체화 작업은 여러 가지 제한조건을 명시할 필요가 있다. 그중에서도 (ⅰ) 문화 유전자의 활동 기간을 언제부터 언제까지로 잡을 것인가 하는 문제와 (ⅱ) 그것을 어떻게 추출했는가를 밝히는 방법론이 특히 중요하다. 내가 위에서 예시한 문화 DNA 클러스터는 이런 측면에서 보면 한민족 역사의 전체 과정에서 영향을 미쳤다고 생각되는 문화 유전자를 다소 직관적으로 추출해서 묶은 것이다. 이런 연구가 제대로 진행되려면 세밀한 연구가 진행되어야만 가능할 것이다.

다음에서 제시하려는 것은 1990년대부터 2010년까지 20년 정도의 기간 동안에, 각 문명별로 어떤 문화 유전자들이 지배적이었는가를 보여주는 것이다. 각 문명은 근본적 신념체계와 사회체제, 그리고 과학, 기술이라는 3중 구조로 되어 있다고 보았으므로, 이 작업은 그 각각의 영역에서 가장 많이 논의된 문화 유전자를 추출하는 일이었다. 동시에 인문학 영역에서 논의되는 문화 유전자는 문명의 근본적 신념체계에, 사회과학에서 논의되는 문화 유전자는 사회체제에, 그리고 자연과학에서 논의되는 문화 유전자는 과학, 기술 영역에 해당되는 것으로 해석되었다.

표 3.3 서구 문명의 예

1) 근본적 신념체계	AHCI(1990-2010년까지 5번 조사에 4회 이상 연속 출현) 예술(art), 문화(culture), 윤리(ethics), 해석(interpretation), 언어(language), 음악(music), 서사(narrative), 기록(notes), 철학(philosophy), 시(poetry), 정치(politics), 힘(power), 반영(reflections), 종교(religion), 죽음(death), 정체성(identity)
2) 사회체제	SSCI(1990-2010년까지 5번 조사에 4회 이상 연속 출현) 알코올(alcohol), 불안(anxiety), 어린이(child), 가족(families), 학습(learning), 시장(market), 기억(memory), 정치(politics), 조현증(schizophrenia), 학교(school), 긴장(stress), 교사(teachers), 치매(dementia), 윤리(ethics), 회사(firms), 건강관리(health care), 에이즈바이러스(HIV), 정신건강(mental health), 부모(parents), 성격(personality), 사회적 지지(social support), 약물 사용(drug use), 조직(organizations)
3) 과학, 기술	SCI(1995-2010년까지 4번 조사에 4회 이상 연속 출현) 노화(aging), 세포자멸사(apoptosis), 아테롬성동맥경화(atherosclerosis), 유방암(breast-cancer), 아동(children), 세포질분열(cytokines), 전염병학(epidemiology), 유전자 발현(gene-expression), 에이즈바이러스(HIV), 고혈압(hypertension), 면역조직화학(immunohistochemistry), 자기공명화상법(magnetic-resonance-imaging), 모형화(modeling), 사망(mortality), 임신(pregnancy), 예후(prognosis), 쥐(rat), 긴장(stress)

표 3.4 유교 문명의 예

1) 근본적 신념체계	AHCI(1990-2010년까지 5번 조사에 4회 이상 연속 출현) 예술(art), 불교(buddhism), 문화(culture), 언어(language), 매체(media), 철학(philosophy), 시(poetry), 몸(body), 개념(concept), 비판(critique), 윤리(ethics), 세계화(globalization), 정체성(identity), 해석(interpretation), 근대성(modernity), 음악(music), 개혁(reform), 전쟁(war), 건축(architecture), 유교(confucianism), 동시대성(contemporary), 정치(politics), 번역(translation), 왕조(dynasty)
2) 사회체제	SSCI(1990-2010년까지 5번 조사에 4회 이상 연속 출현) 응용(application), 학습(learning), 유행(prevalence), 쥐(rats), 문화(culture), 경제성장(economic growth), 어른(elderly), 정신건강(mental health), 간호(nurses), 조현증(schizophrenia), 사회적 지지(social support), 타당성(validity), 인자 분석(factor analysis), 회사(firms), 긴장(stress), 교사(teachers), 노동자(workers), 신경세포(neurons)
3) 과학, 기술	SCI(1995-2010년까지 4번 조사에 4회 이상 연속 출현) 활성화(activation), 암(cancer), 세포(cells), 복합체(complexes), 파생물(derivatives), 파생(differentiation), 질병(disease), 발현(expression), 필름(films), 유전자 발현(gene-expression), 성장(growth), 식별(identification), 체외에서 진행되는(in vtiro), 체내에서 진행되는(in vivo)

2. 결합의 보편성과 특수성

동양 3국의 경우, 같은 유교 문명이라 해도 중국, 한국, 일본은 세부적으로 들어가면 차이가 난다. 그 이유는 다음과 같이 설명될 수 있다. 이번에도 중핵 부분으로 설명해보자. 유교의 문화 유전자 공급원(pool)을 a, b, c, d, e라고 하고, a, b, c, d, e 중에서 3개 이상만 가지면 유교 문명이라 해보자. 이 중에서 중국은 a, b, c, 한국은 a, b, d, 일본은 a, b, e라고 가정해보자. 이때 3국에 모두 편재되어 있는 문화 유전자 a, b는 유교 문명의 보편적 문화 유전자라 할 수 있고, c, d, e 는 각 개별 국가에 국한된 특수한 문화 유전자라 할 수 있다.

문명이 다르다는 것은 이런 유전자 공급원이 다르다는 것을 의미한다. 그리고 한 문명이 다른 문명으로 바뀐다는 것은 유전자 공급원의 교체를 의미한다.

같은 문명권이라 할지라도 변화에 대응하는 방식이 다른 것은 특수성을 이루는 문화 유전자들이 서로 다르기 때문이다. 예컨대, 왜 일본은 근대화에 성공하고, 한국, 중국은 실패했는가? 여기서 의미하는 성공이란 서구 문명을 수용하여 근대화에 성공했음을 의미한다. 나는 다음과 같이 그 원인을 분석한다. 그것은 근본적 신념체계에서의 문화 유전자들의 차별성과 정체성에 대한 규정이 달랐기 때문이다. 근본적 신념체계에서 한국의 불교적 성격과, 중국의 도교적 성격, 그리고 일본의 신도적 성격은 구별될 수 있으며, 정체성에 대한 규정도 서로 달랐다. 일본은 근본적 신념체계 ⓐ만으로 정체성을 규정한 반면, 한국과 중국은 근본적 신념체계 ⓐ + 사회체제 ⓑ를 정체성으로 규정했다.

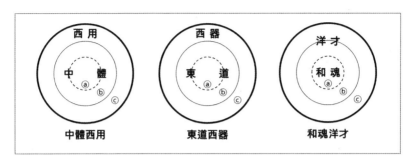

그림 3.4 서구 문명에 대한 대응 전략

이런 차이는 유교에 대한 가치 평가에서 기인한다. 유교 사상에 대한 높은 충성도는 유교 사상과 사회제도가 유기적으로 연관된 것으로 이해했고, 낮은 충성도는 유교 사상과 사회제도를 분리할 수 있다고 보았다. 말하자면 한국, 중국의 유교적 문명의식은 강했던 반면, 일본의 유교적 문명의식은 상대적으로 약했던 것이다. 이런 유교적 문명의식의 강약에서 정체성의 범위가 달라진 것으로 이해된다. 한국과 중국은 나중에야 ⓑ를 포기하고 변법자강과 문명개화를 추구했지만, 시기를 놓치고 말았다.[1]

3. 문명의 진화: 유전자와 문화 유전자의 공진화

유전자의 진화와 문화 유전자의 진화는 상호 얽혀 있다. 유전자는 생물학적 욕구를 만족시키는 문화 유전자를 우선적으로 퍼트림으로써 문화에 제약을 가한다. 반면에 문화 유전자는 행위에 영향을 미침으로써 생물학적 적응도에 영향을 행사할 수 있을 뿐만 아니라, 유전자 세계를 변형시키기도 한다. 이런 현상을 우리는 유전자와 문화 유전자의 공진화(meme-gene coevolution)라 부른다.[2]

공진화란 원래 두 개의 종이 서로서로에게 환경의 일부분이 되면서, 한 종에서 진화가 일어나면 다른 종에서도 진화가 일어나는 체계를 가리키는 용어이다. 파울 에어리히(Paul Ehrlich)와 페터 라우엔(Peter Rauen)(1964)은 나비와 식물의 진화적 관계를 설명하려고 공진화(coevolution)라는 용어를 처음 만들었다. 이들이 든 예는 다음과 같다. 식물을 포식하는 곤충들에 대항하기 위해 식물은 화학적인 방어를 진화시킨다. 이에 대해 곤충들은 해독 능력의 진화를 불러온다. 이런 과정은 끝없이 계속된다. 공진화는 그 후 의미가 확장되어 두 개의 독자적인 진화적 체계가 서로 상호작용하는 경우를 모두 가리킨다.

공진화를 부인하면 우리는 양극단 중 하나를 선택해야 한다. 하나는 유전자가 우리의 삶을 전적으로 결정한다는 유전자 결정론이고, 다른 하나는 우리의 삶은 모두 문화에 의해 결정된다는 문화 결정론이다. 문화 결정론은 더욱 정확히는 문화 유전자 결정론이다. 유전자 결정론에 의하면, 우리 몸의 온갖 구조와 특성은 유전자의 산물이다. 우리 뇌의 기능과 구조도 유전자에 의해 결정된다. 유전자는 뇌의 구조를 제한하고, 뇌가 문화를 학습하고 저장하는 능력을 제약한다. 이런 제약들은 문화에 결정적인 영향을 미친다. 말하자면, 우리의 문화가 다양하다 해도 그것은 인간의 유전자가 깔아준 멍석 위에서 벌어지는 것이다. 최재천은 이와 관련해서 "천방지축 손오공이 근두운을 타고 수만 리를 날아 구름 위로 솟아 있는 기둥에, '손오공 다녀가다'라고 새기고 부처님께 돌아와 자랑을 했는데, 알고 보니 자기가 쓴 글씨가 부처님 손가락에 적혀 있더라는 서유기의 일화가 생각난다"고 하면서, 부처님은 유전자에 손오공은 문화에 비유한다. 이런 비유는 결국 개의 목에 가죽끈이 묶여 있어서, 개가 이리저리 도망가더라도 한계가 뻔하다는 가죽끈 이론과 비슷하다.

문화 결정론은 이와 정반대이다. 유전자의 역할을 일체 인정하지 않는다. 우리가 어떤 문화 속에서 태어나느냐에 따라 우리의 운명은 결정된다는 것이다. 나는 이 두 결정론을 모두 정당하다고 보지 않는다. 우선 유전자 결정론은 유전자가 선택되는 환경을 고려하지 않고 있다. 아무리 다양한 유전자가 만들어지더라도, 그것은 일정한 환경 속에서 선택될 뿐이다. 그리고 이 환경 중에는 문화가 포함된다. 말하자면 문화의 영향 속에서 유전자는 발휘된다고 할 수 있다.[3]

문화 결정론도 문제를 안고 있다. 문화가 유전자의 영향을 완전히 무시하기는 어렵다. 예컨대 생명체의 기본적 욕구를 무시하는 문화는 존속하기 어려울 것이다. 동시에 나는 인간을 문화 유전자의 기계로 보는 입장도 반대한다. 이런 관점에서 보면 인간은 한갓 문화 유전자의 운반 도구에 불과하다. 수잔 블랙모어는 자아 자체가 그러한 문화 유전자의 복합체라고 주장한다. 그 어떤 복합체보다 교묘한 '자아 복합체'라는 것이다. 그녀는 우리의 자유의지, 의식, 창조성 등을 모두 문화 유전자의 작용으로 설명하려 한다.[4]

이런 문화 유전자 도구론은 인간이 문화 유전자의 창조자라는 사실을 망각하고 있다. 우리는 새로운 문화 유전자를 창조함으로써 기존의 문화 유전자를 통제할 수 있고, 더 나아가 유전자의 선택에까지 영향을 미칠 수 있다. 이런 관점에서 보면, 문명을 유전자와 문화 유전자의 공진화라고 규정했을 때도, 인간의 자율성과 문명 창조자로서의 인간의 위상은 달라지지 않는다.

이제 유전자와 문화의 공진화에 관한 구체적 사례를 검토해보자. 우유는 포유류에게 언제나 이유식이었으며, 락토오스는 모유에서만 발생한다. 따라서 성인이 된 포유류에겐 락토오스를 분해할 수 있는 효소가 필요 없게 된다. 말하자면 어린 아기 시절 모유를 먹고 자랄 때는 우유를 소화할 수 있지만, 성인이 되어서는 우유를 소화하지 못한다. 성장하고 나면 모유를 더 이상 먹지 않으므로, 락토오스 효소를 더 이상 생산하지 않는 것은 당연한 일이기 때문이다.

그런데 어떻게 해서 일부 집단에서는 어른들도 우유를 소화할 수 있게 되었는가? 1970년대 초반 프레드릭 시몬스(Fredrick Simons)는 우유의 소화 능력은 낙농업의 역사와 관계해서 진화했다는 가설을 제안했다. 그 후 단 하나의 우성 유전자가 락토오스 소화 여부를 결정한다는 사실이 밝혀졌고, 집단 유전학은 낙농업의 역사와 이 유전자의 높은 빈도가 연관이 있음을 증명했다. 이 가설은 문화가 유전자의 선택에 영향을 미칠 수 있다는 유전자-문화 공진화의 대표적인 사례가 되었다.

피터 리처드슨과 로버트 보이드는 문화가 유전자에 미칠 수 있는 여러 가지 예를 든다.[5]

i) 문화적으로 진화한 기술이 몸의 구조와 형태에 영향을 미칠 수 있다. 예컨대 현대인이 이전의 인류보다 덜 강건한 것은 근육 대신에 무기를 사용하기 때문이다.
ii) 인류는 처음 타고난 발성기관과 청각 장치를 활용해 간단한 언어를 생산했다. 그 다음 이 기관들이 구두 언어를 생성하고 해독할 수 있는 능력을 향상시키고, 이로 인해 언어는 더 풍부해지고 복잡해졌으며, 또 이 때문에 언어를 습득하고 생성하는 기관이 더 다듬어졌다.
iii) 문화적으로 진화한 도덕규범은 적합도에 영향을 미칠 수 있다. 예컨대 반사회적인 충동을 제어하지 못한 사람들은 처벌된다.

이렇게 됨으로써 그들의 유전자는 억제되거나 제거된다.

iv) 요리 문화의 발달이 에너지가 많이 소모되는 큰 뇌의 등장을 가능하게 했다.

유전자-문화 공진화에 관해 윌슨은 다음과 같이 주장한다. "문화는 공동의 마음에 의해 창조되지만, 이때 개별 마음은 유전적으로 조성된 인간 두뇌의 산물이다. 따라서 유전자와 문화는 긴밀히 연결되어 있다. 즉 유전자는 인지 발달의 신경회로와 후성 규칙(epigenetic rules)을 만들어내고 개별 마음은 그 규칙을 통해 자기 자신을 조직한다."[6]

후성 규칙이란 무엇인가?[7] 후성 규칙이란 유전자들이 규정하는 마음의 발달 규칙이다. 이 규칙들을 통해 문화의 보편적인 특징들이 만들어진다. 이 규칙들은 우리의 감각기관이 세계를 지각하는 방식, 우리가 기호 체계로 세계를 표상하는 방식 등에서 드러나는 유전적 편향성이다. 후성 규칙은 우리가 색깔을 보고 언어학적으로 분류하는 방식을 바꾸고, 추상적 형태와 복잡성 수준에 따라 예술적 도안을 심미적으로 평가한다. 뱀에 대해 두려움을 느끼는 정도, 특정한 얼굴 표정과 신체 언어 유형으로 의사소통을 하는 방식 등도 후성 규칙 때문이다. 후성 규칙은 제대로 기능하는 유기체를 만들어내는 발생과 분화의 알고리즘(연산체계)이다. 생물학에서는 해부 구조, 생리, 인지, 행동이 발생하는 과정에서 유전되는 모든 규칙성을 후성 규칙이라 부른다. 유전자의 영향으로 발달 과정에서 편향이 존재하며, 이를 준비된 학습이라 한다.

반면에 문화는 이미 앞에서 검토한 바와 같은 방식으로 유전자의 진화에 영향을 미친다.

윌슨은 유전자-문화 공진화에 대해 다음과 같은 결론을 내린다.[8]

i) 유전자의 규정을 받는 후성 규칙들은 문화의 습득과 전달을 가능케 하는 감각 지각과 정신 발달의 규칙성이다.

ii) 문화는 어떤 유전자가 다음 세대로 전달될 것인지를 결정하는 일을 돕는다.

iii) 성공적인 새 유전자는 개체군의 후성 규칙을 변화시킨다.

iv) 변화된 후성 규칙은 문화적 습득이 이루어지는 경로의 방향과 효율성을 변화시킨다.

이런 윌슨의 주장에도 불구하고 윌슨은 문화보다는 유전자에 무게 중심을 두기 때문에, 완전한 공진화론자로 보기 어렵다는 비판이 제기되기도 한다.[9]

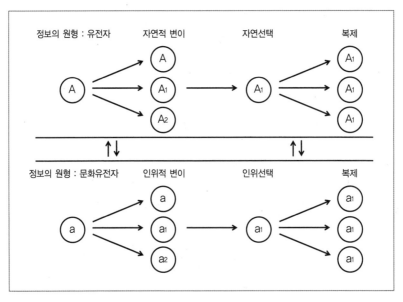

그림 3.5 유전자와 문화 유전자의 공진화

1) 인지기관의 공진화

동물과 인간의 인지기관의 특성을 진화론의 이론에 기초해서 설명하는 일과, 사상이나 과학적 이론의 변화를 진화생물학에서 이끌어낸 모형과 은유를 사용해서 설명하는 일은 구분되어야 한다.[10] 앞의 과제는 인지기관을 진화의 산물로서 보고, 그것이 어떻게 발생했고, 또 어떻게 작동하는가를 설명하는 일인데, 우리는 보통 이를 인지 기제의 진화인식론(epistemology of evolutionary mechanism)이라 부른다. 뒤의 과제는 이론이나 문화 일반의 변화를 진화론의 모형에 기초해서 설명하려는 것으로, 이론의 진화인식론(epistemology of evolutionary theory)이라 부른다. 현대의 진화론적 인식론자로는 콘라드 로렌츠(Konrad Lorenz), 도널드 캠벨, 칼 포퍼, 스티븐 툴민(Stephen Toulmin), 데이비드 헐(David Hull) 등을 들 수 있는데, 이 중에서도 포퍼, 툴민, 헐 등은 진화론적 모형을 사용하여 인간 지식의 성장을 설명하고자 하는 반면, 로렌츠와 캠벨 등은 인간의 인지기관이 어떻게 진화해왔는가를 규명하는 데 초점을 맞추고 있다.

나는 앞 절에서 이론의 진화에 관해서는 자세히 설명했으므로, 여기서는 인지 기제의 진화에 대해, 그리고 특히 인지 기제가 문화와 공진화의 관계에 있다는 점을 논의하려고 한다.

먼저 인지 기제가 어떻게 진화해왔는가 하는 문제부터 검토해보기로 하자. 그것은 다음과 같은 논제들로 정식화될 수 있다.[11]

 i) 생명체는 생존하고 번식하기 위해 환경으로부터 끊임없이 음식물을 섭취하지 않으면 안 된다.
ii) 생명체가 환경과의 관계에서 자신을 균형 상태로 유지하는 것은 환경이 제기한 문제를 푸는 것으로 간주할 수 있다.

iii) 생명체는 종류에 따라 정도의 차이는 있지만 미리 프로그램된 성향과 기대를 통해 먼저 환경에 대응한다.

iv) 종의 진화는 환경이 단기간에 제기한 문제에 대해 그 해결책을 장기간에 걸쳐 개발하는 것으로 볼 수 있다. 즉 환경에 대응하는 더 나은 장치와 성향을 개발하는 것으로 볼 수 있다.

v) 진화의 일반적 기제는 맹목적인 변이와 선택적 보존이다.

vi) 단기간의 문제에 대한 장기간의 해결은 대체로 인지적 장치의 개발로 귀착된다. 이것은 생명과 다른 감각기관의 위험을 줄이고, 이동의 노력을 효율적으로 만든다. 예컨대, 눈은 대용 이동 장치라고 할 수 있다.

vii) 감각 장치는 음식물에 대한 추구로부터 진화한 것이다.

이런 논제들의 주장을 종합해본다면, 생명체의 인지기관은 생명체의 생존과 번식의 필요성 때문에 생겨났고, 또 그런 필요성을 더욱 효율적으로 수행하기 위해 일반적인 진화의 기제에 따라 진화해온 것이라 할 수 있다.

인지기관이 이런 과정을 거쳐 진화해왔다면, 그것은 실재를 있는 그대로 표상하는 것인가? 말하자면 우리의 지식은 참일 수 있는가? 이런 물음에 대해 낙관주의적 관점과 비관주의적 관점이 서로 대립한다. 콘래드 로렌츠는 낙관주의적 관점에서 진리 획득의 가능성을 주장하는 데 반해, 도널드 캠벨은 비관주의적 관점에서 진리와 유용성을 구별하면서 유용성을 중심으로 보려고 한다.

진화론의 관점에서 보면 생명체의 모든 기관은 생명체의 유지에 알맞도록 환경에 적응해왔다고 할 수 있다. 로렌츠는 다윈주의를 칸트의 철학을 확대시킨 것으로 보면서, 적절한 진화이론이 나오면 사물 자체의 존재를 확인할 수 있을 것으로 주장한다. 한 걸음 더 나아가 로렌츠는 진화론 덕분에 우리는 칸트가 불가능하다고 생각했던 물자체의 참된 본성에 대해 의미 있게 언급할 수 있는 것으로 주장한다. "현재 우리들의 사고나 지각 장치로는 완전히 경험되지 않는 사물 자체의 많은 측면들은 지질학적으로 말하자면 가까운 장래에 경험할 수 있는 범위 내에 있다"[12]

그뿐만 아니라, 로렌츠를 비롯한 인지적 진화 인식론자들은 진화가 우리로 하여금 어떤 적응된 틀로 생각하도록 만든다고 주장한다. 예컨대 수학이나 논리의 법칙, 과학의 방법론적 규칙들은 그 기초를 생물학적 사실에 두고 있는데, 그런 법칙이나 규칙들을 받아들인 선조들은 살아남아서 그것을 재생산했고, 그렇게 하지 못한 선조들은 살아남지 못했다는 것이다. 그러므로 이런 해석에 의하면 '5 + 7 = 12'나 'A = A'라는 명제는 개체 발생적으로 보면 선험적이지만, 계통 발생적으로는 경험적이게 된다.[13]

이것은 결국 인지기관이 진화함에 따라 우리는 진리에 더욱 가까이 갈 수 있다는 이야기이다. 로렌츠의 논증은 이렇다. 초원을 달리는 말의 발굽은 초원의 형태에 더욱 알맞게 진화하며, 물고기의 지느러미는 물의 속성에 더욱 알맞게 진화해가듯이, 우리의 감각기관은 외부 세계의 정보를 더욱 정확하게 입수하고 처리하도록 진화되었다고 보아야 한다. 특히 어떤 종이 수백만 년 혹은 수천만 년 동안 생존해오면서 진화를 거듭했다면, 그들의 인식 능력에는 실재를 반영하는 상당한 신빙성이 있다고 해야 할 것이다. 물론 이런 반영은 환경에 대한 적응을 목표로 하기 때문에 적응적 대응(adaptive correspondence)이라고 부

르는 것이 더욱 합당할 것이다.14)

여기서 우리는 다음과 같은 의문을 제기할 수 있다. (i) 문화가 없거나 매우 미약한 상태에서 생존하는 생명체의 인지 기제의 진화와 (ii) 문화 속에서 생활하는 생명체의 인지 기제의 진화에 어떤 차별도 없는 것인가? 만약 (i)과 (ii)의 경우가 모두 같다면 문화가 생명체의 인지 기제에 어떤 영향력을 행사한다고 할 이유가 없을 것이다. 그렇지만 (i)과 (ii)의 경우가 다르다면, 문화가 인지 기제에 어떤 영향력을 행사한다고 봐야 할 것이다.

예컨대 색깔의 예를 들어보자. 윌슨은 유전자가 문화에 미치는 영향을 색 지각과 색깔 어휘의 숫자를 통해 다음과 같이 설명한다. 각 사회는 색 지각과 그것을 표현하는 어휘에서 차이가 난다. 색 어휘가 단순한 사회에서 복잡한 사회로 이행될수록 기본 색 열한 가지(검정색(black), 흰색(white), 빨간색(red), 노란색(yellow), 초록색(green), 파란색(blue), 갈색(brown), 자주색(purple), 분홍색(pink), 오렌지색(orange), 회색(grey))의 조합이 다음과 같은 위계질서를 따라 이루어진다.

단지 두 가지 기본 색 용어를 가진 언어에는 검정색과 흰색을 구분하는 단어만 있다.
단지 네 가지 기본 색 용어를 가진 언어에는 검정색, 흰색, 빨간색, 그리고 초록색 또는 노란색을 구분하는 단어들만 있다.
단지 다섯 가지 기본 색 용어를 가진 언어에는 검정색, 흰색, 빨간색, 초록색 그리고 노란색을 구분하는 단어들만 있다.
단지 여섯 가지 기본 색 용어를 가진 언어에는 검정색, 흰색, 빨간색, 초록색, 노란색, 그리고 파란색을 구분하는 단어들만 있다.

단지 일곱 가지 기본 색 용어를 가진 언어에는 검정색, 흰색, 빨간색, 초록색, 노란색, 파란색, 그리고 갈색을 표현하는 단어들만 있다.

남아 있는 네 가지 색깔들(자주색, 분홍색, 오렌지색, 회색)은 위의 일곱 가지 색에 첨가될 수 있기는 하나 위와 같이 위계적으로 진행되지는 않는다.[15]

기본 색 용어들이 위계질서에 따라 이루어지지 않고, 무작위적으로 조합된다면, 수학적으로 계산해보면 2,036개의 조합이 될 것이다. 그렇지만 벌건과 케이의 실험 결과는 대부분의 경우에 색깔 어휘들의 조합은 단지 22개에 불과한 것으로 나타났다.[16]

이것은 무엇을 의미하는가? 윌슨은 유전자가 우리로 하여금 상이한 파장들을 특정한 방식으로 보게끔 규제한 결과로 해석한다. 말하자면 세상을 여러 범주로 나누고 그것들에 이름을 붙이려는 성향 때문에 특정한 순서대로 기본적인 11색 단위를 만들어냈다는 것이다. "문화는 유전자로부터 발흥하며, 유전자의 검인을 영원히 간직한다."[17]

나는 윌슨의 이런 설명에 동의하면서도 이 예시는 동시에 문화가 유전자에 미치는 영향도 설명할 수 있다고 본다. 예컨대 색깔의 분류가 정교할수록 생존이 유리한 사회가 있다고 하자. 에스키모인들은 열대나 온대 지방의 사람들과 비교해서 눈(snow)의 색깔에 대해 훨씬 다양하게 분류한다. 이런 사회는 색깔에 대한 인지기능이 약한 자들을 도태시키면서 색깔의 인지기능을 고도화시키는 쪽으로 몰고 갈 가능성이 높다. 이것은 문화가 유전자를 통제하는 기제라 할 수 있다. 이것은 범죄자의 경우와 비슷하다. 우리가 범죄자를 사회에서 계속 격리시키면, 결국 범죄를 유발시킨 유전자는 서서히 제거될 수밖에 없을 것이다.

2) 윤리의 공진화

진화론적 윤리학이란 진화론적 인식론과 마찬가지로 진화론에 기초해서 윤리학을 정초하자는 입장이라 할 수 있다. 여기에도 서로 다른 두 가지 연구 방향이 존재한다. 하나는 사람들이 왜 지금과 같은 윤리적 생각이나 감정을 갖게 되었는지를 진화론에 기초해서 설명하는 일이며, 다른 하나는 어떤 윤리적 규범이 옳은지를 해명하는 일이다. 간단히 말한다면 첫 번째의 길은 설명(explanation)의 길이며, 두 번째의 길은 정당화(justification)의 길이다.[18]

전통적인 규범 윤리학의 관점에서 보면 규범의 발생 과정을 설명하는 일은 사실상 사회학의 한 영역인 기술 윤리학에 속하며, 규범의 옳고 그름을 따지는 정당화의 과제만이 윤리학 고유의 과제가 된다. 그렇지만 많은 진화 윤리학자들은 규범의 발생 과정에 대한 설명은 그 자체로 규범의 정당화 작업을 위한 필수불가결한 작업이라고 주장한다.

먼저 첫 번째 과제가 제기된 이유부터 논의를 시작해보자. 진화론이 윤리의 설명 문제와 깊게 연관이 되는 이유는 무엇인가? 에드워드 윌슨은 과학적 발견과 윤리의 연관성에 대해 다음과 같이 언급하고 있다.[19]

i) 과학은 어떤 행위를 함으로써 나타날 수 있는 궁극적인 결과에 대한 새로운 지식을 산출할 수 있다.

ii) 과학은 기존의 윤리적 신념을 무너뜨릴 수 있다.

iii) 우리는 과학을 통해 일련의 새로운 윤리적 전제를 도출하거나, 또는 기존의 윤리적 전제에 대한 새로운 해석을 산출할 수 있다.

이러한 주장은 전통적인 규범 윤리학이 사실에 대한 정확한 이해의 바탕 위에 세워지지 않았기 때문에 추상적이고 공허한 논의가 되었음을 함축한다. 사실에 대해 무지한 상태에서 주장된 윤리이론들은 그들이 예측하지 못한 원하지 않은 상황을 초래할 가능성이 크다. 그러므로 특히 사회생물학이나 진화론이 우리의 본성에 대해 보다 정확한 지식을 제공해준다면, 이런 이론들은 반드시 고려의 대상이 되어야 할 것이다. 윌슨은 이런 맥락에서 존 롤스의 정의론을 다음과 같이 비판한다. "그의 정의의 개념은 육체로부터 분리된 영혼의 이상적인 상태이긴 하지만, 그것이 인간과 관련해 어떤 설명이나 예측을 제공할 수는 없다. … 그는 그와 같은 정의의 개념으로부터 도출된 결론을 엄격하게 적용함으로써 초래될 수 있는 생태학이나 유전학에서의 궁극적인 결과에 대해서 고려하는 바가 없다."[20]

리처드 알렉산더는 『도덕 체계의 생물학』에서 생물학이 도덕성에 관해 우리에게 말할 수 있는 것과 말할 수 없는 것에 관해 조심스럽게 구분하려고 시도한다. 그는 우리가 진화의 사실이나 이론으로부터 실질적인 도덕원리를 이끌어낼 수는 없다고 본다. 물론 그도 우리가 진화의 사실이나 이론으로부터 어떤 도덕의 원리가 어떻게 그리고 왜 발생하게 되었는가를 설명할 수는 있다고 보며, 이러한 설명은 인간의 사회적 행위나 제도를 성공적으로 바꾸기 위한 경험적 기초를 제공할 수 있을 것으로 간주한다. 이것은 진화론적 윤리학을 기술적 윤리학으로만 규정하고자 하는 태도이다.

이런 관점에서 그는 사회생물학에 무지한 철학자들의 도덕성에 관한 잘못된 견해를 다음과 같이 비판한다.[21] 사회생물학에 무지한 철학자들은 어떤 잘못들을 범했는가? 첫째로, 그들은 도덕성이 다소간의 자기희생을 포함한다고 잘못 가정하는 경향이 있다. 도덕성이 간접적인 호혜성의 체계라는 것을 기억하면, 위의 주장이 잘못이라는 것은 자명하다. 둘째로, 이들은 간접적인 호혜성의 복잡성을 낮게 평가하는 경향이 있다. 내가 장기간의 이익을 위해 단기간의 희생을 감수한다면, 나는 유전적으로 보아 이익일 수 있다. 셋째로, 이들은 집단 내의 이익과 집단 간의 이익을 구분하지 못한다. 도덕성이 존재하는 것은 인간들이 집단 안에 존재하기 때문이다. 만약 우리가 로빈슨 크루소같이 외톨이였거나 협력이 필요 없는 생명체였다면, 도덕성은 진화되지 않았을 것이다. 다른 인간들로부터 위협은 가족들을 더욱 큰 집단으로 뭉치게 만들었고, 이것으로부터 결국 이런 복잡한 사회가 탄생한 것이다.

과학은 또한 기존의 윤리적 신념을 생물학적 적응의 산물로 해석함으로써, 이를 붕괴시킬 수도 있다. 윌슨은 다음과 같이 말한다. "직관주의자들은 뇌가 산출해내는 정서적 판단을 신뢰하며, 그러한 판단을 산출하는 뇌를 마치 블랙박스처럼 여기는데, 이것이 바로 그들의 아킬레스건이다." 생물학적 설명은 자연스러운 것으로 알려진 자명한 원리들을 실제로는 우리가 겪어온 진화 역사의 잔재에 지나지 않는 것으로 밝힐 수도 있다.

진화론적 윤리학은 규범의 발생에 대한 설명과 함께, 규범의 정당화와 평가를 포함하는 전통적인 윤리적 문제에 대해 대안적인 답을 제공하려 한다.[22]

진화론적 윤리학은 약한 프로그램과 강한 프로그램으로 나뉠 수 있다. 약한 프로그램은 규범 윤리학이 별도로 존재한다는 사실을 인정하면서, 진화론적 윤리학을 윤리가 어떻게 발생하는가를 설명하는 기술

윤리학에 국한시키려는 데 반해, 강한 프로그램은 규범 윤리학의 영역을 별도로 인정하지 않고, 윤리에 대한 설명과 정당화를 동시에 추구한다. 말하자면, 그것은 기술 윤리학으로 출발한 진화론적 윤리학을 규범 윤리학으로까지 승격시키려고 한다. 진화론적 윤리학의 약한 프로그램부터 살펴보자.

(1) 다윈은 진화론적 사실에서 당위를 이끌어내려고 시도하지 않았다. 그는 사실 자체에 대한 규명만으로도 규범 윤리학의 보완자로서 기능을 할 수 있다고 보았다. 다윈의 윤리이론은 다음과 같이 정식화될 수 있다.[23]

ⅰ) 윤리의 기반은 사회적 본능이다(social instinct).
ⅱ) 정신적, 지능적 진화는 사회적 본능의 진화를 이끌었다.
ⅲ) 언어의 발달은 규칙과 규율의 법제화로 이끌었다.
ⅳ) 윤리의 진화는 사회적으로 바람직한 습관이라는 형식을 통해 더욱 촉진된다.

다윈은 생물의 본능을 자기 지향적 본능과 타인 지향적 본능으로 구분한다. 이때 이 타인 지향적 본능이 사회적 본능이며, 이것이 윤리의 기반이 된다. 이런 본능은 다른 동물들도 공유하고 있으며, 인간의 경우에는 가족 간의 유대감, 사랑, 그리고 동정심 등으로 나타난다.

다윈은 또한 사회적 가치를 개인적 가치보다 우위에 두었다. 말하자면 자기 지향적 본능의 실현보다 사회적 본능의 실현을 더욱 가치 있다고 생각한 것이다. 그것은 사회적 본능의 힘이 자기 지향적 본능의 힘보다 더욱 강하고 영속적임을 의미하며, 자연선택이 사회적 본능을 집단 생존에 대한 공헌 때문에 더욱 선호해왔다는 말이다.

그렇다면 다윈은 공리주의자였던가? 그는 자연선택의 원리를 최대 선의 원리를 정당화하기 위한 설명으로 간주했던 것인가? 19세기 많은 논평가들은 자연선택이 공리주의에 기초하고 있다고 해석했다. 하지만 다윈은 그의 이론을 공리주의와 뚜렷하게 구별했다. 『인간의 유래』에서 다윈은 사회적 본능의 진화를 다음과 같이 설명한다.[24]

i) 사회적 본능의 진화를 이기심의 결과로서 이해하려는 시도는 거부되어야 한다.

ii) 사회적 본능을 최대 행복의 원리와 연관시켜 설명하려는 시도도 거부되어야 한다. 왜냐하면 자연선택의 개념은 원리적으로 생명체의 기쁨이나 고통과는 관계가 없고 오히려 생산적인 구조나 성공적 번식의 촉진에 공헌하는 특성들과 관련이 있기 때문이다. 자연선택에서의 좋음은 기쁨이나 행복의 총량이 아니라, 구성원들의 성공적인 번식을 촉진시키는 사회적 삶의 발전이나 사회적 복지이다.

이런 다윈의 설명에서 우리는 유전자와 문화의 공진화를 확인한다. 윤리의 기반은 사회적 본능이지만, 정신적, 지능적 진화가 사회적 본능의 진화를 이끌었다고 보고 있다. 특히 그는 언어의 발달이 규율의 법제화로 이끌었다고 본다. 오늘날 식으로 말한다면 유전자의 진화가 윤리의 기반을 이루지만, 다시 문화 유전자의 진화가 유전자의 진화를 이끈 것으로, 즉 공진화로 해석된다.

(2) 로버트 리처드(Robert Richards)는 진화론적 윤리학의 강한 프로그램의 대표자라 할 만하다. 그는 사실에 대한 설명에서 규범을 이끌어내려고 할 뿐만 아니라 이런 규범을 정당화시키려고 시도하면서 흄이 제기한 자연주의적 오류(naturalistic fallacy)라는 비판을 무력

화시키려고 시도한다. 이런 시도는 사실에 대한 설명과 도덕이론의 정당화라는 두 문제로 구성된다. 리처드에 의하면, 공동체의 선을 위해 행위하는 도덕감은 타고난 성향인데, 이런 도덕감을 촉진하는 진화의 기제는 혈연선택이다. 그는 윤리적 정당화를 주장하면서 자연주의적 오류는 전혀 오류가 아니라고 항변한다.

자연주의적 오류는 윤리적 규범을 사실로부터 도출하는 것이다. 그런데 어떻게 이를 전혀 오류가 아니라고 하는가? 로버트 리처드의 설명은 이것이다.[25] 도덕철학자들은 그들의 주장을 정당화하기 위해 다음의 세 가지 방법 중 하나를 택한다. 첫째로 무어(G. E. Moore)가 한 것처럼 사실과는 상관없이 직관에 호소하는 것이다. 그렇지만 이러한 호소는 "나는 그렇게 보지 않는다"는 단순한 반대에도 속수무책이다. 두 번째는 칸트와 같이 진정한 도덕적 경험에 호소하는 길인데, 이런 방법 역시 어떤 것이 진정한 도덕적 경험인지 의견이 갈리는 상황에서 첫 번째와 비슷한 상황에 빠진다. 세 번째가 경험적으로 확증된 사실에 기초하는 길이다. 더욱 정확히는 진화론적 사실에 기초하는 것이다. 그에 의하면, 정당화는 "우리가 어떤 구조적 맥락 속에 있다는 전제로부터, 우리는 그 맥락에 적합한 방식으로 행위해야 한다는 결론을 이끌어내는" 추론의 규칙에 대한 신뢰에 기반을 두고 있다. 이런 관점에서 보면 논리적 원리와 도덕적 원리는 비슷하게 작동한다고 할 수 있다. 말하자면 우리가 논리적 맥락 속에 있을 때는 그런 맥락에 타당하게 논리적으로 행위해야 하듯이, 우리가 도덕적 맥락 속에 있을 때는 도덕적으로 행위하지 않으면 안 된다는 것이다.

그렇지만 이런 논리는 혈연선택을 넘어서는 윤리를 설명해주지 못하며, 지나치게 윤리 실증주의로 귀착되는 위험을 안고 있다. 진화론적 윤리학은 진화가 일어나는 사실에 바탕을 두기 때문에 진화론적 자연주의라고 부를 수 있다. 진화론적 자연주의의 약한 프로그램이든 강한 프로그램이든 윤리의 세계를 제대로 설명해주지는 못하는 것으로 생각된다. 약한 프로그램은 규범(문화 유전자)이 유전자에 미치는 영향을 제대로 인지하지 못했고, 강한 프로그램은 사실과는 다른 규범의 특성을 이해하지 못했기 때문이다.

윤리의 세계는 유전자와 규범 윤리(문화 유전자)의 상호작용에 의해서만 제대로 설명될 수 있다. 피터 싱어는 규범 윤리는 이성의 등장과 함께 시작한 것으로 주장한다. 그는 윤리의 발달을 수학의 발달과 같이 이성의 발달에 의해 설명하려고 한다.

혈연 이타성과 호혜적 이타성을 갖추고 있던 초기 인류들은 두뇌의 발달에 따라 이성적 사고 능력을 획득하였고, 이와 더불어 언어와 반성 능력을 갖게 되었다. 이성 능력은 인간에게 획기적인 전환의 계기를 마련하여 주었다. 우리는 그러한 능력을 통해 진화와 유전에 기초한 관행들을 규칙과 계율 등의 체계로 전환시킬 수 있었고, 마침내 우리만이 가지고 있는 도덕 체계가 탄생할 수 있었던 것이다.26)

이성은 개념적, 논리적 사유 능력을 의미한다. 이 점에서 오관을 통해 사물을 인식하는 감각적 능력과는 구별된다. 이성은 또한 의무감에 따라서 행위를 할 수 있는 능력이다. 이 점에서 본능적 충동에 따라서만 하는 행위와는 구별된다. 전체적으로 이성은 이론적 측면에서는 보편적 사고 능력이며, 실천적 측면에서는 공평함을 추구하는 능력이다. 말하자면 보편성과 공평성이 이성의 본질적인 속성이라 할 수 있다.

셈을 하는 능력이 이성의 능력이라는 것은 의심의 여지가 없다. 일부 동물에게도 이런 능력이 있다. 이런 맥락에서 보면, 이성의 소질이 유전자의 산물이라는 것은 확실하다. 그렇지만 이성적 사고는 스스로 진화하는 능력을 갖고 있다. 이에 대해 싱어는 다음과 같이 말한다. "이성적 사고를 시작한다는 것은 계속 위쪽을 향하다 결국에는 시야에서 사라져버리는 에스컬레이터에 올라타는 것에 비유할 수 있다. 일단 발걸음을 옮겨놓으면 어디까지 여행하게 될 것인가는 우리의 의지를 벗어나며, 어디에서 멈추게 될 것인가를 미리 파악할 수도 없다."[27]

이성과 정념의 관계를 언급하면서, 데이비드 흄은 "이성은 정념의 노예이거나 노예여야 한다"고 말했다. 이때 정념이란 감정과 욕망을 의미한다. 자연주의자인 흄이 볼 때, 이성이란 물속에 잠겨 있는 거대한 빙산의 극히 일부분이 물 밖으로 모습을 나타내 보인 것과도 같은 것이었다. 빙산의 움직임과 방향은 물속에 잠겨 있는 부분이 결정할 뿐, 드러난 부분은 아무런 힘을 갖고 있지 않다. 사회생물학자들은 이와 비슷한 논리로 이성과 유전자의 관계에 대해 "이성은 유전자의 노예이거나 노예여야 한다"고 주장한다.

유전자는 이기적이다. 우리가 관찰하는 혈연 이타성과 호혜적 이타성, 그리고 소집단 이타성도 궁극적으로는 이기성으로 해석될 수 있다. 그렇지만 유전자의 관점에서는 상호 이익을 주고받지 않는 모르는 사람에 대한 이타성을 설명하지는 못한다. 이것은 보편성과 공평성을 특성으로 하는 이성적 사고를 전제할 때만 가능하다. 이성은 유전자의 통제를 벗어나 오히려 유전자를 통제할 수 있다. 윤리가 욕망을 제어하는 경우가 그 실례이다. 이것은 문화 유전자(윤리)가 유전자에 영향을 미칠 수 있음을 함축한다. 싱어는 다음과 같이 말한다. "가장 중요한 것은 인간의 문화가 유전적으로 유리한 결과를 산출하려는 사람들의 이기적 행위를 중화하거나 전환시키는 경우가 흔히 있다는 것이다. 제재와 형벌 체계는 그 대표적인 사례라 할 수 있다."[28]

싱어의 주장대로, 사회제도는 인간의 진화 과정에 영향을 미친다. 기후를 비롯한 자연력이 우리의 본성을 변화시켜온 것과 마찬가지로, 문화 유전자 또한 우리의 본성과 윤리를 변화시켜왔다고 할 수 있다.[29]

우리가 문화 유전자를 이용하여 문화를 설명했다 하여 인간을 문화 유전자 기계로 볼 필요성은 없다고 생각한다. 블랙모어는 인간을 문화 유전자 기계로 보고 인간의 의식과 자유의지, 창조성 등을 모두 문화 유전자들이 만들어낸 환상으로 규정한다. 그렇지만 이런 해석은 문화 유전자의 생산을 충분히 설명해주지 못한다. 우리는 문화 유전자 속에서 태어나고 거의 언제나 문화 유전자의 영향을 받으며 그것에 둘러싸여 있지만, 동시에 문화 유전자의 창조자이기도 하다. 이 점에서 우리는 단순히 문화 유전자의 기계가 아니다. 물론 우리가 계속해서 새로운 문화 유전자를 창조하지 않으면 문화 유전자의 진화는 멈출 수도 있겠지만, 그것은 문명의 종말을 의미할 것이다.

4장

정보사회는 문화 유전자들의 융합을
가능하게 한다

우리는 지금 불과 한 세대 남짓 전에 시작된 정보혁명의 와중에 있다. 많은 사회학자들의 주장에 의하면, 정보혁명은 인류가 겪는 세 번째 혁명이다. 첫 번째는 농업혁명이었다. 대략 1만 년 전에 이루어진 농업혁명에서부터 토지 경작과 인류의 정착이 시작되었다. 두 번째는 250여 년 전쯤 일어난 산업혁명이다. 증기기관의 발명과 더불어 시작된 산업혁명으로 인해 농경사회는 산업사회로 이행했다. 정보혁명은 정보기술의 발달에 의해 시작된 혁명이다. 이에 따라 산업사회는 현재 정보사회로 전환되고 있다.

'정보사회(information society)'라는 말은 이미 생소한 용어가 아니다. 우리는 일상생활 속에서도 정보사회라는 말을 자연스럽게 사용하면서 우리가 사는 이 시대를 정보사회로 규정하거나, 적어도 조만간 대다수의 사회가 정보사회로 변화될 수밖에 없을 것이라는 판단을 내린다. 우리의 일상적인 삶의 세계를 둘러보더라도 정보사회로의 변화는 이제 거역할 수 없는 대세가 되었다는 느낌이 든다. 호모 인포르마티쿠스(homo informaticus)가 호모 파베르(homo faber)를 대체하고 있는 것이다.

세계가 하나의 지구촌으로 되어가는 사실만으로도, 새로운 사회가 도래하고 있는 것은 분명해 보인다. 일상생활에서 이용되는 정보의 양이 급격하게 증가했으며, 정보를 처리하거나 전송하는 속도도 놀라울 정도로 빨라졌다. 정보사회는 본질적으로 어떤 사회이며, 그것이 기존의 사회와 근본적으로 다른 특성은 무엇인가? 정보사회는 왜 도래하게 되었는가? 정보사회가 우리의 삶과 사회구조에 미친 영향은 무엇인가? 이런 물음들에 대한 해명을 통해 정보사회의 특성을 총체적으로 구명해보고, 정보사회가 제기하는 철학적 문제들에 관해 성찰해봄으로써 역사의 발전 과정에서 정보사회가 차지하는 위상을 확인하는 일이 이 장의 과제이다.

1절 정보혁명과 정보사회

1. 정보통신혁명

정보사회는 인간의 주요 활동이 정보기술의 지원 하에 이루어지는 사회라고 규정할 수 있다. 이때 정보(imfomation)는 통상 자료(date)보다는 좁은 의미로, 지식(knowledge)보다는 넓은 의미로 사용된다. 즉 정보는 아직 평가되지 않은 자료를 특정 목적을 위해 처리, 가공한 것이며, 지식은 더욱 추상화되고 일반화된 정보라고 할 수 있다.

지식은 오랫동안 정당화된 참된 믿음이라고 규정되어왔다. 이것은 플라톤에서부터 시작하여 근대의 데카르트와 칸트, 현대의 대다수 인식론자들에게까지 이어진 지식의 기본적인 패러다임이었다. 그러나 현대의 많은 인식론적 논의는 지식의 정당화 조건을 지나친 요구 조건으로 판단하여, 지식을 참된 믿음 정도로 간주하기에 이른다. 전통적 인식론에서 주장하던 지식의 보편성과 정당성은 사라진 것이다. 그렇다 하더라도 지식은 비교적 항상적인 의미를 지니는 데 반해, 정보는 지식보다 용이하게 항상 새로운 정보에 의해 대체될 수 있는 가능성을 지닌다. 이런 맥락에서 다니엘 벨(Daniel Bell)은 정보와 지식을 다음과 같이 구분한다.[1] 정보는 처리된 자료를, 지식은 사실에 대한 진술의 조직화된 체계를 뜻한다. 그렇지만 이 두 말은 실제로는 서로 혼용되며, 그 결과 정보사회와 지식사회는 서로 교환되어 사용된다. 정보에 대한 이러한 규정은 정보란 의미가 있는 것이며, 사물에 대한 지시라는 의미론적 견해에 기초한 것이다.

정보를 논의할 때, 그 자체적으로는 물리적 사태에 불과한 물리적 신호와 그 신호가 전달하는 내용은 분명히 구별되지 않으면 안 된다. 이때 신호의 내용이 곧 의미이며, 이 의미가 바로 정보라고 할 수 있다. 동일한 의미, 동일한 정보는 여러 가지 물리적 매체에 담길 수 있다. 예컨대 어떤 학술대회의 연구 발표가 녹음 테이프에 녹음될 수도 있고, 활자화되어 책으로 출간될 수도 있다. 그러나 내용이 변화되는 것은 없다. 이러한 정보 의미론에 의하면 정보는 의식적인 존재자의 활동에 의해 산출되는 것이다.

카르납(Carnap)과 바힐렐(Bar-Hillel)은 정보를 물리적 신호가 내포하는 의미와 동일시한다.[2] 이들은 정보를 전달하는 기본단위를 언어의 유의미한 서술 문장으로 제한하면서, 언어 이외의 정보매체가 전달하는 정보는 모두 서술 문장으로 환원될 수 있다고 주장한다. 이러한 환원주의는 몇 가지 문제점을 안고 있다. 언어체계를 갖고 있지 않은 생물계에는 정보가 통용되지 않는다는 불합리한 사태가 예견되고, 비언어적 정보가 모두 언어적 정보로 환원되는 경우에도 난점이 예견되기 때문이다.

드레츠키(F. Drestke)는 이런 여러 난점들을 정보에 대한 보다 객관적인 정의를 통해 해결하려고 한다. 즉 그는 해석적인 활동을 전제하거나 요청하지 않는 객관적인 상품으로서의 정보를 주장하면서, "정보란 무엇보다 그것으로부터 우리가 무엇인가 학습할 수 있고 지식을 산출할 수 있는 대상"[3]이라고 규정한다. 이런 맥락에서 정보는 비의미론적 관점에서 비트(bits)로 측정되는 양으로 규정될 수도 있다.

우리가 정보를 이렇게 규정할 때, 정보기술은 반도체로 대표되는 소자기술,[4] 컴퓨터로 대표되는 정보처리기술, 위성통신과 광통신으로 대표되는 통신기술의 복합체이다. 정보기술의 발전은 일차적으로 극소전자혁명(micro-electronics revolution)이라고 지칭되는 반도체 기술에 힘입고 있는데, 반도체 기술의 발전은 정보의 저장과 처리 능력을 획기적으로 향상시켰다. 여기에 통신기술이 덧붙여져, 정보기술은 종합적으로 정보의 저장, 처리 및 송수신 기술이라고 규정될 수 있다.

컴퓨터는 전자회로를 이용한 고속의 자동계산기다. 컴퓨터는 기본적으로 중앙처리장치(central processing unit), 주기억장치(main memory unit) 그리고 입출력장치(input-output unit)로 구성된다. 중앙처리장치는 입력장치나 기억장치로부터 데이터를 받아 이를 분석하고 처리하는 컴퓨터의 두뇌에 해당되는 부분이다. 주기억장치는 중앙처리장치가 처리할 데이터를 보관해두는 장치다. 입출력장치란 각종 자료나 명령어를 입력할 때나 정보를 사용자에게 전달할 때 쓰는 장치다. 1939년 미국에서 최초의 전자식 컴퓨터가 등장하지만, 컴퓨터의 대중화는 1977년 스티브 잡스(Steve Jobs)의 애플(Apple)사에서 '애플Ⅱ'라는 개인용 소형 컴퓨터를 출시하면서 시작되었다. 이때가 정보혁명의 진정한 출발점이라고 할 수 있다.

인터넷은 전 세계를 하나로 연결하는 정보의 연결망을 가리킨다. 컴퓨터가 처리하는 데이터가 다양해지고 용량이 방대해지고 한 대의 컴퓨터로는 해결할 수 없는 상황이 되면서 두 대 이상의 컴퓨터를 연결하는 망에서 시작해서, 대규모의 기간 통신망을 구축해 이에 연결된 컴퓨터들은 서로 자유롭게 데이터를 주고받을 수 있는 방식으로 인터넷은 발전되었다. 1969년 미국 국방부 산하의 고등연구계획국

(Advanced Research Project Agency)이 구축한 네트워크가 이런 발전의 최초의 사례였다. 보통 연구기관의 이름을 따서 아르파넷 (ARPANET)이라 부른다.

1980년 말부터 인터넷의 망은 급속도로 넓혀졌지만, 이용 가능한 데이터의 종류는 제한적일 수밖에 없었다. 1989년 영국의 팀 버너스 리(Tim Berners-Lee) 박사가 새로운 정보 검색 시스템을 바탕으로 월드와이드웹(World Wide Web, WWW)을 개발한다. WWW은 1991 년 8월 6일에 서비스를 처음 시작했고, 세계 최초의 홈페이지 (homepage)도 이날 공개되었다. 세계가 문자 그대로 하나로 연결된 것이다. 2015년 6월 30일 기준으로 전 세계 인구의 42%인 30억이 넘 는 사람들이 인터넷을 사용하고 있고, 우리나라의 경우 92%인 4천 5 백만이 인터넷을 이용하고 있다.

광통신이란 물리적 전송회선으로 빛을 이용하는 통신이다. 적은 가 닥의 회선으로도 다량의 정보를 고속으로 전송할 수 있다. 위성통신은 인공위성을 이용하여 제공하는 통신 서비스를 가리킨다. 1958년 세계 최초의 통신위성이 발사되어, 당시 아이젠하워 미국 대통령이 전 세계 에 실시간으로 크리스마스 인사를 한 기록이 있다. 1970년대부터 여 러 나라들이 그룹을 만들어 상업용 위성통신 서비스를 제공하고 있다. 텔레비전은 전기통신혁명의 대표 주자이다. 다른 대륙으로부터 전달 되는 생생한 전송은 통신위성이 없이는 불가능하다.

2. 정보사회로의 전환

정보기술이 핵심적 기반으로 되어 있는 사회가 정보사회이다. 정보기술은 엄청난 사회적 대변혁을 초래하고 있으며, 사람들의 삶에 모든 측면에서 압도적이고 포괄적인 영향력을 행사하고 있다. 정보기술로 인해 가장 먼저 눈에 띄는 변화는 시공의 축소 현상이라 할 수 있다. 사건들은 언제나 특정한 시간과 공간에서 발생하고 사물들은 항상 특정한 시공 속에 존재하지만, 정보의 접속 장비가 완비된 연결망 사회 (wired society)의 도래와 더불어 시간과 공간의 의미는 크게 변하고 있다. 사건이나 사물에 대한 우리의 접근을 가로막았던 시공의 제약이 극적으로 감소한 것이다. 그 결과 세계는 실질적인 지구촌(global village)이 되어가고 있다. 뿐만 아니라 데이터베이스의 구축과 더불어 먼 과거까지도 현재화된다.

정보기술로 인한 작업이나 경제적 측면에서의 변화도 간과할 수 없는 부분이다. 대다수의 선진 사회에서 국민총생산에서 차지하는 정보 관련 산업의 비중이 점점 커져 과반수를 훨씬 넘어서고 있으며, 정보의 생산, 정보의 처리 및 정보의 분배와 관련된 직업이 전체 직업의 대다수를 점령하기에 이른다. 이런 정보 노동의 등장과 산업 노동의 쇠퇴는 분명 중대한 사회적 의미를 지닌다.

토플러는 정보혁명을 산업혁명(제2의 파도)에 뒤이은 제3의 파도라 명명하면서, 산업사회에서의 과학기술의 특징이 육체적 힘의 확대와 강화에 있었다면, 정보사회에서의 과학기술의 특징은 정신적 힘의 확대와 강화에 있다고 결론짓는다.

우리의 활동이 정보기술의 지원 하에 이루어진다는 것은 무엇을 의미하는가? 정보사회에 대한 자세한 규정과 관련해서 프랭크 웹스터 (Frank Webster)가 정리한 다섯 가지 정의는 매우 유익할 것으로 판단된다. 그는 정보사회에 대해 기술적 정의, 경제적 정의, 직업적 정

의, 공간적 정의, 문화적 정의를 소개한다.[5]

기술적 정의(technical definition)는 눈부신 기술혁신을 강조하는 것으로서 정보처리, 정보저장 및 정보전송의 획기적인 발전으로 인하여 사회의 거의 모든 부분에서 정보기술(information technology)을 활용하게 되어 엄청난 대변혁을 맞이하게 된 사회를 정보사회라 규정한다. 이러한 정의는 컴퓨터 혁명이 전혀 새로운 실리콘 문명(silicon civilization)으로 우리를 인도함으로써 "지구상의 모든 사람들의 삶에 모든 측면에서 압도적이고 포괄적인 영향을 미치게 될 것이라고 보는 것이다."

정보사회에 대한 경제적 정의는 정보와 관련된 산업이 국민총생산에서 차지하는 비중이 과반수인 경우 그 사회를 정보사회로 규정하는 것이다. 예컨대 마크 포랫(Marc Porat)은 경제를 1차 정보 부문, 2차 정보 부문, 그리고 비정보 부문으로 3등분한 후, 1차 정보 부문에는 정보를 사용하는 산업 — 대중매체, 교육, 정보 서비스, 광고, 컴퓨터 제조업 등 — 을 포함시키고, 2차 정보 부문에는 다른 산업의 내부에 들어 있는 정보산업 — 제약회사의 연구 개발, 정보부서가 만들어내는 국내소비 관련 정보, 석유회사의 도서자료 등 — 을 포함시켰다. 이렇게 하여 포랫은 현대의 미국 사회가 "정보적 재화 및 서비스의 생산자 그리고 공적 및 사적(2차 정보 부문) 관료제가 경제활동의 주요 부문으로 된 정보사회"[6]라는 결론을 내렸다.

직업적 정의는 직업의 변화에 초점을 두는 것으로 정보 업무와 관련된 직업이 지배적이 될 때 정보사회가 등장한다는 것이다. 정보사회에 대한 이러한 정의는 다니엘 벨이 주장하는 이론의 핵심을 이룬다. 그는 정보 노동의 등장과 산업 노동의 쇠퇴를 통하여 계급에서 발생하는 정치적 갈등이 해소되고, 평등이 보편화되는 중대한 변화가 도래할 수밖에 없다고 주장한다.

공간적 정의는 지역을 연결하고 시간과 공간의 조직화에 중대한 영향을 미치고 있는 정보통신망의 중요성을 강조하는 것이다. 우리는 가정이나 상점, 사무실 어디에나 정보의 접속 장치가 완비된 연결망 사회(wired society)[7]를 예상할 수 있고, 이 전자 고속도로를 따라 상상할 수 없을 정도로 많은 양의 메시지, 대화, 영상, 그리고 명령들이 움직이는 사회를 상정할 수 있다. 공간적 정의는 이런 사회를 정보사회로 규정한다.

문화적 정의는 일상생활에서 정보가 엄청나게 증가하였다는 측면에 초점을 맞춘다. 우리의 삶이 본질적으로 우리 자신과 다른 사람들 사이의 메시지의 교환과 수용이라는 과정으로 규정될 수 있는 사회이다. 그렇지만 정보가 더욱 많아질수록 의미는 더욱 적어지게 된다. 기호는 너무 많은 방향으로부터 생겨나고, 너무 다양하고, 급변하고, 모순적이기 때문에 상징할 수 있는 힘이 쇠퇴하게 되기 때문이다. 포스트모더니즘들이 보는 현대사회가 대체로 이런 측면에서 접근한 사회라고 할 수 있다.

이런 정의들은 나름대로의 관점에서 내려진 것들이기 때문에 모두 독특한 특징을 갖고 있다. 그러므로 정보사회를 총체적으로 규명하기 위해서는 이러한 정의들을 복합적으로 활용할 필요가 있다.[8] 이때 여기서 우리가 주목해야 할 핵심 정의는 기술적 정의, 경제적 정의, 공간적 정의라고 생각된다. 경제적 정의는 직업적 정의와 문화적 정의를 포함할 수 있을 것으로 보이기 때문이다. 이렇게 볼 때 정보사회란 결국 다음과 같이 종합적으로 정의될 수 있을 것이다. 정보사회는 정보의 처리, 저장 및 전송을 다루는 정보기술의 획기적인 발달에 따라, 정보산업이 국민총생산에서 차지하는 비중이 지배적으로 되어 세계가 하나로 연결된 연결망 사회이다.

1) 정보사회의 특성

정보사회는 기존의 산업사회와 완전히 다른 사회인가? 아니면 본질적으로 산업사회와의 연속선상에서 이해되어야 할 사회인가? 다니엘 벨이나 하비(David Harvey) 등은 정보사회를 산업사회와 완전히 다른 사회로 규정하고자 한다. 이 물음에 대한 웹스터의 분류는 좋은 참고자료가 될 것으로 보인다.[9]

(1) 벨이 정보사회가 기존의 산업사회와 완전히 다른 사회라고 주장하는 이유는 분명하다. 산업사회는 제조업이 중심이 되는 사회이고, 후기산업사회, 즉 정보사회는 서비스업이 중심이 되는 사회이기 때문이다. 후기산업사회에서는 자동화가 고도로 진행되어 기계가 육체노동을 대신함으로써 산업 노동자가 지속적으로 감소하게 되고 결국 극소수의 사람만이 공장에서 일하게 된다. 반면에 계속적인 합리화에 따라 생산력과 부는 지속적으로 증가된다. 증가된 부는 새로운 욕구를 만들어내고 이 새로운 욕구를 충족시키기 위해서 서비스업이 팽창한다. 이렇게 하여 고용의 구조가 바뀌게 되고, 사회는 옛날의 산업사회와는 다른 사회, 즉 정보의 공급과 활용에 기초를 둔 정보사회가 된다는 것이다.

그렇지만 서비스 산업이 중심이 되는 후기산업사회가 어떤 근거에서 정보사회로 규정되는 것인가? 그것은 벨이 후기산업사회의 핵심, 즉 서비스업의 핵심을 정보라고 보았기 때문이다. 벨은 전 산업사회의 생활을 "자연에 대한 게임"으로, 그리고 산업사회의 생활을 "인공적 자연에 대한 게임"으로 규정하는 반면, 서비스업이 중심이 되는 후기 산업사회의 생활을 "사람들 간의 게임"으로 규정한다. 그리고 '사람들 간의 게임'은 정보가 기본적 자원이 되는 게임이다.[10]

정보사회는 단순히 유통되는 정보의 양이 증가된 사회를 의미하는 것이 아니다. 그렇다면 그것은 기존의 사회와 질적인 차이점을 갖기가 어려울 것이기 때문이다. 벨에 의하면 정보사회에서의 정보는 질적으로 다른 특성을 지니고 있다. "후기산업사회는 경험주의에 대한 이론의 우위, 그리고 지식을 상이하고 다양한 영역의 경험을 설명하는 데 사용될 수 있는 추상적 상징체계인 부호로 나타내는 것이 특징이다."[11] 여기서 경험주의는 산업사회의 지식이 갖고 있는 특성을 가리키고, 이론은 후기산업사회의 지식의 특성을 가리킨다. 경험주의는 우리가 부딪친 문제에 대해 경험적이고 시행착오적인 방법으로 해결을 시도하는 입장인 데 반해, 후기산업사회의 문제 해결 방식은 이론적 원리를 전제한다는 것이다, 예컨대 컴퓨터 과학은 「계산할 수 있는 수에 관하여(On Computable Number)」(1937)라는 앨런 튜링(Alan Turing)의 독창적 논문에서 출발하고, 극소전자혁명을 가능케 한 집적회로의 엄청난 축소화는 이미 알려진 물리학의 원리에 근거하고 있다는 것이다. 사회적, 경제적 문제에 대처하는 방식에서도 같은 논리가 성립된다. 경제적 난국을 헤쳐 나가기 위해서는 소위 실물경제의 논리만으로는 안 되고, 고도의 경제적 이론이 배경에 깔려 있어야만 한다. 이것은 후기산업사회에서는 생활의 대부분이 추상적이고 일반화시킬 수 있는 원리를 기초로 해서 조직화된다는 것을 의미한다.[12]

경험주의에 대한 이론적 지식의 우위는 미래에 대한 낙관주의를 함축한다. 후기산업사회는 모든 영역에서의 이론의 우위로 말미암아 과거 사회보다 훨씬 높은 정도로 미래를 계획하고 그에 따라 통제하는 능력을 갖게 되었기 때문이다. 벨이 주장하는 사회변동의 일반적인 도식을 아래와 같이 정리할 수 있다.[13)

표 4.1 산업사회와 후기산업사회

사회양식	전 산업사회	산업사회	후기산업사회
생산양식	추출	제조	처리 및 재순환적 서비스
경제부문	1차 산업 : 농업, 광업, 어업, 임업, 석유 및 가스	2차 산업 : 제조업, 중공업, 중장비건설	3차 산업 : 수송, 공공산업 4차 산업 : 무역, 금융, 보험, 부동산 5차 산업 : 보건연구, 오락, 교육, 통치
변형되는 자원	자연의 힘 : 바람, 물, 공기, 동물과 인간의 근육	만들어진 에너지 : 전기, 석유, 가스, 석탄, 원자력	정보 : 컴퓨터와 자료전송체계들
전략자원	원자재	금융자본	지식
기술	손기술	기계기술	지적 기술
직업군	직공, 농부, 수공업자	기술자, 반숙련 노동자	과학자, 전문직 종사자
방법론	상식, 시행착오, 경험	경험주의, 실험	추상적 이론 : 모형, 가상실험, 결단이론, 체계분석
시간전망	과거지향	즉시적응실험	미래지향, 예측과 계획
구도	자연과의 게임	제조된 자연과의 게임	사람 사이의 게임
기축원리	전통주의	경제성장	이론적 지식의 집대성

이 표는 후기산업사회가 기존의 산업사회와 얼마나 다른 사회인가를 극명하게 보여준다. 지식이 전략적 자원으로 되고, 생산과 유기적 결합을 이룬다. 뿐만 아니라 컴퓨터를 이용한 자동화는 지속적인 기술혁신으로 그 내용과 수준이 다양화, 고도화되는 추세이다. 이와 함께

노동의 성격과 노동자의 존재 형태에도 적지 않은 변화가 일어나, 전문직 종사자가 대종을 이루게 된다.

이러한 맥락에서 앨빈 토플러는, 정치제도, 생활양식, 문화적 욕구, 사회의 조직원리, 국가 간의 관계 등에도 혁명적인 변화가 올 것으로 예측한다.

> 우리는 미래를 향한 일대 비약의 시기에 접어들고 있다. 사회의 근본을 뒤흔드는 대변동, 이제까지 없었던 새로운 문명을 창출하는 변혁에 직면하고 있다.[14]

토플러는 또한 산업사회의 지배적 6원칙인 표준화, 분업화, 동시화, 집중화, 극대화, 중앙집권화는 모두 탈표준화, 탈분업화, 탈동시화, 탈집중화, 탈극대화, 탈중앙집권화될 것으로 예측했고, 그 예측은 상당 부분 적중했다.

이러한 정보사회의 주장에 대해 앤서니 기든스(Anthony Giddens)는 다음과 같은 의문을 제기한다. 후기산업사회의 이론적 지식이 산업사회의 지식과 과연 얼마만큼 다르다고 할 수 있겠는가? "기술적 지식을 생산기술에 응용하는 데에서 현상적으로 새로운 것은 아무것도 없다. 사실 베버가 무엇보다도 강조하였듯이 기술의 합리성은 … 처음부터 이전 형태의 사회질서로부터 산업주의를 구별해온 일차적 요인이다."[15] 이러한 주장은 정보사회에서의 지식과 산업사회의 지식 사이에 어떤 결정적인 차이도 있을 수 없다는 것을 의미한다. 웹스터도 벨의 이론적 지식론에 대해 다음과 같은 의문을 던진다. 이론적 지식은 일반적인 교과서의 과학적 원리를 의미하는가, 아니면 인플레이션과 고용의 관계 같은 어떤 가설을 의미하는가? 나아가 이론적 지식의 우세가 연구개발투자 및 조직혁신의 특권적인 위치를 의미하는가, 아니면 현대생활의 조직화에서 전문가 체계의 특수한 위치를 의미하는가? 이러한 문제들이 분명하게 정리되지 못할 때 이론적 지식의 성장을 측정하고 측정된 내용을 해석하려고 할 경우, 중대한 문제에 봉착한다고 웹스터는 지적한다.[16]

쉴러(Herbert Schiller)는 현대사회에서 정보와 통신이 안정이나 번영과 관련하여 핵심적인 중요성을 갖고 있다는 사실을 긍정한다. 그리고 과거 어느 때보다도 많은 정보가 만들어지고 있다는 사실도 의문의 여지 없이 받아들인다. 뿐만 아니라 이러한 정보를 만들어내고, 저장하고, 검색하고, 확산시키는 기계도 과거에는 없었던 성질과 특성을 갖고 있다는 사실도 수용한다. 그렇지만 쉴러는 이러한 특징들이 새로운 사회의 출발이라는 데에는 찬성하지 않는다. "자본주의가 극복되었다는 관념에도 불구하고 오랫동안 지배적으로 되어온 시장경제의 요구는 그대로 남아서 기술 및 정보 영역에서 일어나고 있는 전환과정에서 결정적인 요인으로 작용하고 있다."[17]

이러한 쉴러의 주장 속에는, 웹스터가 잘 요약한 대로, 세 가지 중요한 주장이 들어 있는 것으로 판단된다. 첫째로, 정보산업은 시장원리에 의해 발달되었다. 말하자면 정보와 통신의 혁신은 이윤을 위하여 추구되었다. 둘째로, 계층구조 안에서의 위치에 따라 정보의 생산 능력, 분배, 접근은 차이가 난다. 말하자면 계급에 따라 정보혁명의 수혜자가 될 수도 있고, 손실자가 될 수도 있다. 셋째로, 정보 및 통신 영역에서 거대한 변동을 겪고 있는 사회는 기업 자본주의 사회이다. 그러므로 정보와 정보기술은 공적인 목적보다는 사적인 목적을 위해서 개발된다.

쉴러의 논리는 이것이다. 정보사회는 여전히 자본주의의 논리가 지배하는 사회이다. 따라서 정보는 이윤을 남기면서 판매될 수 있는 곳에서만 생산되고 상품화되며, 이득의 기회가 매우 분명한 곳에서만 양질의 정보가 생산된다. 그러므로 어떤 종류의 정보가 누구를 위해 어떤 조건으로 생산될 것인가를 결정하는 데는 시장의 논리가 결정적이라 할 수 있다. "정보사회라고 하는 것은 사실 개인적 문제나 국가적 문제, 사회적 문제나 상업적 문제, 경제적 문제나 군사적 문제 할 것 없이, 모든 종류의 문제에 대해서 매우 많은 양의 자료를 생산, 처리, 전달하는 것이다. 그 자료의 대부분은 선진 산업국가의 거대기업, 정부관료 조직체 및 군사적 조직이 가지고 있는 특정한 요구를 충족시키기 위해서 생산된다."[18] 더 나아가 쉴러는 다음과 같은 의문을 던진다. 더 많은 정보는 그 자체가 계몽적이고 이로운 것인가? 우리는 정보가 적게 제공되었기 때문에 무지한가? 정보사회에서 정보 폭발의 가장 두드러진 현상 중의 하나는 데이터베이스의 엄청난 확산이라고 할 수 있다. 그런데 전형적인 데이터베이스의 내용은 신용카드, 가격표, 전기요금, 합병 및 인수, 귀금속 및 세계보험 등이다. 이러한 정보는 점점 전문화되어 특정한 시장 영역을 지향하고 있다.

오늘날 매우 정교한 수준에서 생산되고 있는 정보는 어떤 종류의 것인가? 주가, 상품가격, 통화정보 등이다. 우리 주위에는 대규모 기업자료 생산자, 많은 종류의 중개인등이 비디오 단말기와 정보 시스템을 통하여 매우 전문적인 정보를 얻고 있다. 그러나 이 모든 것이 연결되는 것은 우리가 주식시장에서 얼마나 많은 돈을 벌 수 있으며 … 돈을 어떻게 해외로 반

출하고 국내로 반입하는지 … 등인데, 이러한 분야가 바로 대부분의 정보가 들어가고 나오는 곳이다.[19]

정보 부자와 정보 빈자의 논리는 국가 간에도 그대로 적용된다. 세계의 부가 집중되는 선진국이 정보혁명의 주요 수혜자들이다. 가난한 국가들은 선진국이 생산해내는 정보의 소비자로 전락한다. 선진국은 위성과 같은 첨단 정보기술을 독점하고, 세계의 구석구석을 감찰하며, 식량 재배, 광물 매장량, 어획량, 일상적인 첩보 등 중요한 정보를 독점한다.

정보산업은 사업 중에서도 가장 소수 독점적이고, 방대하며, 국제적인 것 중의 하나이다. 정보를 소유한 기업들이 자신들의 전유물로 간주하고 처리하기 때문에 엄청난 양의 정보가 일반인들에게는 제공되지 않고 있다.[20] 이런 주장은 결국 무엇을 의미하는가? 정보가 아무리 많이 생산된다고 하더라도 정보의 일반적 공유가 자동적으로 이루어지지는 않는다는 것을 의미한다.

(2) 정보사회의 또 다른 주요 특징은 전자 민주주의라고 할 수 있다. 이것은 전자기술의 적극적 사용을 통하여 시민의 정치 참여가 일상화된 민주주의이다.[21]

전자 민주주의라는 말은 1970년대부터 테드 베커(Ted Becker)를 비롯한 많은 정치학자들이 사용해왔지만, 관심의 대상으로 떠오른 것은 극히 최근의 일이다. 미국의 경우에는 1992년 대통령 선거가 전자 민주주의의 대중화가 이루어진 원년이라 할 수 있고, 우리나라의 경우에는 2003년 대통령 선거가 전자 민주주의의 실질적인 출발점이라고 할 수 있다.

전자 민주주의를 긍정적으로 평가하는 입장 중에서도 전자 민주주의에 대한 해석은 크게 두 갈래로 나누어진다. 하나는 전자 민주주의가 대의민주주의를 대체할 수 있는 직접민주주의이거나 적어도 반(半)직접민주주의라는 것이며, 다른 하나는 전자 민주주의가 대의민주주의를 대체할 수 있는 것은 아니지만, 대의민주주의 체제를 활성화시키고 그 문제점들을 상당 부분 제거할 수 있다는 것이다.[22] 베커는 전자 국민투표가 대의민주주의를 대체하는 전자 민주주의를 실현시킬 수 있을 것으로 본다. 즉, 전자 민주주의는 전자기술을 대의민주주의의 실행에 도움이 되도록 활용하는 제도가 아니라, 민주주의의 핵심인 투표권이 사안별로 직접 행사되는 제도라는 것이다. 그러므로 베커는 전자투표 시스템을 가장 중요시하면서, 전통적인 시민회의의 전자적 형태인 전자 시민회의를 전자 민주주의의 모형으로 제시한다.

　토플러는 그의 저서 『권력이동』에서 새로운 권력구조로서 권력-모자이크(power-mosaic) 이론을 제안한다. 모자이크란 갖가지 색깔의 돌, 유리 따위의 작은 조각들을 하나의 전체로 짜 맞추는 것을 의미한다. 우리는 여러 성당의 모자이크로 된 벽에서 성자들의 행렬 장면을 볼 수 있다. 이를 평면인 딱딱한 벽에 그려진 것이 아니라 움직이는 모자이크로서 단층을 이룬 여러 장의 투명한 패널 위에서 앞뒤로 서로 겹치고 서로 연결되며, 색과 형태가 계속 혼합되어 대조를 이루고 변화하는 모자이크가 있다고 상상해본다. 우리는 지금 소수의 중앙 조직이 지배하는 권력 집중적 위계체제가 아니라 이런 다차원적인 모자이크형 권력을 향해 나아가고 있다.[23] 그는 또 『제3의 파도』에서 21세기의 민주주의는 반(半)직접민주주의가 될 수밖에 없다고 단언한다. "내일의 정치체제를 쌓기 위한 제2의 골조는 반직접민주주의라는 원리라고 할 수밖에 없다. 선출된 대표자에 의존하는 상황에서 자기들 자신이 대표가 되는 상황으로의 전환이다. 결국 간접 대표와 직접 대표의 쌍방을 받아들인 것이 반직접민주주의이다"24)

다른 한편으로 아터튼은 전자투표의 가능성을 인정하면서도 이를 통해 우리가 직접민주주의로 갈 수 있는 가능성을 다음과 같이 거부한다.25) 국민이 기술에 의해 정치권한을 위임받게 될 것이라는 미사여구는 버려야 한다. 전자 민주주의는 민주주의를 개선시켜줄 수는 있지만 근본적으로 변혁시킬 수는 없고, 이상적으로 완성할 수도 없는 것이다. 민주주의란 신속한 결정이 아니라 서로 다른 의견을 조율하고 해결 방안을 고민하는 심의에 기반하고 있기 때문에, 결정에 속도를 강조하는 전자 국민투표를 맹신하는 것은 정치를 컴퓨터게임 같은 것으로 만들어버릴 수도 있다는 것이다.

전체적으로 볼 때 전자기술은 민주주의에 어떤 기여를 한 것은 틀림없어 보인다. 정보가 권력인 정보사회에서 전자기술은 정보의 유통을 용이하게 했고, 그 결과 민주주의의 근간인 권력의 분산을 가능하게 했기 때문이다. 그렇지만 전자기술의 발달이 민주주의의 근본 문제들을 해결해줄 수 있다고 생각되지는 않는다. 민주주의가 갖고 있는 문제 중의 가장 중요한 것은 다수결의 원칙이다. 그렇지만 실제로 존재하는 인구집단 사이에 일관된 다수란 존재하지 않으며, 의제 설정이나 사안별 투표에서 번갈아 나타나는 순환적 다수(cycling majorities)26)만이 존재할 뿐인데, 이들이 항상 공동선을 추구하는 것은 아니다. 루소의 이론에서도 공동선을 추구하는 일반 의지(general will)와 개별적 의지의 총체인 전체 의지(total will)는 구별되며, 전체 의지가 언제나 공동선을 추구하는 것은 아니었다. 다수의 지배를 추구하지만 공동선을 추구하는 일관된 다수가 존재하지 않는다는 문제를 전자 민주주의라 해서 해결해주지는 못한다. 전자 민주주의는 오히려 민주주의 발전에 악영향을 미칠 수도 있다. 마이클 월저(M. Walzer)는 다음과 같이 주장한다.

> 현대 기술은 극히 중요한 의제에 관해 버튼만 누르는 국민투표들을 만들어낼지도 모른다. 시민들은 거실에서 혼자 앉아 텔레비전을 보면서 단순히 자신의 배우자하고만 토론하고 그들의 개인적인 투표 기계의 손잡이를 당길지도 모른다. 이것은 권력의 행사가 아니다. 이것은 또 하나의 가치 박탈이며 의사 결정을 공유하는 방법으로서 가장 치명적이며 중요한 타락이라 생각한다.[27]

우리를 더욱 긴장시키는 점은 전자 민주주의가 민주주의의 타락 형태인 중우정치를 초래할 가능성이다. 전자 민주주의를 위해 사용되는 기술들이 오히려 권력자들의 이해에 봉사하고 그들의 권력을 강화시키는 데 사용될 수도 있다. 그러므로 전자 민주주의에 대한 논의들은 매우 조심스럽게 다루어져야 한다. 전자 민주주의가 시민의 권력을 증대시켜줄 것이라는 관념은 환상이거나 조작에 지나지 않을 수도 있다.

모든 유권자들이 개인용 컴퓨터 앞에 앉아, 어떤 문제에 대해 직접 찬반을 개진한다면, 이것은 분명 직접민주주의라 해야 할 것이다. 그렇지만 직접민주주의가 대표자를 뽑는 간접민주주의보다 반드시 낫다고 할 수 있을까? 많은 사람들이 시간에 쫓겨 의사 결정에 참여할 수 없을 수도 있고, 주제에 관한 전문적 지식의 부족으로 참여하지 못할 수도 있을 것이기 때문이다. 이것은 정보기술과 민주화가 동일시될 수 없다는 것을 의미한다.

(3) 정보기술에 의해 정보사회에서는 권력의 재편 현상이 나타난다. 정보가 부의 원천이 되는 정보사회에서 정보의 확산과 권력의 분산이 밀접한 함수관계를 갖는 것은 당연한 일이다. 많은 정치학자들은 토플러가 말하는 정보 편재성의 법칙에 의해 전통적으로 정부가 가지고 있던 권력이 민간 부문으로 크게 이양될 것으로 보고 있다. 정보의 관점에서만 보면, 정부는 정보의 수집, 관리자이며, 정책이란 정보의 권위적 표현이라 할 수 있다. 그렇지만 정보사회가 되면서 사기업들도 어떤 부문에서는 정부를 능가하는 정보 수집 능력과 분석력을 갖추게 됨으로써 사회적 권력관계에서 민간 부문의 발언권이 커지는 변화가 일어난다. 이것은 권력 담당자인 기술관료가 정부 부문뿐만 아니라 민간 부문에까지도 확산되는 데 따른 필연적인 결과라고 할 수 있다.

행정부에 집중되어 있는 권력이 상당 부분 의회로 이양될 가능성도 높아지고 있다.[28] 행정부에 권력이 집중될 수 있었던 것은 행정부가 정보의 처리 능력을 거의 독점하고 있었기 때문이었다. 이런 상황에서는 의회는 행정부에 예속될 수밖에 없다. 그러나 정보화의 진전에 따라 의회가 독자적인 정보 수집과 처리 능력을 갖추게 되면, 의회의 권한도 상대적으로 증가할 것으로 예상된다. 말하자면 정보화는 의회의 정보 능력을 강화시킴으로써 더욱 강력하게 행정부를 견제할 수 있을 것이다. 같은 논리로 정보화는 중앙에 집중되어 있는 권력을 지방으로 분산시킬 수도 있을 것으로 보인다. 산업화는 권력의 중앙 집중을 초래한 가장 중요한 요인이었다. 산업사회가 추구한 대량생산은 규모의 경제에 입각해 있기 때문에 노동과 자본과 권력을 모두 중앙집권화할 필요가 있었다. 그러나 생산의 다양성을 추구하는 정보사회는 오히려 지방분권이 바람직하다고 할 수 있다. 이러한 현상은 지리적 제약 조건의 극복에 의해 더욱 가속화될 가능성이 있다. 이것은 결국 집중되어 있던 권력이 분산된다는 것과 동시에 수직적 명령 통제형이 수평적 상호 협력 체제로 전환한다는 것을 의미한다. 이것은 그동안 정부의 권력에 종속되어 있던 시민사회가 새로운 강자로서 권력의 무대에 출현했다는 것을 함축하기도 한다.

그렇지만 이런 긍정적인 변화가 끝까지 순조롭게 진행될 것이라는 보장은 어디에도 없다고 할 수 있다. 역풍의 폐해도 감지되고 있다. 개인 정보의 무분별한 노출과 확산은 개인의 사생활과 인권에 심대한 타격을 가하고 있다. 거짓 정보의 유출은 대중의 조작 가능성을 높여주고 있으며, 가치 있는 정보의 통제는 어떤 부분에서는 권력의 집중화 현상을 더욱 고착시키고 있다. 이런 현상은 정보사회가 조지 오웰의 『1984년』의 가능성을 여전히 함축하고 있다는 것을 의미한다.

(4) 정보사회와 필수적으로 연결되는 것이 가상현실과 가상공간이다. 가상공간이란 컴퓨터가 만들어내는 공간을 의미하며, 그런 공간 속에서 창조되는 현실이 바로 가상현실이다. 가상공간은 정보들의 서식처를 의미한다고 할 수 있다. 이런 점에서 그것은 포퍼의 세계3과 유사하다. 가상현실 속의 체험은 우리의 상상력이 만들어내는 예술적 체험에 비유될 수 있다. 그렇지만 가상현실이 주는 예술적 체험은 전통적인 예술적 체험과는 다르다고 해야 한다. 전통적인 예술적 체험은 예술가가 제공하는 체험의 내용을 수동적으로 받아들이는 것이지만, 가상현실에서의 체험은 능동적이다. "가상공간 창조자는 관객이 그 안에서 직접 활동할 수 있는 체계를 만들어낸다."[29]

이런 관점에서 보면 가상현실, 가상공간은 모든 관객들이 동시에 무대에 등장하는 극장이라 할 수 있다. 이런 가상현실 속의 체험을 통해 우리는 제한받지 않고 가능한 한 많은 세계들을 체험할 수 있다. 그리고 이를 통해 현실세계의 장애와 한계를 뛰어넘을 수 있다. 그렇지만 가상현실은 반예술적으로 추구될 수도 있다. 그것은 현실 속에서 성취하지 못한 욕망의 대체물로 채워질 수도 있다. 이렇게 될 때 현실세계의 객관성과 그 세계 속에 존재하는 자아는 점차 별 가치 없는 이차적 존재로 전락할 가능성이 커진다. 사물과 그림자가 뒤바뀌는 것이다.

여기서 우리는 다음과 같은 질문을 다시 한 번 던지지 않을 수 없다. 도대체 우리가 사는 실재의 기준은 무엇인가? 컴퓨터가 만들어내는 가상현실과 우리가 사는 실재현실의 본질적인 차이는 어디에 있는가?

하임(Michael R. Heim)은 인간존재가 체험하는 실재현실의 본질적인 특성으로, 죽을 수밖에 없는 인간존재의 유한성, 내장된 기억과 역사 때문에 일어난 사건을 지워버릴 수 없는 시간의 비가역성, 환경의 위협에 대해 자신을 지키고자 하는 초조한 염려를 든다.30) 가상현실 속에서는 이러한 특성들을 발견할 수 없다. 즉 가상현실 속에서 우리는 우리의 죽음을 필연적으로 예상할 필요가 없으며, 쓰라린 기억을 계속 간직하거나 우리의 생존을 걱정할 이유도 없다. 가상현실 속에서의 나는 나의 신세를 벗어나 있기 때문이다. 이런 관점에서 보면 가상현실은 실재현실과는 완전히 다른 허구적인 현실이다.

가상현실과 연관되는 가상적 자아의 정체성도 새롭게 제기되는 문제이다. 가상현실 속의 자아와 실재현실 속의 나는 어떤 관계에 있다고 할 것인가? 가상현실을 실재현실의 파생물로 볼 때 가상적 자아는 실재자아의 파생물이라고 해야 할 것이다. 포스트모더니즘은 자아의 정체성에 대해 이런저런 공격을 하지만, 현실 속의 실재자아는 정체성을 유지하지 않고는 유지되기 어려워 보인다. 말하자면 분열된 자아로는 생존하기가 용이하지 않은 것이다. 가상적 자아에도 우리는 정체성을 가정할 수 있다. 그러나 가상적 자아는 반드시 그럴 필요가 없을 것이다. 가상현실 속의 자아에게 생존은 큰 문제가 아니기 때문이다.

완전히 분열된 자아를 여전히 자아라고 부를 수 있을까? 가상적 자아와 현실적 자아의 결정적인 차이점을 신체성에서 찾는다면, 즉 현실적 자아만이 신체를 갖고 있는 것으로 용인할 경우, 우리가 자아의 참된 본질이나 사람다움을 의식이 아니라 신체성에서 찾는 것은 정당화되는 것일까?

정보사회에서의 윤리는 산업사회의 윤리와 어떻게 구별되는가? 먼저 예상할 수 있는 것은 보편적 규범의 확산일 것이다. 지구상의 모든 문화가 급속하게 교류되어가는 과정에서, 윤리 규범의 지역주의는 영향력을 발휘하기 어렵게 될 것이다. 그렇지만 한편으로 가상현실이 보편화됨에 따라 윤리적 무정부 상태가 도래할 수도 있을 것이다. 가상현실 속의 가상적 자아는 파편화된 다면적 자아로서, 자아의 정체성을 유지할 필요가 없는 자아이다. 그러므로 이런 가상적 자아에게는 모든 명령과 강요가 무력화된다. 명령과 강요가 통하지 않는다면 가상적 자아는 리비도가 지배하는 원초적 본능의 자아가 될 가능성이 높다.[31]

많은 사람들이 정보사회에서는 새로운 공동체가 출현할 것으로 예측한다. 사실 컴퓨터 동호인 같은 새로운 공동체가 이미 일반화되어 있다. 그렇지만 이러한 현상들이 어떤 진보를 나타낸다고 할 수 있을까? 새로운 공동체에 대한 갈망은 현대사회에서 공동체적 삶이 퇴조하고 있다는 사실에 대한 반명제로서 제기된 것이다. 라인홀드(H. Rheinhold)는 실재세계에서 점차 상실되어가는 공동체성을 가상현실 속에서의 가상 공동체가 회복시켜줄 것이라고 주장한다. 이러한 주장의 근거는 간단하다. 가상현실은 익명성과 항시 탈퇴 허용을 그 특징으로 하고 있기 때문에, 인간 상호간의 교류를 촉진시켜 공동체적 삶을 형성시켜준다는 것이다.

이에 대해 로빈슨은 가상 공동체의 기만성을 다음과 같이 지적한다.[32] 그것은 디즈니랜드에 비유될 수 있다. 수천 명의 방문객이 디즈니랜드를 찾지만, 정작 그곳에 거주하는 자는 없다. 그러므로 가상 공동체에는 같은 배를 탄 거주자들의 공동운명이 존재하지 않는다. 누구든 약간의 불편함만 있어도 탈퇴하고 마는 공동체는 고통과 기쁨을 함께 나누며 삶을 살아가는 우리가 바라는 공동체가 아니다.

(5) 정보기술혁명에 의해 과학과 기술의 진보가 더욱 촉진됨으로써 정보사회에서 과학기술문명은 더욱 지배적이게 된다. 특히 분자생물학과 생명공학의 발달에 의해 새로운 창세기의 시대가 시작되고 있다. 왓슨(J. Watson)과 크릭(F. Crick)이 DNA의 이중 나선 구조를 발견함으로써 분자생물학이 각광받기 시작한 이후, 생명과학은 이제 새로운 단계로 접어들었다.

유전자를 조작하여 새로운 종을 만드는 일은 이제 하나의 산업으로까지 발전했으며, 그것도 21세기의 가장 번창할 산업으로 예측되고 있다. 생명공학산업이 그것이다. 공상과학소설에서나 있음직한 것으로 생각되었던 생명공학의 많은 일들이 이제 일상적인 일들로 되어가고 있다. 단적인 예로 우리가 매일 먹는 식탁의 음식물 중에서 유전자 조작에 의해 생산되지 않은 것을 찾기가 어렵게 되어가고 있다. 생명체의 복제가 현실화된 지는 꽤 오래되었고, 선천적 질병을 치료한다는 명분으로 인간에 대한 유전자 조작도 공공연하게 용인되고 있다.

지금까지의 논의는 다음과 같이 정리할 수 있겠다. 정보사회를 산업사회와는 완전히 다른 사회로 보는 입장에서는, 정보사회에서는 정보의 질이 다르며, 정보의 확산은 직접민주주의를 가능하게 하고 권력을 분산시켜, 보다 나은 미래가 설계될 수 있다고 주장한다. 반면에 정보사회를 산업사회의 연속선상에서 보는 입장에서는, 정보의 양이 증가했을 뿐 정보의 질은 동일하며, 계급의 불평등은 그대로이거나 아니면 더욱 심화된다고 주장한다.

2) 왜 정보사회인가?

산업사회에서 정보사회로의 변동은 어떻게 해서 일어나게 되었는가? 어떤 추동력이 정보사회를 초래했는가? 이에 대한 대답으로는 두 가지가 있다. 하나는 정보사회는 정보기술의 급속한 발달에 의해 초래되었다는 기술결정론적 입장이고, 다른 하나는 자본주의 사회의 생존전략에서 정보사회가 발생했다는 사회구조론적 입장이다.[33]

기술결정론적 입장을 대변하는 사람은 다니엘 벨이다. 벨은 기술의 개발과 생산력의 증가를 통해 산업사회에서 정보사회로의 변화를 설명하려고 한다. 생산력이 증가함에 따라 모든 사람이 토지를 경작하지 않고도 전체 인구를 부양하는 것이 가능해짐으로써 일부의 사람들이 농업에서 벗어나 공장에서 일을 하게 되었다. 같은 논리로 생산력의 증가에 의해 공장에서 잉여가 발생하게 되었고, 이러한 잉여는 교육, 병원, 오락 등 과거에는 상상하기조차 힘든 사치스러운 소비를 가능하게 만들었다. 그리고 이러한 소비는 서비스업이 고용을 늘리게 만든다.

어떻게 해서 생산력은 증가하게 되었는가? 주로 새로운 기술의 개발에 의해서이다. "기술은 생산성 증가의 기반이고, 생산성은 경제적 생활을 변형시킨다."[34] 그러므로 정보기술의 혁명적 발달은 생산성을 획기적으로 향상시켰을 뿐만 아니라 정보산업이라는 새로운 산업 부문을 창출하고, 그에 따라 고용구조를 변화시킴으로써 사회의 기존 구조까지 바꾸게 되었다는 것이다.

한편으로 사회구조론적 입장은 정보기술의 발달을 부정하는 것은 아니지만, 정보사회가 출현하게 된 원인을 정보기술에서 찾는 것이 아니라 자본주의 경제의 내적 변화 속에서 찾고자 한다. 말하자면 기술은 사회적 변화를 야기하는 독립변수라기보다는 사회적 변화의 맥락 속에서 이해되어야 하는 종속변수이며, 자본주의 사회에서는 자본이 오히려 독립변수라는 것이다. 뿐만 아니라 기술은 중립적이다. 그러므로 쉴러는 다음과 같이 말할 수 있었다. "새로운 정보기술의 특성과 그 전망에 관한 중심적인 문제는 우리에게 친숙한 기준, 즉 그것이 누구의 이익을 위해서 그리고 누구의 통제 하에서 수행되는가라는 것이다."[35] 이것은 다음과 같은 질문들로 정식화될 수 있다. 누가 기술적 혁신을 시도하고, 개발하고, 응용하는가? 무슨 목적으로 그리고 어떤 이익이 있기 때문에 그러한 기술혁신이 옹호되는가?

이러한 관점에서 보면 정보사회는 철저하게 자본주의적 요구를 반영하는 것이다. 쉴러의 분석에 의하면, 현대 자본주의는 기업적 제도, 즉 전국적 범위나 국제적 범위를 가진 과두적인 조직체에 의해 지배된다. 말하자면 모든 곳에서 몇 백 개의 기업이 경제를 지배하면서 경제의 수준을 결정한다. 특히 기업자본주의의 규모와 범위가 커짐에 따라 기업들은 초국가적 제국을 만들어내었다.[36] 이와 같이 정보와 그 기술은 기업자본주의의 발달에 의해 촉진되었고, 그것을 지속하는 데 필수적인 것이 되었다. 이것은 정보와 그 기술이 공적인 목적보다는 사적인 이유 때문에 개발되었다는 것을 의미한다. 말하자면 그 활동 범위가 국제적인 기업은 정교하게 된 정보통신망을 필요로 하게 되었을 뿐만 아니라 또한 이윤 추구를 위해 정보를 생산하고 그것을 상품화하기 시작한 것이다. 사회구조론자들은 특히 1970년대 선진 자본주의 사회의 전반적인 경기 침체는 일종의 체제 위기를 불러왔고 각국은 이를 극복하기 위해 정보기술의 개발과 정보통신산업을 육성하고 추진하게 되었다고 본다.

정보산업은 산업조직의 정보화와 정보의 상품화를 동시에 추구하는 것이었다. 산업의 정보화는 정보기술의 도움으로 생산 공정 및 관리 업무를 자동화함으로써 노동 인력을 기계로 대체할 뿐 아니라 시장 통제를 더욱 용이하게 하려는 입장이며, 정보의 산업화란 더욱 고도화된 정보통신기기뿐만 아니라 그로부터 가공, 처리, 저장 또는 송수신되는 정보를 판매 가능한 상품으로 만들고, 그러한 상품의 생산, 유통, 소비 영역을 더욱 확대해나가는 일련의 과정이라고 할 수 있다.37) 그러므로 이런 사회구조적 입장에서 보면, 정보사회란 산업조직의 정보화와 정보의 상품화를 추구하는 사회에다 이데올로기의 옷을 입힌 데 불과할 뿐이다.

기술의 개발이 사회구조 속에서 이루어진다는 사회구조론의 주장은 정당해 보인다. 특히 기업의 전폭적인 지원 하에 기술 연구가 이루어지는 현대 자본주의 사회에서 이러한 주장은 의문의 여지가 없어 보인다. 그렇지만 새로운 기술의 개발이 생산성을 높이고, 높은 생산성은 다시 새로운 소비를 창출하고, 이것은 다시 사회구조에 어떤 변화를 가져올 것이라는 것도 확실해 보인다. 자본주의 체제에서 기업들의 기술 개발은 분명 사적 이윤의 추구 때문에 시작된 것이다. 그러나 그것은 그 개발자들이 의도하지 않았던 거대한 사회적인 변화를 초래했다고 할 수도 있다. 이런 관점에서 보면, 비록 기술의 개발 자체가 자본의존적이라 할지라도, 우리는 결국 기술이 사회적 변화의 직접적인 원동력이라는 것을, 그러므로 정보기술이 정보사회를 초래한 직접적 원인이라는 것을 부인할 수는 없다.

3. 정보사회 유토피아론과 디스토피아론

새로운 과학기술은 낡은 사회를 붕괴시키고 새로운 사회적 변혁을 가져온다. 그러므로 새로운 사회를 갈망하는 사람들은 변화의 원동력이 되는 새로운 과학기술에다 언제나 구세주의 면류관을 씌운다. 반면에 새로운 기술에 의해 일자리를 잃거나 손실을 감수할 수밖에 없는 사람들은 새로운 과학기술에 세상의 종말을 알리는 악마의 상표를 붙인다.

정보혁명이 우리의 삶에 가져온 결과는 어떤 것인가? 그것은 우리의 삶을 억압으로부터 해방시키고 풍요롭게 만들었는가, 아니면 그 반대인가? 정보기술이나 그 기술이 만들어내는 정보사회에 대한 평가는 긍정과 부정의 양극단으로 양분되어 있다. 통상 정보사회 유토피아론자라고 불리는 정보사회 예찬론자들이 정보사회를 높게 평가하는 이유의 핵심은 (i) 정보사회에서의 정보의 확산은 사회적 불평등과 갈등을 해소시켜 보다 자유롭고 평등한 사회가 될 것이며, (ii) 보다 양질의 정보에 의해 나은 미래가 설계될 수 있다는 데 있다.

정보의 확산이 급속하게 이루어지고 있는 것은 숨길 수 없는 사실이다. 세계 대다수의 도서관이나 자료 기관들이 데이터베이스를 구축해

감에 따라 우리는 자신의 연구실에 앉아서 세계의 자료들을 열람할 수 있으며, 또 필요하면 나의 자료를 세계 어디든지 손쉽게 보내줄 수 있다. 오히려 우리는 너무 많은 자료의 홍수 속에 있다. 그렇지만 과연 이런 결과로 세상이 보다 자유로워지고 평등해졌는가? 정보의 확산이 세상을 평등하게 할 것이라는 주장은 정보의 독점이 불평등의 원인이었다는 전제에서 출발한다. 이 전제는 타당한 것으로 판단된다. 특히 정보사회에서 정보는 부의 원천이라 할 수 있고, 따라서 정보의 독점은 부의 독점과 같은 것을 의미하기 때문이다. 그러나 모든 정보가 과연 확산되고 있다고 할 수 있겠는가? 혹은 확산되고 있는 정보가 모두 가치 있다고 할 수 있겠는가?

전혀 그렇지 않아 보인다. 이러한 사실은 정보의 생산과 소비에서 시장이 중심적인 역할을 담당하고 있는 현실에서 분명히 드러난다. 말하자면 정보는 대가를 지불할 수 있는 사람들을 위해서만 생산된다. 정보의 생산 자체가 이윤을 추구하는 하나의 사업이기 때문이다. 이것은 정보의 접근에서 지불 능력이 결정적인 의미를 가지며, 부유한 계층일수록 고급 정보에 접근할 수 있는 반면, 가난한 계층은 열등한 정보만 접하게 된다는 것을 의미한다.

정보사회는 더욱 양질의 정보나 지식을 생산함으로써 보다 나은 미래를 설계할 수 있다는 주장 역시 의심스러워 보인다. 과학기술의 진보에 따라 더욱 많은 지식이나 정보를 우리가 갖게 될 것이라는 것은 분명하다. 우리는 과거에 알지 못했던 영역에 대해 더욱 광범위하고 더욱 세밀한 지식이나 정보를 갖게 될 것이다. 예컨대 우리는 유전자의 비밀을 밝혀냄으로써 생명의 성장과 적응의 기제를 설명할 수 있게 될 것이다. 그리고 이런 지식을 기초로 더 나은 세계를 설계할 수도 있을 것이다. 그렇지만 새로운 지식과 기술이 반드시 더 나은 세계를 위해서만 사용될 것이라는 보증은 지식이나 기술 자체가 하지는 못한다. 보다 못한 세계를 위해서도 지식과 기술은 사용될 수 있기 때문이다. 그러므로 정보기술에 의해 기존의 산업사회와는 질적으로 완전히 다른 새로운 사회가 자동적으로 도래할 것이라는 정보사회 유토피아론은 근거 없는 혹은 잘못된 근거에 기반한 낭만적 태도라고 할 수 있다.

반면에 정보사회 디스토피아론자라고 불리는 정보사회 부정론자들은 고도의 정보기술이 초래할 부정적 측면에 초점을 맞추어 정보사회에 대해 다음과 같은 평가를 내린다. (ⅰ) 정보의 독점에 의해 계급의 불평등은 그대로이거나 아니면 더욱 심화된다. (ⅱ) 정보기술이 고도화되면 될수록 개인은 더욱 세밀하게 감시되며 통제된다.

이러한 주장들은 정보사회의 경제적 메커니즘을 어떤 면에서는 정확하게 표현한 것으로 여겨진다. 그렇지만 정보산업이 전적으로 세계적인 대기업들에 의해서만 주도된다고 단정하는 것은 지나친 주장 같아 보인다. 많은 국가들이 미래 세계에서의 국가의 존망을 걸고 정보분야의 연구와 개발에 공적인 투자를 집중시키고 있다. 이것은 단순히 사적인 이윤을 위해서가 아니다. 뿐만 아니라 기술은 그 개발자들이 의도하지 않았던 결과가 반드시 긍정적인 것이라고 단정할 수는 없겠지만, 어쨌든 새로운 정보기술이 가져올 파장이 그것을 개발한 사람들의 이익에만 봉사하지 않는다는 점은 함께 고려되어야 한다.

정보사회를 디스토피아로 보는 사람들은 정보화가 진전됨에 따라 감시는 더욱 용이해지고, 반대 세력들에 대한 통제는 더욱 효과적으로 수행된다고 주장한다. 감시는 물론 정보사회의 전유물이 아니다. 근대 사회에서 감시는 주로 국가가 담당했지만, 자본주의가 기업자본주의가 됨에 따라 감시는 이제 기업의 중요한 업무가 되었다. 특히 자본주의 기업에서 감시는 관리에 대한 열쇠가 된다. 데이비드 번햄(David Burnham)은 거래 정보(transactional information)라는 현상에 대해서 주의를 환기시킨 적이 있는데, 이것은 현대적 감시와 특별한 관련성을 가지고 있다. 거래 정보는 전화, 수표, 신용카드, 식료품 구매, 자동차 대여, 유선 텔레비전 시청과 같은 것에서 채집되는, 일상생활에 대한 정보이다. 이것은 생활 속의 일상적인 정보이지만, 기업의 관리자에게는 필수적인 정보이다. 그리고 이것은 동시에 기업의 판매 전략을 매우 향상시켜줄 수 있는 감시의 유형이다.

이런 관점에서 보면 정보사회는 오히려 감시사회(surveillance society)가 된다. 물론 이러한 주장이 조지 오웰의 시나리오나 미셸 푸코의 원형감옥(panopticon)을 적극적으로 옹호하는 것은 아니다. 감시사회라는 말 자체가 대형(big brother)이나 감시자의 이미지와 연관되는 측면이 있지만, 이것은 어떤 면에서는 조직화된 생활방식에서 파생되는 불가피한 결과로 볼 수도 있기 때문이다. 그런데도 불구하고 개인의 사생활이 침해받을 가능성은 점점 더 커진다고 할 수 있다.

감시와 통제에 대한 주장은 정보사회가 안고 있는 문제점에 대한 날카로운 지적임에는 틀림없어 보인다. "조직화와 감시는 몸이 붙은 쌍둥이로서 근대 세계의 발전과 함께 성장해왔다"[38]는 기든스의 주장은 호소력이 있으며, 정보화가 진행될수록 감시는 더욱 용이해지고, 반대 세력들에 대한 통제는 더욱 효과적으로 수행된다는 주장 역시 설득력이 있다. 그렇지만 이러한 주장은 지배 세력에 의한 정보기술의 독점과 정보기술의 사용을 지배 세력에게 유리하게 허용하는 법률 체계를 전제하고 있다. 과학과 기술 그 자체는 어느 특정 세력에게 유리하거나 불리하다고 할 수 없을 것이다. 문제는 그것을 이용하는 사회의 체제나 문화에 달려 있다. 그러므로 기술 그 자체에 의해 어떤 사회의 성격을 규정하는 것은 지나친 수동주의라고 판단된다.

전체적으로 정보사회 유토피아론이든 정보사회 디스토피아론이든, 기술결정론적 입장에 기초하고 있다. 여기에는 한 사회를 구성하고 만들어가는 인간의 주체적인 창조가 배제되어 있다. 이것은 우리가 수용할 수 없는 역사 법칙주의의 한 유형이다. 우리가 앞에서 논의했듯이 기술이 사회 변화의 직접적인 원인이라는 것은 부인할 필요가 없을 것이다. 그렇지만 이것은 기술 그 자체가 모든 것을 결정한다는 것을 의미하는 것은 아니다. 기술은 그것을 활용하는 인간이 존재할 때만 힘을 발휘하는 것이며, 기술을 어떻게 활용할 것인가 하는 것은 전적으로 인간에게 달려 있는 문제이다.

한 가지 분명한 사실은 정보사회가 산업사회보다 생산력에서 앞선다는 점이다. 이것은 정보기술에 의해 뒷받침되고 있다. 설사 정보사회를 탄생시킨 정보기술 자체가 기존의 산업사회가 부딪친 문제를 해결해가는 과정에서 창출되었다 할지라도, 사태는 마찬가지라고 해야 할 것이다. 그러므로 생산력의 관점에서 보면 정보사회는 산업사회와는 일단 차이가 나는 사회임에 틀림없다.

생산력의 진보는 역사의 단계를 나누는 중요한 준거 틀이 될 수 있을 것이다. 이것은 자연의 구속과 예속으로부터의 탈출을 의미하기 때문이다. 그렇지만 역사의 단계를 생산력의 진보만으로 평가하는 것은 정당화되기 어려울 것이다. 예컨대 사회 B가 이전 사회 A보다 생산력에서 월등하게 진보했다고 할지라도, 사회체제에서 더욱 부자유하고 불평등한 사회라고 한다면 어떻게 사회 B의 진보성을 주장할 수 있겠는가? 생산력의 발전은 억압으로부터 해방되고 풍요로운 사회를 위한 조건일 뿐 자유의 왕국을 필연적으로 보장하는 것은 아니다. 오히려 생산력의 발전은 인간을 억압하고 구속하는 족쇄로서 작용할 수도 있다. 하버마스가 갈파한 대로,[39] 생산력의 발전은 자동적으로 그에 맞는 생산관계를 정립시키는 것은 아니며, 사회발전을 설명하기 위해서는 생산력의 발전 이외에 사회구성원의 상호작용을 규정짓는 규범적 구조의 발전과 제도화를 설정하지 않으면 안 된다. 말하자면 사회발전은 새로운 사회적 통합 양식의 출현을 통해서 가능하게 되는 것이다.

이런 관점에서 우리는 다음과 같은 잠정적 결론에 도달한다. 정보사회는 생산력의 증가에 의해 자유의 가능성이 한층 증대된 사회이다. 정보기술의 발달에 의해 체험의 영역이나 범위도 확대되었다. 그렇지만 정보사회는 적어도 아직까지는 산업사회와 비교해서 사회의 규범적 구조를 발전시키거나 제도화하지 못하고 있다. 그러므로 이런 측면의 사회적 발전에 대해서는 고려하지 않은 채 기술적 측면의 발전만 보고 정보사회를 새로운 유토피아라고 규정하는 것은 성급한 결론일 것이다. 동시에 조직화와 감시의 측면에 초점을 맞추어 정보사회를 디스토피아라고 규정하는 것 역시 섣부른 결론이라 할 수 있다.

2절 정보사회의 진화

정보사회의 진화는 눈부시다. 20세기 1970년대 이후 컴퓨터와 인터넷이 이끈 정보화 및 자동화 생산 시스템을 우리는 정보혁명이라 부르기도 하고, 3차 산업혁명이라 부르기도 한다. 1차 산업혁명은 18세기 중엽 증기기관의 발명과 함께 영국에서 시작된 기계화 혁명이고, 2차 산업혁명은 1870년대부터 전기에너지를 이용하여 컨베이어 벨트를 이용한 대량생산 시스템 혁명을 가리킨다.

이제 세계는 사물 인터넷의 4차 산업혁명에 돌입하고 있다. 사물 인터넷(Iot)이란 인터넷을 기반으로 모든 사물을 연결하여 사물과 사물, 사람과 사물 사이의 정보를 서로 소통하는 컴퓨터 통신망이다. 사물 인터넷은 기존의 인터넷보다 진화된 단계로, 인터넷에 연결된 기기가 사람의 개입 없이 서로 정보를 주고받고 처리한다. 말하자면, 이것은 인공지능(AI)을 통해 사물을 자동적으로, 지능적으로 제어할 수 있는 시스템이다. 4차 산업혁명이란 용어의 사용은 2016년 다보스 포럼(Davos Forum)에서 클라우스 슈밥(Klaus Schwab) 회장의 "모든 것이 연결되고, 보다 지능적인 사회로 진화하여 우리 삶의 방식을 근본적으로 변화시킬 제4차 산업혁명 시대에 진입하고 있다"는 선언이 발단이 되었다. 4차 산업혁명의 핵심은 인공지능이다.

인공지능(artificial intelligence)이란 인간의 타고난 지능, 즉 자연지능이 아니라, 우리가 인위적으로 만든 지능을 가리킨다. 이것은 자연지능을 모방하여 학습 능력과 추론 능력, 지각 능력, 자연언어 이해 능력 등을 컴퓨터 프로그램으로 실현한 기술이다. 인공지능이란 말은 컴퓨터 과학자 존 매카시(John McCarthy)에 의해 1956년에 등장했지만, 1980년대 신경망 이론에서 논의되다가, 1990년 인터넷의 발전으로 본격적인 관심의 대상이 되기 시작했다. 인공지능의 도약은 인공지능도 학습 능력을 갖출 수 있다는 점이 확인되면서부터 시작되었다. 세계적인 여러 기업들의 경쟁적 투자가 인공지능과 연관된 사업에 이루어지고 있으며, 인공지능을 이용해 인류가 당면한 여러 문제들을 해결하는 사례들이 속출하고 있다.

구글 딥마인드가 개발한 인공지능 컴퓨터 바둑 프로그램인 알파고 (AlphaGo)가 2016년 3월 바둑계의 세계 최강자 이세돌 9단에 4 대 1로 승리한 것은 인공지능의 우수함을 증명한 놀라운 사건이었다. 인공지능의 본질은 연산체계이다. 연산체계는 문제 해결의 상황에서 가장 효율적인 경로로 해법을 제시할 수 있다. 인공지능은 인류가 개발한 단순한 도구가 아니다. 옛날의 기계들이 인간의 오감과 근육을 확대시킨 것이라면, 인공지능은 인간 두뇌의 확장이기 때문이다.[1]

오랫동안 우리는 인간을 만물의 영장이라 주장하면서, 인간의 우월성은 생각하고 계산하는 능력인 이성에 있다고 생각해왔다. 이런 논리에서 아리스토텔레스는 인간을 '이성적 동물'이라고 정의를 내렸다. 이 이성이 무엇인가를 두고 많은 논란이 있어왔지만, 대체로 (i) 언어를 사용하고, (ii) 추론하고, (iii) 상황에 대해 이론적으로 설명하는 등의 기능을 하는 것으로 이해되었다. 말하자면 이성의 이런 능력 때문에 인간은 어떤 다른 생명체보다도 상위의 존재라고 생각한 것이다.

이런 이성은 지능의 높은 수준을 의미한다. 얼마 전부터 인공지능이 인간의 자연지능을 능가할 수 있다는 사실이 확인되면서, 이성적 동물의 우월성은 뿌리째 흔들리고 있다. 이제 많은 사람들은 이성이 아니라 감정과 욕망에서 인간성을 확인하려고 한다. 그것은 다음과 같은 질문에서 나타난다. "인공지능에는 감정이나 욕망은 없지 않은가?" "감정이나 욕망이 없는데, 어떻게 인간과 같을 수 있단 말인가?" 이 질문의 근본 취지는 물론 인공지능 로봇은 기계이지 생명체가 아니라는 주장이다. 그렇지만 이렇게 주장함으로써 우리 인간은 이제 이성적 존재의 우월성을 스스로 포기하고 만 셈이다.

많은 사람들이 감정이나 욕망을 가진 인공지능 로봇의 탄생도 가능할 것으로 예언하고 있다. 이렇게 될 때, 즉 인간이 가진 모든 것을 가지고 있으면서 동시에 우월한 존재가 탄생한다면, 인공지능은 우리가 이해할 수 없는 특이점을 초래할지도 모른다. 말하자면, 현재 우리가 그 속에서 살고 있는 정치, 경제, 사회, 문화의 체제들과 우리가 추구하는 가치체계에 엄청난 변화를 몰고 올 수도 있다. 인공지능은 인간의 자연지능을 뛰어넘고 인간은 그것을 제어하지 못할 수도 있다. 스티븐 호킹 박사는 2015년 시대정신 런던 대회에서 "인공지능의 창조는 인류 역사의 가장 큰 사건이지만, 불행히도 인간의 마지막이 될 것"이라고 하면서, "백 년 안에 로봇이 인간을 지배하게 될 것"이라고 위험성을 경고하기도 했다. 또 인공지능을 연구하는 학자들이 '아실로마 인공지능 원칙'이라는 인공지능 연구의 기준을 제시하기도 했다. 이런 우려에도 불구하고 인공지능의 진화는 당분간 더욱 가속화될 것으로 생각된다.[2]

인공지능과 함께 미디어의 발달도 급속하게 진행되고 있다. 1980년대부터 전자기술의 발전에 따라 새롭게 생겨난 여러 통신 및 정보 전달 수단을 보통 뉴미디어(new media)라 부른다. 기존의 미디어는 아날로그 방식에 기초해 있었지만, 뉴미디어는 디지털 방식에 기초하여 모든 데이터를 디지털화한다. 이 때문에 뉴미디어는 데이터의 복제, 압축, 연결, 재전송과 같은 다양한 측면의 장점을 지닌다. 말하자면 뉴미디어는 어떤 형식의 메시지라도 전달, 복사, 재생할 수 있는 매체이다.[3]

뉴미디어의 발달은 사회의 변화에 지속적인 영향력을 행사한다. 김문조는 미디어 기반 사회의 도래를 다음과 같이 제시한다.[4]

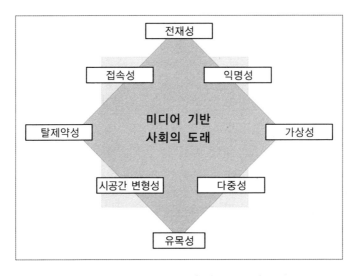

그림 4.1 미디어 기반 사회의 도래

1. 좁아지는 세상: 전 지구적 연결망 사회

연결망 사회는 사회구성원 모두가 거미줄 같은 망에서 서로 연결된 사회이다. 연결망은 수많은 교점들을 연결하는 그물이다. 망에는 특별한 중심이 없고 교점들만 있다. 교점들은 망의 목표에 기여하는 능력에 따라 상대적인 중요성을 갖는다.

사회적 연결망의 탐구에서 다음과 같은 주장이 제기되었다.

5년 또는 10년 이내에 좁은 세상 아이디어가 우리를 인도하리라는 것은 누구나 추측할 수 있다. 그런데 좁은 세상 아이디어는 우리의 아이디어들이 서로서로 연결되는 방식에서 어떤 것을 드러낼 것이다. 즉 생물학, 컴퓨터과학, 사회학, 물리학의 발견들이 어떻게 서로 친밀하게 연결되는지를 드러낼 것이다.[5]

이러한 주장은, 연결망에 의해 세상은 좁아지고, 이렇게 좁아진 세상은 옛날의 넓은 세상과는 다르다는 것을 의미한다. 연결망의 규모는 대단하다. 카스티가 잘 지적했듯이[6] 전 지구에 존재하는 70억 명이 넘는 인구나 4만 4천여 개의 초국적 기업을 가로지르는 사회관계의 연결망, 기상을 예측하는 1백만 개의 상호의존 변수들의 연결망에서 보듯이 연결망의 규모는 엄청나다고 할 수 있다. 카스텔은 연결망의 중요성을 다음과 같이 주장한다. "네트워크는 우리 사회에 대한 새로운 사회형태학을 구성하며, 네트워킹 논리의 확산은 생산, 경험, 권력, 문화 과정에서 작동 과정과 결과물을 근본적으로 변화시킨다. … 네트워크 사회는 사회적 행위보다 사회형태학이 확실히 우위에 있다는 특징을 가지고 있다."[7]

연결망 체계들이 작동하는 세상은 다음과 같은 점에서 이전의 세상과는 다르다.[8]

ⅰ) 연결된 현존이 점차 늘어난다. 연결된 현존이란 타인들이 단순히 '거기'에 있는 것이 아니라 연결망에 분포하는 매우 많은 가상물들의 매개를 통해 거기에 있거나 있을 수 있음을 의미한다. 이때 타인들은 멀리 떨어져 있지만 거기에 있다는 것을 보여주는 신호가 중요해진다.

ⅱ) 가족과 친구 관계는 경제생활과 유사하게 연결된다. 외관적으로 서로 다른 영역들이 더욱 조직화되고, 더욱 상호의존적이 된다.

ⅲ) 지구적인 미시구조들은 점점 중요해진다.

ⅳ) 이런 연결망들이 좁은 세상 효과를 만들어낸다.[9]

'좁은 세상'을 유발하는 사회 연결망을 수학적으로 분석하는 와츠는 사회 연결망의 역동적 복잡성은 완벽한 질서도 아니고 전적으로 무작위도 아닌 질서와 무작위의 사이에 있다고 본다. 여기서 핵심 아이디어는 '느슨한 관계'이다. 느슨한 관계란 친한 친구와 가족 사이의 단단하고 끈끈한 군집이 만드는 것과는 다른 형태의 관계이다.

그렇지만 이 느슨한 관계에 의해 세계는 하나의 연결망으로 된다. 단단하고 끈끈한 관계는 확장에 한계가 있다. 우리가 이름을 기억하며 가깝게 사귈 수 있는 사람은 100명 내지 150명을 넘지 못한다는 심리학적 연구가 이를 극명하게 보여준다. 만약 우리가 100명의 이웃들과만 연결된 어떤 연결망이 있다고 가정할 때, 전 세계 70억 인구와 연결하기 위해서는 아마 몇 천만 단계를 거쳐야 할 것이다. 그렇지만 에르도스(Erdos)의 연구는 이들 각각의 '군집'에 속한 이웃들을 서로 연결해주는 소수의 무작위 링크들이 사람들 사이의 분리 단계를 극적으로 감소시킨다는 점을 보여주었다. 예컨대 1만 개의 연결망 중에서 단지 3개의 무작위 링크가 있다면 세계의 인구를 연결해주는 단계는 6

천만 단계에서 5단계로 감소한다. 이것이 바로 좁은 세상이다.[10]

좁은 세상의 아이디어가 출현된 것은 꽤 오래전의 일이다. 1920년 대에 헝가리 작가 프리제스 커린시(Frigyes Karinthy)가 『연쇄 (Chains)』라는 제목의 소설을 통해 전 세계 사람들이 단지 몇 단계를 거치면 모두 다 연결될 수 있다는 생각을 제시한 후, 많은 실험들이 이루어졌다. 1960년대 하버드대학교 스탠리 밀그램(Stanley Milgram) 교수가 무작위 편지 전달 실험을 통해 전 세계 사람들이 단지 여섯 단계 이내에서 모두 연결되어 있음을 입증했다.[11] 1990년대 월드와이드웹(World Wide Web) 시대가 열리고부터, 좁은 세상은 누구나 확인할 수 있는 상식이 되었다.

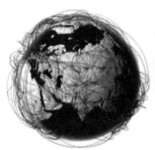 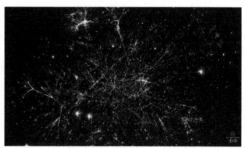

그림 4.2 지구적 연결망

2. 빠르게 이동하는 세상: 새로운 이동성 패러다임

현대사회를 설명하기 위해 이동성 패러다임(mobilities paradigm) 을 제기한 존 어리(John Urry)는 그의 저서 『이동성』에서 다음과 같이 시작한다.

마치 온 세상이 이동 중인 것처럼 보인다. 조기 은퇴자, 국제 유학생, 테러리스트, 해외 집단이주자(disaporas), 행랑객, 사업가, 노예, 스포츠 스타, 망명 신청자, 난민, 배낭족, 통근자, 젊은 모바일 전문직 종사자, 매춘부 등을 포함한 수많은 사람들에게 현대 세계는 무한한 기회의 원천이거나 적어도 운명인 것 같다. 이런 여러 집단이 전 지구를 가로지르며 교통, 통신의 허브에서 간간이 마주치고, 현실에서 또는 전자 데이터베이스에서 다음에 올 고속버스, 메시지, 비행기, 트럭 짐칸, 문자, 버스, 승강기, 페리, 기차, 자동차, 웹사이트, 와이파이 핫스팟 등을 찾고 검색한다.[12]

이 책은 2007년에 출간되었으니 벌써 10년 전의 일이지만, 그 당시 제시한 통계만 보아도 대단하다는 생각이 든다. "매일 4백만 명이 비행기를 이용하고 미국 상공에서만 약 36만 명의 탑승객이 항상 비행 중에 있다." "1800년에 미국인은 평균적으로 하루에 50미터를 이동했는데, 지금은 하루 50킬로미터를 이동한다." 아마도 지금은 이보다 훨씬 늘어났을 것으로 추정된다. 여기서 재미있는 사실은 사람들이 더 멀리, 더 빠르게 이동하고 있지만, 예전보다 더 많은 시간을 소비하지는 않는다는 것이다. 사회마다 차이가 나지만, 사람들이 이동에 쓰는 시간은 대략 한 시간 정도로 측정되었다.

물건들 역시 이동 중이다. 다국적으로 조달되는 상품의 여러 부품들이 전 세계 곳곳으로부터 제조사에 전달되고, 완성된 제품들이 제조사로부터 전 세계에 배달된다. 비디오, 디브이디, 라디오, 텔레비전, 캠코더, 이동전화 등이 수시로 국경을 넘나든다.

동시에 인터넷은 엄청나게 빠른 속도로 성장하면서, 각 사회 내부와 사회들 간에 새로운 방식의 상호작용과 통신을 창조하고 있다. 휴대통신기술이 급속하게 발달하면서 사회생활의 많은 양상이 '이동 중'이거나 집에서 벗어나는 쪽으로 변하고 있다. 사람, 기계, 이미지, 정보, 권력, 돈, 아이디어를 비롯하여 심지어 위험 요소까지 함께 이동 중이면서, 전 세계 곳곳에서 빠른 속도로 연결을 만들고, 또 만든다.[13]

많은 사회학자들이 '새로운 이동성 패러다임의 전환'을 이야기한다. 이것은 경제적, 사회적, 정치적 관계들의 정태적이고 고정적인 특성들을 다양한 공간과 시간을 통해 수행되고 조직되는 다차원적 방식으로 서로 연결시킨다. 잘 조직화된 시스템이 이동을 가능하게 한다. 말하자면 시스템은 여행이 예정대로 진행되며, 메시지가 전달되며, 물건이 도착할 것이라는 예측 공간을 제공해준다. 불확실했던 이동이 이런 시스템들 덕분에 예측 가능하고 상대적으로 위험 없이 일정한 시간에 되풀이될 수 있다.[14]

어리가 잘 설명하고 있듯이, 산업화 이전의 이동성 시스템들로는, 걷기, 말 타기, 가마, 사륜마차, 내륙 수로, 바다 항해 등이 있었다. 20세기에 들어와서는 지금까지와는 다른 방대한 일련의 이동성 시스템이 개발되었다. 자동차 시스템, 국가적 전화 시스템, 공군력, 고속철도, 현대 도시 시스템, 저가 항공 여행, 이동전화, 네트워크 컴퓨터 등이다.[15]

어리는 이동성 패러다임의 전환을 논하면서 새로운 패러다임의 특성으로 열세 가지를 열거한다.[16] 이들 중 중요한 특성들인 상호의존적 이동성, 이동성 체계, 이동을 통한 효과적 지배 등은 다음과 같이 논의된다.

첫째, 모든 사회적 관계를 다소 '먼 거리에서' 빠르고 강렬하게 나타나면서 물리적 이동을 수반하는 다양한 '연결'과 관련되어 있는 것으로 보아야 한다. 이것은 사회관계가 결코 장소에 고정되어 있거나 위치하지만은 않으며 순환하는 실재를 통해 다양하게 구성된다는 것이다. 지금까지의 사회과학은 현존의 형이상학, 즉 사회적 존재의 기반으로서 다른 사람들과의 직접적인 현존을 전제로 했다. 그렇지만 새로운 패러다임에서는 사람들이나 사회적 집단과의 연결이 근접성에 기초하지 않는다고 본다. 사회관계는 결코 장소에 고정되거나 위치하지만은 않으며, '순환하는 실재'를 통해 다양하게 구성된다.[17] 많은 순환하는 실재가 존재하며, 그것은 사회 내 관계성과 사회 간 관계성을 다중적이고 다양한 거리에서 발생시킨다.[18]

> 다양한 형태의 '상상된 현존(imagined presence)'이 존재하며, 그것은 사물, 정보, 이미지의 이동을 통해 발생하며, 다양한 사회적 공간을 가로지르는 연결과 그 공간에 대한 연결을 수반한다.[19]

둘째, 어리는 모든 사회가 상이한 상호의존적 과정을 통해 거리에 대처하며, 이 상호의존적 과정은 상호의존적 이동성에서 나온다고 본다. 그것은 (i) 시공간 형태로 조직된 직장, 여가, 이주 등을 위한 사람들의 육체적 이동, (ii) 생산자, 소비자, 판매자로서의 사물의 물리적 이동, (iii) 이미지를 통해 영향을 받는 상상이동, (iv) 지리적, 사회적 거리를 초월하는 가상이동, (v) 개인 대 개인 메시지를 통한 통신이동 등이다.

(i)과 (ii)는 우리가 일상생활 속에서도 잘 아는 이동들이다. 정보사회가 진화하면서 변화한 것은 이런 이동들이 더욱 활성화되었다는 점이다. 그렇지만 (iii), (iv), (v)는 우리에게 친숙하지 않은 이동들이다.

가상이동은 인터넷의 가상공간을 통한 이동이다. 팀 버너스리의 World Wide Web은 나라, 언어, 주제, 학문 분야의 전통적 경계를 고려하지 않고 링크에서 링크로 연결함으로써 가상공간을 한없이 확장시킨다. 우리는 이 가상공간을 이동하며, 다른 사람과 사물과 가상물들을 만난다. 이런 현상에 대해 카스텔은 다음과 같이 말한다.

우리의 세상에서 특별한 것은 극소 전자공학에 근거하고 소프트웨어로 운영되는 통신기술에 의해 추동되는 상호작용 네트워크 안에서, 인간 주체의 신체와 정신이 확장되고 증강되는 것이다. 이러한 기술들은 소형화가 진행되면서(그리고 여기에 휴대성 증대가 덧붙여질 수 있다) 인간 활동의 전체 영역으로 점차 확산된다.[20]

최근에 급증하고 있는 원격 근무도 이런 가상이동의 대표적인 사례이다. 원격 근무자들은 사이버상의 업무 장소에 모여 함께 일을 논의하지만, 실제로는 서로 멀리 떨어져 사는 것이 보통이다. 가상이동이 일상화됨으로써, 누가 가까이 있고, 누가 멀리 있는지에 대한 감각을 변형시키고 있다.

상상이동은 머릿속에서 행하는 이동이다. 우리는 여행기나 안내책자를 보면서, 또는 영화나 텔레비전을 시청하면서 그 현장으로 이동한다. 20세기 초반에는 사진과 라디오가 상상이동의 중요한 매체였으며, 20세기 후반부터는 텔레비전이 가장 중요한 매체가 되었다. 텔레비전은 세계 각지의 뉴스와 수많은 정보와 오락과 다큐멘터리를 제공한다. 우리는 텔레비전을 보면서, 지진이 발생한 지역으로, 올림픽 경기장으로, 히말라야로 이동한다.

이동통신 이동은 휴대용 기기를 통한 이동이다. 이동전화기는 이제 현대인에게 선택이 아니라 필수가 되었다. 이동통신 이동은 실제로 이동하면서 동시에 상상이동을 수행하므로 이중적 이동이라 할 수 있다.

3. 빅데이터의 세상: 문화 유전자의 총체적 헤쳐 모여

빅데이터란 디지털 환경에서 생산되는 대규모 데이터를 말한다. 빅데이터는 넓은 의미로는 기존 데이터와는 비교가 안 될 정도로 방대하여 기존의 방법이나 도구로는 수집, 저장, 분석이 불가능한 정형 및 비정형의 대규모 데이터를 의미할 뿐만 아니라, 이러한 데이터로부터 가치 있는 정보를 추출하고 결과를 분석하는 기술까지를 함축한다.[21]

고객의 데이터를 활용하는 기업의 고객 관리는 이미 1990년부터 시작되었지만, 2009년 UN의 빅데이터 이용을 위한 'global pulse'가 출범하고, 2012년 다보스 포럼의 주제 중의 하나로 논의되면서, 빅데이터 시대가 개막되었다고 할 수 있다. 빅데이터를 활용하는 분석 방법론은 과거에 불가능했던 일들을 가능하게 만들고 있다. 이런 사례 중 대표적인 것이 구글의 자동번역 시스템이다. 구글은 수천만 권의 도서 정보와 유엔과 유럽의회, 웹사이트의 자료를 활용해 64개 언어 간 자동번역 시스템 개발에 성공했다.[22]

앞으로 빅데이터의 분석 방법론은 더욱 진화할 뿐만 아니라 더욱 다방면으로 활용될 수 있을 것으로 생각된다. 내가 '문명의 융합' 논제의 실증적 자료로서 제시한 것도 빅데이터 분석의 결과라고 할 수 있다.

빅데이터 플랫폼은 빅데이터 기술의 집합체이자 기술을 잘 활용할 수 있도록 준비된 기반 모듈이다. 말하자면 빅데이터 플랫폼은 데이터를 수집하고 저장하며, 빅데이터를 처리하고 관리하는 역할과 기능을 한다. 이런 빅데이터 플랫폼은 Hadrop, IBM imgrosphere Biginsight, Splunk, IRIS 등을 비롯하여 계속 생겨나고 있다. 이 플랫폼을 기반하여 수많은 데이터 분석 솔루션이 창출된다.[23]

빅데이터의 처리기술을 보더라도 일정기간이나 일정량을 정리하여 처리하는 배치(Batch), 복잡한 데이터를 처리하는 기술인 셉(CEP), 분산환경에서 대량의 로그데이터를 효과적으로 수집하여 다른 곳으로 전송할 수 있는 플룸(Flume), 구글 파일 시스템(google file system), 맵리듀스(MapReduce), 메시지 전달 인터페이스(Message Passing Interface), 하이브(Hive) 등 다양하다.

문화 유전자도 빅데이터의 일종이다. 빅데이터 플랫폼과 빅데이터 처리기술의 발달에 따라 문화 유전자의 총체적 헤쳐 모여는 시간문제일 것으로 생각된다. 빅데이터는 수많은 솔루션을 개발하여 자료들을 활용하고 있다. 비단 어떤 솔루션 프로그램을 개발하지 않는다고 할지라도, 인간이 합리적 존재인 한에서 자료들의 총체적 활용은 필연적이라고 할 수 있다.

4. 문화 유전자들의 융합

문화 유전자들의 총체적 뒤섞임은 결국 어떤 결과를 가져올 것인가? 뒤섞임 현상은 일차적으로는 어떤 융합을 초래하고, 융합이 누적되면 새로운 문명이 창출된다는 것이 나의 주장이다.

융합은 단순한 혼합이나 혼종이 아니다. 혼합이나 혼종은 두 사물이 단지 서로 섞이는 것에 불과하다. 예컨대 한쪽에는 a만 있고, 다른 쪽에는 b만 있다가, 서로 섞여 양쪽에 모두 a + b가 존재하게 되는 현상은 혼합이나 혼종에 불과하다. a와 b가 비슷해지는 현상이 융합이다. 여기에는 다양한 방식이 있을 수 있다. a가 b를 흡수할 수도 있고, 그 반대일 수도 있다. 또 a와 b가 c로 수렴될 수도 있다. 예컨대, 백인과 흑인의 유전자가 만나면 중간색이 나타나듯이, 서양 음악과 국악이 만났을 때 새로운 형태의 음악이 만들어질 수 있다. 그러므로 내가 문화 유전자들의 융합이라 했을 때는 문화 유전자들의 단순한 뒤섞임이 아니라 문화 유전자들의 공통성이 증가함을 의미한다.

이것은 다음과 같은 이야기가 된다.

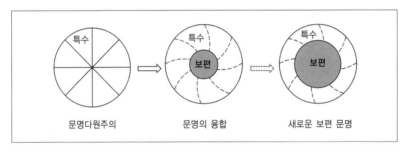

그림 4.3 문명의 변천

어떻게 하여 문화 유전자들의 총체적 헤쳐 모여가 단순한 뒤섞임에 끝이지 않고, 융합을 불러오는가? 이런 주장의 근거를 나는 인간 존재의 합리성과 활동이론에 근거해서 다음과 같이 설명하려고 한다.

 ⅰ) 인간은 합리적 존재이다.

 ⅱ) 합리적 존재는 비슷한 상황에서 비슷하게 판단하고 행위한다.

 ⅲ) 인간은 문제를 해결해야 하는 비슷한 상황 속에 있다.

 ∴ 인간은 비슷하게 판단하고 행위한다. = 문화 유전자들의 융합이

일어난다.

ⅰ)의 논제인 인간이 합리적 존재라는 것은, 그들이 하는 일에 대해 반성할 수 있으며, 그것을 수행하는 보다 우수한 방식을 식별할 수 있다는 것을 의미한다. 합리적이라는 것은 주어진 자료를 최대한 효율적으로 활용하여, 목표를 달성할 수 있는 수단을 강구할 수 있다는 의미이다. 논제 ⅱ)는 합리성이 동시에 보편성을 함축한다는 것이다. 말하자면, 어떤 상황에서 합리적 존재 a에게 타당한 믿음이나 행위는 같은 상황에 처해 있는 모든 합리적 존재들에게도 마찬가지로 타당하다는 것이다.

ⅲ)은 활동이론의 체계를 통해 보여줄 수 있다. 활동이론은 러시아의 교육심리학자 레프 비고츠키(Lev Vygotsky)가 처음 제기한 학습이론으로, 인간의 학습(learning)이 단순한 자극-반응의 조건반사적 관계가 아니라, 언어를 중심으로 한 인공물에 의해 매개된 실천이란 점을 강조하는 이론에서 출발한다. 말하자면, 그것은 사회 속에서 이루어지는 인간의 복잡한 실천을 설명하는 이론적 틀이었다. 활동이론의 철학적 기원은 칼 마르크스의 『포이에르바흐에 관한 테제』(1845)의 첫 번째와 세 번째 테제가 기반이 된 것으로 알려져 있다. 두 테제는 모두 이제까지의 유물론이 감성적인 인간 활동, 즉 실천을 주체적으로 파악하지 못했다고 비판한다. 비고츠키는 우리의 정신활동이 특정한 사회에서 공유된 도구를 매개로 하여 이루어진다고 보았으며, 도구 중에서도 사고를 가능하게 하는 언어를 매우 중시했다. 커티(Kutti)는 활동이론을 다음과 같이 정의한다. "활동이론은 인간의 다양한 실천을 개인과 사회의 차원이 동시에 연결된 발전의 과정으로서 연구하는 철학적이면서 초학제적인 틀이다."24)

활동이론을 구체화시킨 엥게스트롬(Y. Engestrom)의 활동이론 모
델을 이용하여 정보사회 이전과 그 이후를 비교하여 인간의 학습활동
의 변화를 설명하면 다음과 같이 된다.

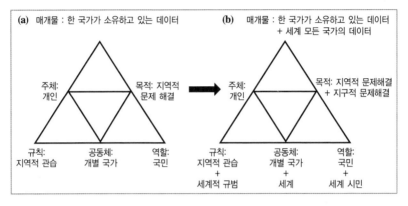

그림 4.4 활동체계의 변화

주체는 개인일 수도 있고 집단일 수도 있다. 그는 당면 문제를 해결
하기 위해 목표를 설정하고 이를 달성하려고 시도한다. 이때 그는 설
정된 목표를 달성하기 위해 어떤 방법이나 수단을 갖추어야 하는데, 그
것이 바로 매개물이다. 예컨대 내가 어떤 학술지로부터 청탁을 받고 주
제 a에 관해 한 편의 논문을 쓴다고 가정해보자. 나는 먼저 이런 주제를
다룬 선행 논문들을 섭렵하고, 이 주제에 관한 나의 생각을 체계적으로
표현한 후, 그것을 PDF 파일로 보내는 과정을 거치게 된다. 이때 한글
이나 영어로 쓰인 여러 선행 논문들, 나의 생각을 표현하는 언어들, 내
가 작업하는 노트북과 PDF 파일의 여러 시스템들이 모두 매개물들이
다. 이때 이 매개물들은 넓은 의미에서 모두 내가 속한 공동체의 유형,
무형의 자산들이라고 할 수 있다. 내가 속한 공동체의 크기나 수준에
따라 매개물의 규모도 달라진다. 규칙은 나의 목적을 추구하면서 지켜

야 할 규범이다. 예컨대 논문을 쓸 때, 남의 글을 표절해서는 안 되며, 논문의 양식에 맞게 표현해야 하며, 국제적으로 공인된 학술지에 발표해야 한다는 것들을 규칙이라 할 수 있다. 역할은 공동체 구성원들 사이에서 내가 갖는 위치나 기능이다. 내가 교수로서 학문의 발전을 위해 논문을 쓰는가, 아니면 학생으로서 학점을 따기 위해 논문을 쓰는가에 따라 그 역할은 달라진다. 이런 활동 시스템에서 가장 중요한 항목은 매개물이다. 이 매개물의 양이나 질은 우리가 설정한 목적의 달성과 가장 깊은 연관을 갖기 때문이다.

(a)의 활동체계는 개별 문명권으로 나누어져 있는 상태에서 사람들이 처한 문제 상황이다. 문명별로 문제 상황은 제각기 다르다. 정보사회가 진화하면서 문제 상황이 하나로 수렴된다. 이것이 (b) 활동체계이다. 물론 완전히 같은 문제 상황이라고 하기는 어렵겠지만, 비슷한 문제 상황으로 변화하고 있다. 말하자면, 우리 모두는 비슷한 상황 속에 처하게 되었고, 같은 자료를 활용하여 문제를 해결해야 하는 비슷한 상황에 놓여 있다. 이런 상황과 위에서 말한 합리적 존재를 결합하면, 우리는 비슷한 해결책을 강구하지 않을 수 없다. 이것은 문화 유전자들의 융합을 함축한다.

3절 문화 유전자 융합의 구체적 사례

문명이 문화 유전자의 결합체라면, 세계화, 즉 문명의 융합은 결국 문화 유전자의 융합이라고 할 수 있다. 세계화의 구체적인 진행을 확인하는 문제는 한 문명의 문화 유전자를 추출하고 체계화시키는 것이다. 이런 작업은 흡사 유전체를 분석하여 종별, 민족별 유전자 지도를 그리는 작업과도 비슷하다. 유전자 지도가 그려지면 질병을 예방할 수도 있고 건강을 위한 프로그램을 만들 수도 있듯이, 한 문명의 문화 유전자가 체계적으로 규명되면 문명을 이해하고 새롭게 창조하는 일이 한결 수월해질 것이다.

문화 유전자를 추출하고 정리하는 방식은 논의하는 맥락에 따라 다를 수 있을 것이다. 나는 일단 학술지에 실린 핵심어(keyword)를 문화 유전자의 일종으로 보고자 한다. 경우에 따라서는 한 편의 논문도 하나의 문화 유전자로 규정할 수도 있지만, 더욱 자세히 보면 그 논문이 다루는 중요한 개념 하나하나가 모두 문화 유전자들이라고 할 수 있다. 이에 가장 잘 어울리는 것이 핵심어이다. 핵심어는 논문의 내용을 최소 단위로 집약적으로 나타내기 때문이다. 한 논문은 보통 5개에서 10개 이내의 핵심어를 표기한다. 핵심어만 보아도 이 논문이 어떤 문제를 어떻게 다루었는지 대강 짐작할 수 있다.

문화 유전자의 융합이 어느 정도 진척되고 있는지를 알아보기 위해, 나는 이 핵심어들이 얼마만큼 중첩되느냐에 따라, 적어도 학술 분야에서 어느 정도 문화 유전자의 융합이 진행되고 있는지 그 정도를 측정하려고 했다. 그리고 이를 통해 문화 유전자 융합의 실례를 확인하려고 했다.

이런 과정은 다음과 같이 진행되었다.

(1) 우선 현대 문명을 6대 문명, 즉 서구 문명, 유교 문명, 이슬람 문명, 비잔틴 문명, 불교 문명, 힌두 문명으로 나누었다. 이때 문명 분류의 기준은 종교를 중심으로 했다. 여러 종교가 함께 공존하는 경우에는 지배적 종교를 1차적 기준으로 했고, 2차적으로는 전통을 참고했다. 문명론자들의 통상적인 분류와 비교하면, 불교 문명은 조금 색다르다고 할 수 있다. 말하자면 불교 문명을 하나의 독자적인 문명으로 분류할 수 있느냐 하는 문제이다. 나는 비잔틴 문명이 독자적인 문명으로 분류될 수 있다면, 불교 문명 역시 독자적인 문명으로 분류할 수 있다고 본다. 미얀마, 스리랑카, 태국 등을 중심을 한 여러 나라들은 하나의 문명으로서의 여러 요소들을 갖추고 있기 때문이다. 6대 문명은 다음과 같다.

표 4.2 문명별 국가 분류

6대 문명	국 가
서구 (103)	가나(Ghana), 가봉(Gabon), 가이아나(Guyana), 그레나다(Grenada), 과테말라(Guatemala), 나미비아(Namibia), 나우루(Nauru), 뉴질랜드(New Zealand), 노르웨이(Norway), 남아프리카공화국(South Africa), 니카라과(Nicaragua), 네덜란드(Netherlands), 도미니카공화국(Dominican Republic), 동티모르(East Timor), 독일(Germany), 덴마크(Denmark), 라트비아(Latvia), 룩셈부르크(Luxembourg), 르완다(Rwanda), 레소토(Lesotho), 리히텐슈타인(Liechtenstein), 리투아니아(Lithuania), 마셜(Marshall Islands), 말라위(Malawi),

6대 문명	국 가
서구 (103)	모나코(Monaco), 모잠비크(Mozambique), 몰타(Malta), 미국(United States), 미크로네시아(Micronesia), 멕시코(Mexico), 바베이도스(Barbados), 바누아투(Vanuatu) 바하마(The Bahamas), 볼리비아(Bolivia), 부룬디(Burundi), 보츠와나(Botswana), 브라질(Brazil), 베네수엘라(Venezuela), 벨기에(Belgium), 벨리즈(Belize), 사모아(Samoa), 산마리노(San Marino), 상투메프린시페(Sao Tome and Principe), 슬로바키아(Slovakia), 슬로베니아(Slovenia), 솔로몬제도(Solomon Islands), 스페인(Spain), 스웨덴(Sweden), 스위스(Switzerland), 세이셸(Seychelles), 세인트키츠네비스(Saint Kitts and Nevis), 세인트루시아(Saint Lucia), 세인트빈센트 그레나딘(Saint Vincent and the Grenadines), 아이슬란드(Iceland), 아일랜드(Ireland), 아르헨티나(Argentina), 아이티(Haiti), 안도라(Andorra), 앙골라(Angola), 영국(United Kingdom), 온두라스(Honduras), 우간다(Uganda), 우루과이(Uruguay), 이스라엘(Israel), 이탈리아(Italy), 앤티가바부다(Antigua and Barbuda), 에스토니아(Estonia), 에콰도르(Ecuador), 에티오피아(Ethiopia), 엘살바도르(El Salvador), 자메이카(Jamaica), 잠비아(Zambia), 짐바브웨(Zimbabwe), 적도기니(Equatorial Guinea), 중앙아프리카공화국(Central African Republic), 칠레(Chile), 카메룬(Cameroon), 카보베르데(Cape Verde), 코스타리카(Costa Rica), 콩고(Republic of the Congo), 콩고민주공화국(Democratic Republic of the Congo), 콜롬비아(Colombia), 쿠바(Cuba), 크로아티아(Croatia), 키리바시(Kiribati), 캐나다(Canada), 케냐(Kenya), 통가(Tonga), 투발루(Tuvalu), 트리니다드토바고(Trinidad and Tobago), 파나마(Panama), 파라과이(Paraguay), 파푸아뉴기니(Papua New Guinea), 팔라우(Palau), 프랑스(France), 필리핀(Philippines), 포르투갈(Portugal), 폴란드(Poland), 피지(Fiji), 핀란드(Finland), 페루(Peru), 호주(Australia), 헝가리(Hungary),
유교 (5)	일본(Japan), 중국(China), 한국(Korea), 타이완(Taiwan), 베트남(Vietnam)

6대 문명	국 가
이슬람 (53)	감비아(The Gambia), 기니(Guinea), 기니비사우 공화국(Guinea-Bissau), 나이지리아(Nigeria), 니제르(Niger), 리비아(Libya), 레바논(Lebanon), 말리(Mali), 말레이시아(Malaysia), 모리타니(Mauritania), 모로코(Morocco), 몰디브(Maldives), 바레인(Bahrain), 방글라데시(Bangladesh), 보스니아헤르체고비나(Bosnia and Herzegovina), 브루나이(Brunei), 브루키나파소(Burkina Faso), 사우디아라비아(Saudi Arabia), 시리아(Syria), 소말리아(Somalia), 수단(Sudan), 스와질란드(Swaziland), 시에라리온(Sierra Leone), 세네갈(Senegal), 아랍에미리트(United Arab Emirates), 아프가니스탄(Afghanistan), 알바니아(Albania), 알제리(Algeria), 아제르바이잔(Azerbaijan), 오만(Oman), 우즈베키스탄(Uzbekistan), 이라크(Iraq), 요르단(Jordan), 이집트(Egypt), 인도네시아(Indonesia), 이란(Iran), 에리트레아(Eritrea), 예멘(Yemen), 지부티(Djibouti), 차드(Chad), 카자흐스탄(Kazakhstan), 카타르(Qatar), 코모로(Comoros) 코트디부아르(Cote dlvoire), 코소보(Kosovo), 쿠웨이트(Kuwait), 키르기스스탄(Kyrgyzstan), 타지키스탄(Tajikistan), 탄자니아(Tanzania), 터키(Turkey), 투르크메니스탄(Turkmenistan), 튀니지(Tunisia), 파키스탄(Pakistan),
비잔틴 (13)	그리스(Greece), 러시아(Russia), 루마니아(Romania), 마케도니아(Macedonia), 몬테네그로(Montenegro), 몰도바(Moldova), 아르메니아(Armenia), 벨라루스(Belarus), 불가리아(Bulgaria), 세르비아(Serbia), 우크라이나(Ukraine), 조지아(Georgia), 키프로스(Cyprus)
불교 (7)	라오스(Laos), 미얀마(Myanmar), 부탄(Bhutan), 스리랑카(Sri Lanka), 싱가포르(Singapore), 캄보디아(Cambodia), 태국(Thailand)
힌두 (4)	네팔(Nepal), 모리셔스(Mauritius), 수리남(Suriname), 인도(India)

(2) Thomason Reuters 사에서 운영하는 Web of Science에 등록
되어 있는 학술지와 Elsvier 사에서 운영하는 Scopus에 등록되어 있
는 학술지를 6대 문명별로 분류하고, 이를 다시 인문과학, 사회과학,
자연과학으로 세분했다.

1. 웹 오브 사이언스(Web of Science)

[AHCI]

문명	개수 / 연도	연도				
		1990년	1995년	2000년	2005년	2010년
서구	학술지 개수	1,453	1,209	1,186	1,511	2,374
	논문 편수	14,625	14,519	15,481	14,580	26,536
	핵심어 개수	69,009	87,906	105,866	138,482	293,949
유교	학술지 개수	88	118	135	198	505
	논문 편수	155	186	230	393	1,391
	핵심어 개수	634	1,123	1,929	4,535	18,145
이슬람	학술지 개수	57	61	68	112	336
	논문 편수	76	89	100	192	792
	핵심어 개수	355	521	967	1,944	10,089
비잔틴	학술지 개수	31	78	76	126	301
	논문 편수	61	302	222	264	796
	핵심어 개수	263	1,552	1,665	2,731	8,424
불교	학술지 개수	11	29	41	51	209
	논문 편수	12	27	38	43	156
	핵심어 개수	48	187	324	488	1,923
힌두	학술지 개수	31	31	24	27	76
	논문 편수	56	69	38	51	114
	핵심어 개수	250	372	289	47	1,322

[SSCI]

문명	개수＼연도	SSCI				
		연도				
		1990년	1995년	2000년	2005년	2010년
서구	학술지 개수	1,945	2,324	2,631	2,828	4,600
	논문 편수	46,150	56,186	60,582	68,639	122,696
	핵심어 개수	210,267	430,012	796,919	952,937	1,697,963
유교	학술지 개수	190	307	484	684	1,549
	논문 편수	1,160	2,018	2,743	4,224	11,951
	핵심어 개수	5,964	26,917	38,456	61,126	45,482
이슬람	학술지 개수	88	96	151	251	739
	논문 편수	472	498	767	1,334	4,719
	핵심어 개수	2,419	6,611	10,254	6,611	69,364
비잔틴	학술지 개수	17	90	94	128	358
	논문 편수	132	854	899	957	2,671
	핵심어 개수	697	8,536	10,545	12,524	36,935
불교	학술지 개수	24	30	55	109	280
	논문 편수	143	20,520	31,131	545	1,448
	핵심어 개수	664	2,619	3,760	7,833	21,159
힌두	학술지 개수	60	60	59	80	202
	논문 편수	460	398	393	493	1,287
	핵심어 개수	2,262	5,014	5,567	6,979	18,918

[SCI]

문명	개수＼연도	SCI			
		연도			
		1995년	2000년	2005년	2010년
서구	학술지 개수	5,420	5,645	6,988	8,425
	논문 편수	411,952	493,392	566,230	669,321
	핵심어 개수	3,555,385	3,252,057	3,930,581	3,466,560
유교	학술지 개수	3,920	4,823	5,803	6,997
	논문 편수	76,237	122,329	181,785	260,563
	핵심어 개수	591,644	575,935	852,618	1,230,675
이슬람	학술지 개수	2,584	3,347	4,449	6,121
	논문 편수	11,264	18,015	33,638	69,817
	핵심어 개수	52,682	83,131	157,386	331,263
비잔틴	학술지 개수	2,716	33,992	4,165	5,131
	논문 편수	34,050	38,922	40,841	52,236
	핵심어 개수	153,348	181,493	193,838	376,596
불교	학술지 개수	1,106	1,772	2,609	3,455
	논문 편수	2,360	4,946	8,790	13,726
	핵심어 개수	11,040	23,219	22,754	67,465
힌두	학술지 개수	2,087	2,615	3,391	4,635
	논문 편수	12,409	16,677	24,157	41,130
	핵심어 개수	59,103	77,940	116,408	198,048

2. 스코퍼스(Scopus)

[AHCI]

문명	개수 \ 연도	AHCI				
		연도				
		1990년	1995년	2000년	2005년	2010년
서구	학술지 개수	172	546	686	764	415
	논문 편수	34,648	36,622	36,921	60,858	7,993
	핵심어 개수	6,469	8,270	9,791	2,183	10,490
유교	학술지 개수	44	173	251	535	311
	논문 편수	124	436	352	994	620
	핵심어 개수	126	188	500	1,700	5,826
이슬람	학술지 개수	24	102	176	428	238
	논문 편수	62	171	251	597	2,160
	핵심어 개수	61	95	233	909	4,004
비잔틴	학술지 개수	26	65	140	274	147
	논문 편수	15	49	94	187	374
	핵심어 개수	4	5	71	333	813
불교	학술지 개수	14	44	57	142	84
	논문 편수	23	68	72	120	313
	핵심어 개수	24	44	71	151	572
힌두	학술지 개수	17	51	69	120	78
	논문 편수	10	28	50	113	201
	핵심어 개수	–	9	44	88	287

[SSCI]

문명	개수 \ 연도	SSCI				
		연도				
		1990년	1995년	2000년	2005년	2010년
서구	학술지 개수	724	1,563	1,608	2,025	1,246
	논문 편수	26,028	26,202	26,296	26,361	25,941
	핵심어 개수	30,221	29,662	32,367	31,581	32,564
유교	학술지 개수	470	1,471	1,874	2,466	1,497
	논문 편수	3,070	9,248	14,968	20,387	25,086
	핵심어 개수	2,661	4,873	11,667	23,735	30,258
이슬람	학술지 개수	288	917	1,357	2,608	1,454
	논문 편수	892	2,385	3,962	7,045	15,211
	핵심어 개수	869	1,355	4,468	6,844	17,369
비잔틴	학술지 개수	227	611	988	1,965	1,078
	논문 편수	917	116	2,165	3,452	8,645
	핵심어 개수	1,399	642	2,480	3,963	13,304
불교	학술지 개수	178	601	870	1,505	917
	논문 편수	375	1,102	1,724	2,753	5,360
	핵심어 개수	395	601	1,902	3,117	8,118
힌두	학술지 개수	244	621	766	1,476	922
	논문 편수	768	2,162	4,062	5,699	9,878
	핵심어 개수	819	1,012	4,666	6,811	12,418

[SCI]

문명	개수 \ 연도	연도				
		1990년	1995년	2000년	2005년	2010년
서구	논문 편수	30,765	29,829	32,365	32,457	28,574
	핵심어 개수	31,121	30,227	132,059	131,792	116,446
유교	논문 편수	21,517	23,742	27,345	27,964	27,950
	핵심어 개수	82,597	91,683	107,412	136,425	136,025
이슬람	논문 편수	1,337	2,884	4,956	7,950	11,553
	핵심어 개수	22,171	29,857	60,843	97,496	93,695
비잔틴	논문 편수	10,078	8,048	13,510	15,165	17,611
	핵심어 개수	40,827	3,472	64,440	43,056	68,952
불교	논문 편수	1,130	2,128	5,688	8,230	12,455
	핵심어 개수	5,164	10,023	27,019	32,216	61,211
힌두	논문 편수	8,610	10,448	16,060	18,952	22,224
	핵심어 개수	39,694	10,826	76,553	91,555	109,068

(3) 1990년부터 2010년까지 5년 주기로 각 문명별, 분야별 논문의 핵심어를 수집하였다.

(4) 핵심어의 문명별, 분야별 중첩 비율을 도출했다.[1]

예컨대 다음과 같은 도표가 있다고 하자.

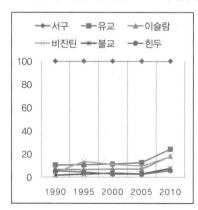

서구 vs	1990년	1995년	2000년	2005년	2010년
서구	100%	100%	100%	100%	100%
유교	10%	11%	11%	12%	24%
이슬람	7%	7%	7%	7%	18%
비잔틴	4%	14%	11%	9%	18%
불교	2%	3%	4%	3%	8%
힌두	5%	4%	3%	3%	6%

이 도표는 서구 문명과 다른 문명의 핵심어 공통 비율을 나타낸다. 서구와 다른 문명의 비교이기 때문에 서구를 100으로 표시했다. 1990년 유교의 경우를 보면, 10.5%인데 이것은 유교가 서구와 겹치는 정도를 의미한다. 즉 서구의 10.5%가 유교와 중복된다. (이 수치는 다음과 같은 1990년도 서구 문명에서 발간된 인문학 학술지에서 추출한 핵심어 빈도수의 총합이 69,009이고, 이 중에서 유교 문명권에서 1990년 발간된 학술지에서 추출한 핵심어와 공통되는 핵심어 빈도수 총합이 7,237이므로, 7,237/69,009 = 10.5%이다.)

이를 연도별로 보면 1990년 10.5%, 1995년 10.7%, 2000년 11.3%, 2005년 12.5%, 2010년 24.2%로 점진적으로 증가하고 있다.

이슬람, 비잔틴, 불교, 힌두도 모두 같은 원칙으로 계산된 것이다.

이때 중요한 것은 연도별 총 핵심어에서 공통되는 비율을 비교하는 것이다. 비교는 어떤 특정 문명 A의 분야별 논문 전체 핵심어를 분모로 하고, 다른 문명 B의 같은 분야의 공통되는 핵심어를 분자로 하여 공통된 핵심어의 비율을 측정하는 것이다. 비율을 구할 때에는 각 핵심어의 빈도수를 포함하여 구한다. 가령 2005년에 culture가 어떤 문명에서 8번 나왔고 religion는 2번 나왔다면, 계산에서는 빈도수까지를 함께 계산한다. 수식으로 표현하면 다음과 같다.

a / b
a = X 문명과 Y 문명의 공통된 핵심어의 빈도수의 총합
b = X 문명의 분야별 총 핵심어 빈도수의 총합

이 연구는 다음과 같은 한계를 갖고 있다. 즉 (ⅰ) Thomson Reuters 사의 Web of Science에 등록이 안 된 학술지에 대해서는 고

려하지 못했으며, (ii) 학술 분야에서 논의되는 문화 유전자와 학술 분야 이외의 영역에서, 즉 대중매체나 일상생활 속의 문화 유전자와의 관계에 대해서는 논의하지 못했다. 이런 이유 때문에 어떤 한계를 갖는다. (iii) Scopus는 Web of Science보다 접근의 제약이 심해서, Web of Science만큼 완벽하게 조사하지는 못했다. 이런 한계점에도 불구하고 Web of Science, Scopus의 문명별 학술지 핵심어의 중첩 비율은 현대 문명의 융합에 대해 시사하는 바가 클 것으로 판단된다.

결과적으로 다음 도표들은 다음과 같은 몇 가지 해석을 가능하게 한다.

(1) 전체적으로는 1995년 이후로 모든 문명에서 핵심어의 중첩 비율이 상승하고 있다. 이것은 동일한 문제의식을 갖고 동일 주제를 다루는 비율이 높아짐을 의미하며, 동시에 문화 유전자의 융합이 빠르게 진행된다는 의미를 함축한다.

(2) 모든 문명이 서구 문명을 추격해가는 모습을 보이면서도, 문명 상호간에도 융합은 일어나고 있다.

(3) 이런 추세는 경제 분야에서 세계 단일 시장이 형성된 것과 같이 과학기술 분야에서도 하나의 단일 학문 공동체가 형성되고 있음을 암시한다.

(4) 다음 표는 융합의 정도를 보여준다. 표 (a)를 보면 서구 대 비서구가 인문학 분야에서 1990년에 5.6%이다가 2010년에는 14.8%로 늘어난다. 이것은 서구를 제외한 나머지 문명들, 유교, 이슬람, 비잔틴, 불교, 힌두 문명의 서구에 대한 공통 비율의 평균이 5.6%에서 14.8%로 증가되었다는 의미이다. 유교를 기준으로 했을 때도 유교 대 비유교의 공통 비율은 1990년 17.2%에서 2010년에는 22%로 늘어난다.

같은 논리로 비잔틴 대 비비잔틴은 34.6%에서 41.6%로, 불교 대 비불교는 23.2%에서 32.2%로, 그리고 힌두 대 비힌두는 21%에서 34%로 늘어난다. 사회과학이나 자연과학에서의 증가율은 대단히 높다. 표 (b)도 마찬가지다.

(a)

비교 문명	융합의 정도 WS					
	AHCI		SSCI		SCI	
	1990년	2010년	1990년	2010	1990년	2010년
서구 vs 비서구	5.6%	14.8%	20%	27.8%	25.8%	43%
유교 vs 비유교	17.2%	22%	28.4%	42.4%	23.8%	46.6%
이슬람 vs 비이슬람	17.2%	25.2%	33.6%	39.4%	37%	54.8%
비잔틴 vs 비비잔틴	34.6%	41.4%	32.4%	39.8%	34.6%	41.4%
불교 vs 비불교	23.2%	32.2%	39%	44.2%	36.8%	56.2%
힌두 vs 비힌두	21%	34%	35.6%	43.2%	34.2%	54.4%

(b)

비교 문명	융합의 정도 Scopus					
	AHCI		SSCI		SCI	
	1990년	2010년	1990년	2010	1990년	2010년
서구 vs 비서구	1.4%	9.6%	6.8%	33.4%	10.6%	34.6%
유교 vs 비유교	7.6%	5.4%	11.8%	29.4%	12%	35.8%
이슬람 vs 비이슬람	9.6%	10%	14.4%	34.8%	13.8%	39.2%
비잔틴 vs 비비잔틴	11%	11.2%	9.8%	36%	17.2%	32.6%
불교 vs 비불교	7.8%	17.6%	16.4%	42.6%	16%	33.8%
힌두 vs 비힌두	7.8%	10.26%	12%	25%	14.3%	35.6%

(5) 분야별 문화 유전자의 융합 정도는 다음과 같다. 더욱 자세한 내용은 부록과 같다.

Web of Science

[AHCI]

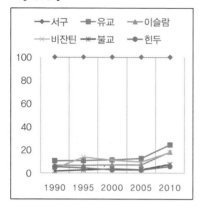

서구 vs	1990년	1995년	2000년	2005년	2010년
서구	100%	100%	100%	100%	100%
유교	10%	11%	11%	12%	24%
이슬람	7%	7%	7%	7%	18%
비잔틴	4%	14%	11%	9%	18%
불교	2%	3%	4%	3%	8%
힌두	5%	4%	3%	3%	6%

유교 vs	1990년	1995년	2000년	2005년	2010년
유교	100%	100%	100%	100%	100%
서구	70%	66%	51%	49%	58%
이슬람	6%	7%	7%	9%	19%
비잔틴	3%	13%	9%	9%	17%
불교	1%	2%	4%	4%	10%
힌두	6%	5%	2%	3%	6%

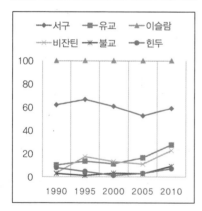

이슬람 vs	1990년	1995년	2000년	2005년	2010년
이슬람	100%	100%	100%	100%	100%
서구	62%	67%	61%	52%	59%
유교	10%	13%	11%	16%	28%
비잔틴	3%	17%	13%	11%	23%
불교	3%	1%	3%	3%	9%
힌두	8%	5%	1%	3%	7%

비잔틴 vs	1990년	1995년	2000년	2005년	2010년
비잔틴	100%	100%	100%	100%	100%
서구	68%	67%	62%	57%	63%
유교	8%	16%	11%	14%	28%
이슬람	5%	8%	9%	9%	25%
불교	0%	3%	2%	3%	8%
힌두	5%	6%	2%	3%	7%

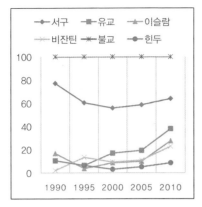

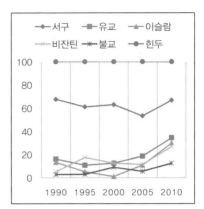

불교 vs	1990년	1995년	2000년	2005년	2010년
불교	100%	100%	100%	100%	100%
서구	77%	60%	56%	59%	64%
유교	10%	6%	17%	19%	38%
이슬람	17%	4%	9%	10%	27%
비잔틴	2%	13%	9%	11%	23%
힌두	10%	6%	3%	5%	9%

힌두 vs	1990년	1995년	2000년	2005년	2010년
힌두	100%	100%	100%	100%	100%
서구	68%	61%	63%	53%	67%
유교	16%	11%	12%	19%	34%
이슬람	13%	5%	1%	11%	30%
비잔틴	5%	17%	12%	11%	27%
불교	3%	3%	9%	5%	12%

[SSCI]

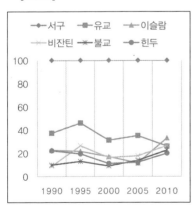

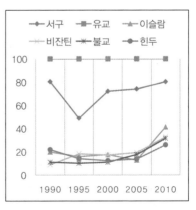

서구 vs	1990년	1995년	2000년	2005년	2010년
서구	100%	100%	100%	100%	100%
유교	37%	46%	31%	35%	26%
이슬람	22%	22%	17%	12%	33%
비잔틴	9%	26%	16%	18%	27%
불교	10%	13%	9%	14%	23%
힌두	22%	19%	11%	12%	20%

유교 vs	1990년	1995년	2000년	2005년	2010년
유교	100%	100%	100%	100%	100%
서구	80%	49%	72%	74%	80%
이슬람	20%	16%	18%	13%	41%
비잔틴	9%	18%	17%	19%	33%
불교	11%	10%	11%	18%	32%
힌두	22%	14%	12%	14%	26%

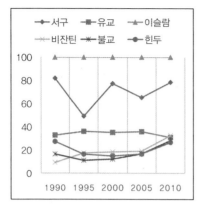

이슬람 vs	1990년	1995년	2000년	2005년	2010년
이슬람	100%	100%	100%	100%	100%
서구	82%	49%	77%	65%	78%
유교	33%	36%	35%	36%	31%
비잔틴	9%	18%	18%	19%	33%
불교	17%	11%	12%	17%	28%
힌두	27%	16%	15%	17%	27%

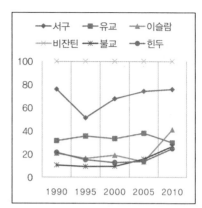

비잔틴 vs	1990년	1995년	2000년	2005년	2010년
비잔틴	100%	100%	100%	100%	100%
서구	76%	51%	68%	74%	76%
유교	32%	36%	33%	38%	30%
이슬람	21%	16%	19%	14%	41%
불교	11%	9%	10%	16%	27%
힌두	22%	15%	13%	14%	25%

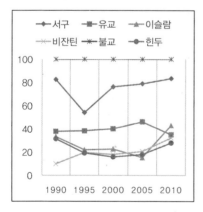

불교 vs	1990년	1995년	2000년	2005년	2010년
불교	100%	100%	100%	100%	100%
서구	83%	54%	76%	79%	83%
유교	38%	38%	40%	46%	35%
이슬람	33%	22%	23%	15%	43%
비잔틴	10%	20%	18%	21%	32%
힌두	31%	19%	16%	18%	28%

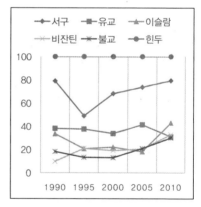

힌두 vs	1990년	1995년	2000년	2005년	2010년
힌두	100%	100%	100%	100%	100%
서구	79%	49%	68%	74%	79%
유교	38%	38%	34%	41%	31%
이슬람	33%	21%	22%	18%	43%
비잔틴	10%	21%	19%	20%	33%
불교	18%	13%	13%	21%	30%

[SCI]

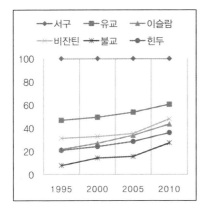

서구 vs	1995년	2000년	2005년	2010년
서구	100%	100%	100%	100%
유교	47%	49%	54%	61%
이슬람	22%	27%	34%	43%
비잔틴	31%	33%	35%	48%
불교	8%	14%	16%	27%
힌두	21%	24%	29%	36%

유교 vs	1995년	2000년	2005년	2010년
유교	100%	100%	100%	100%
서구	49%	65%	51%	70%
이슬람	17%	27%	27%	45%
비잔틴	27%	34%	28%	47%
불교	7%	16%	14%	31%
힌두	19%	26%	24%	40%

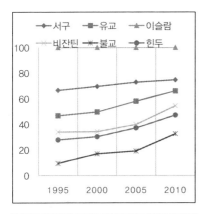

이슬람 vs	1995년	2000년	2005년	2010년
이슬람	100%	100%	100%	100%
서구	66%	69%	73%	75%
유교	47%	50%	58%	66%
비잔틴	34%	34%	40%	54%
불교	10%	17%	19%	32%
힌두	28%	30%	37%	47%

비잔틴 vs	1995년	2000년	2005년	2010년
비잔틴	100%	100%	100%	100%
서구	65%	64%	70%	64%
유교	50%	44%	49%	51%
이슬람	25%	23%	31%	38%
불교	7%	11%	13%	22%
힌두	26%	22%	27%	32%

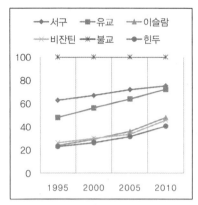

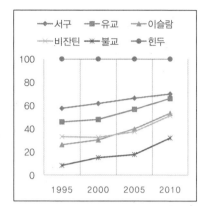

불교 vs	1995년	2000년	2005년	2010년
불교	100%	100%	100%	100%
서구	63%	67%	72%	75%
유교	48%	56%	64%	72%
이슬람	24%	29%	36%	48%
비잔틴	26%	30%	33%	46%
힌두	23%	26%	31%	40%

힌두 vs	1995년	2000년	2005년	2010년
힌두	100%	100%	100%	100%
서구	58%	62%	66%	70%
유교	46%	48%	57%	66%
이슬람	26%	30%	40%	53%
비잔틴	33%	32%	37%	51%
불교	8%	15%	18%	32%

Scopus

[AHCI]

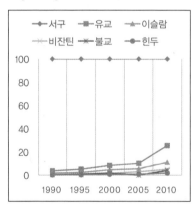

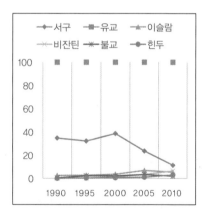

서구 vs	1990년	1995년	2000년	2005년	2010년
서구	100%	100%	100%	100%	100%
유교	4%	5%	9%	10%	26%
이슬람	2%	2%	5%	6%	11%
비잔틴	1%	0%	1%	3%	5%
불교	0%	1%	2%	0%	4%
힌두	0%	0%	1%	1%	2%

유교 vs	1990년	1995년	2000년	2005년	2010년
유교	100%	100%	100%	100%	100%
서구	35%	32%	39%	24%	11%
이슬람	3%	3%	4%	7%	5%
비잔틴	0%	0%	1%	3%	6%
불교	0%	2%	2%	3%	2%
힌두	0%	0%	1%	1%	3%

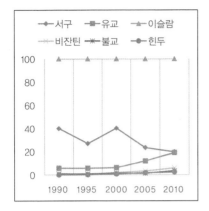

이슬람 vs	1990년	1995년	2000년	2005년	2010년
이슬람	100%	100%	100%	100%	100%
서구	40%	27%	40%	23%	20%
유교	6%	6%	6%	12%	19%
비잔틴	1%	0%	2%	3%	6%
불교	1%	1%	1%	1%	3%
힌두	0%	0%	1%	2%	2%

비잔틴 vs	1990년	1995년	2000년	2005년	2010년
비잔틴	100%	100%	100%	100%	100%
서구	43%	11%	29%	31%	12%
유교	7%	2%	6%	16%	28%
이슬람	5%	1%	4%	11%	8%
불교	0%	0%	1%	4%	2%
힌두	0%	0%	1%	2%	6%

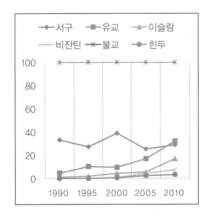

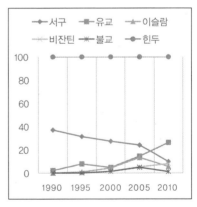

불교 vs	1990년	1995년	2000년	2005년	2010년
불교	100%	100%	100%	100%	100%
서구	33%	27%	39%	25%	29%
유교	5%	10%	10%	17%	32%
이슬람	1%	2%	4%	5%	17%
비잔틴	0%	0%	1%	4%	7%
힌두	0%	0%	1%	2%	3%

힌두 vs	1990년	1995년	2000년	2005년	2010년
힌두	100%	100%	100%	100%	100%
서구	37%	31%	27%	24%	10%
유교	2%	8%	5%	14%	26%
이슬람	0%	1%	4%	13%	6%
비잔틴	0%	0%	1%	5%	8%
불교	0%	0%	1%	5%	1%

[SSCI]

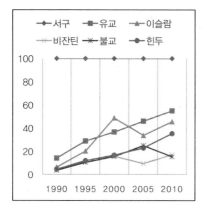

서구 vs	1990년	1995년	2000년	2005년	2010년
서구	100%	100%	100%	100%	100%
유교	14%	29%	37%	46%	55%
이슬람	6%	20%	49%	34%	45%
비잔틴	5%	10%	16%	10%	17%
불교	4%	11%	16%	25%	15%
힌두	5%	12%	17%	23%	35%

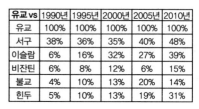

유교 vs	1990년	1995년	2000년	2005년	2010년
유교	100%	100%	100%	100%	100%
서구	38%	36%	35%	40%	48%
이슬람	6%	16%	32%	27%	39%
비잔틴	6%	8%	12%	6%	15%
불교	4%	10%	13%	20%	14%
힌두	5%	10%	13%	19%	31%

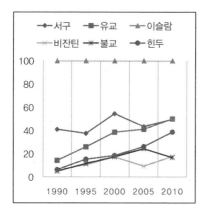

이슬람 vs	1990년	1995년	2000년	2005년	2010년
이슬람	100%	100%	100%	100%	100%
서구	41%	37%	55%	43%	50%
유교	14%	26%	39%	41%	50%
비잔틴	6%	11%	17%	9%	18%
불교	5%	12%	17%	24%	17%
힌두	6%	15%	18%	26%	39%

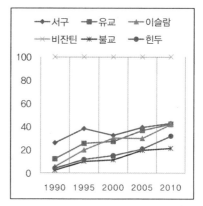

비잔틴 vs	1990년	1995년	2000년	2005년	2010년
비잔틴	100%	100%	100%	100%	100%
서구	26%	38%	32%	39%	43%
유교	12%	25%	27%	37%	42%
이슬람	5%	20%	30%	30%	42%
불교	2%	10%	11%	20%	21%
힌두	4%	12%	15%	21%	32%

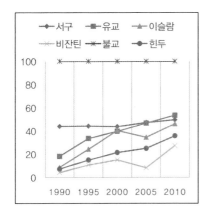

불교 vs	1990년	1995년	2000년	2005년	2010년
불교	100%	100%	100%	100%	100%
서구	44%	44%	44%	47%	50%
유교	18%	34%	40%	47%	54%
이슬람	9%	24%	40%	35%	46%
비잔틴	4%	11%	15%	8%	27%
힌두	7%	15%	21%	25%	36%

힌두 vs	1990년	1995년	2000년	2005년	2010년
힌두	100%	100%	100%	100%	100%
서구	32%	30%	23%	24%	33%
유교	13%	22%	22%	26%	35%
이슬람	6%	19%	22%	23%	35%
비잔틴	4%	8%	11%	5%	10%
불교	5%	9%	11%	14%	12%

[SCI]

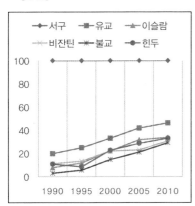

서구 vs	1990년	1995년	2000년	2005년	2010년
서구	100%	100%	100%	100%	100%
유교	20%	25%	33%	42%	46%
이슬람	8%	12%	22%	32%	34%
비잔틴	11%	13%	22%	23%	31%
불교	3%	6%	15%	21%	29%
힌두	11%	9%	23%	29%	33%

유교 vs	1990년	1995년	2000년	2005년	2010년
유교	100%	100%	100%	100%	100%
서구	12%	14%	35%	42%	45%
이슬람	11%	15%	22%	32%	35%
비잔틴	17%	16%	22%	23%	30%
불교	4%	8%	15%	23%	33%
힌두	16%	7%	24%	31%	36%

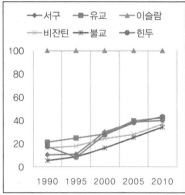

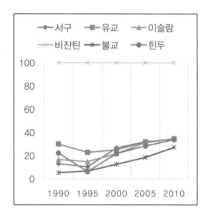

이슬람 vs	1990년	1995년	2000년	2005년	2010년
이슬람	100%	100%	100%	100%	100%
서구	10%	11%	30%	38%	40%
유교	21%	25%	28%	40%	42%
비잔틴	16%	18%	24%	28%	37%
불교	5%	8%	16%	25%	34%
힌두	17%	8%	27%	38%	43%

비잔틴 vs	1990년	1995년	2000년	2005년	2010년
비잔틴	100%	100%	100%	100%	100%
서구	13%	10%	27%	32%	34%
유교	30%	23%	25%	32%	34%
이슬람	16%	15%	22%	31%	34%
불교	5%	7%	13%	18%	27%
힌두	22%	6%	22%	28%	34%

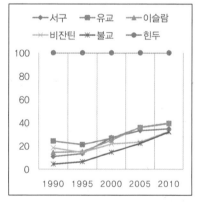

불교 vs	1990년	1995년	2000년	2005년	2010년
불교	100%	100%	100%	100%	100%
서구	11%	11%	28%	34%	34%
유교	23%	25%	28%	38%	39%
이슬람	15%	16%	22%	33%	34%
비잔틴	15%	15%	21%	22%	28%
힌두	16%	7%	23%	31%	34%

힌두 vs	1990년	1995년	2000년	2005년	2010년
힌두	100%	100%	100%	100%	100%
서구	11%	13%	27%	33%	35%
유교	24%	21%	27%	36%	39%
이슬람	14%	15%	25%	36%	40%
비잔틴	18%	14%	22%	23%	32%
불교	4%	6%	15%	22%	32%

3. 세계 가치관 조사(World Values Survey)

로널드 잉글하트(Ronald Inglehart)가 주관하는 '세계 가치관 조사(World Values Survey)'는 어떤 면에서는 나의 연구와 비슷하다. 잉글하트는 1980년부터 세계 가치 조사를 이끌며 시민들의 가치 변화를 지속적으로 측정하고 근대화, 문화적 변화와 민주주의의 상관관계를 밝혔다. 세계 가치관 조사는 사회 과학자들의 세계적인 연결망으로 80개국 이상, 전 세계 85% 인구를 대상으로 하는 다양한 가치관에 대한 조사다. 이 조사는 같은 문항을 약 5년 주기로 조사하고 있다. 이런 조사를 바탕으로 잉글하트는 탈물질주의 가치관이 선진 산업사회의 가치관으로 자리 잡았음을 실증적으로 증명했다. 이런 주장의 이론적 근거는 에이브라함 매슬로(Abraham Maslow)의 인본주의 심리학에 기초해 있다. 매슬로는 인간욕구의 5단계 이론을 주장했는데, 가장 기초적인 생리적 욕구가 채워지면 안전을 확보하려는 욕구가 일어나고, 그다음에는 사랑과 소속 욕구, 자기존중과 인정 욕구, 그리고 마지막에는 자아실현 욕구가 등장하고, 우리는 이를 차례대로 만족시키려 한다는 것이다. 이런 이론에서 보면 물질적 궁핍의 시대에는 물질적 가치가 중심이 되지만, 물질적 욕구가 어느 정도 충족되면, 탈물질주의 가치를 중시하지 않을 수 없게 된다.

잉글하트는 이런 가치관의 변혁을 조용한 혁명이라고 불렀다. 잉글하트는 『근대화, 문화적 변화, 그리고 민주주의』에서 인류 발전이라는 주제 하에 다음과 같은 명제를 논증하려고 한다.

표 4.3 인류 발전의 과정[2]

인류 발전			
	사회경제적 영역	문화적 영역	제도적 영역
인류 발전에 앞선 과정	근대화	가치 변화	민주화
인류 발전의 구성 요소	사회경제적 자원	자기표현의 가치	시민적, 정치적 자유
인류 발전에 대한 공헌	자신의 선택에 따라 행동하는 대중의 능력을 강화	자신의 선택에 따라 행동하는 대중의 우선성 증가	자신의 선택에 따라 행동하는 대중의 권리 확장
중요한 주제	인간 선택의 확장(점증하는 인류애적 사회)		

　　이런 주장은 결국 사회경제적 발전이 문화적, 정치적 변화를 가져왔다는 명제로 압축된다. 이것은 경제적 하부 구조가 바뀌면 문화, 정치적 상부구조는 그에 따라 변화 할 수밖에 없다는 마르크스의 이론과 같은 논리이다. 그렇지만 이 주장은 한 사회의 문화적인 유산은 사람들의 신념과 동기를 지속적으로 형성한다는 사실을 밝힘으로써 막스 베버의 이론과도 일치한다.

　　전통문화와 사회경제적 발전의 관계에 대해서는 오래전부터 대립적인 두 견해가 있었다. 칼 마르크스로부터 다니엘 벨에 이르는 근대화 이론가들은 사회경제적 발전이 문화적 변화를 가져온다고 주장한다. 반면에 막스 베버로부터 새뮤얼 헌팅턴에 이르는 문화 이론가들은 문화적 가치가 사회에 지속적이고 자율적인 영향을 미친다고 주장한다.[3]

　　잉글하트의 세계 가치관 조사는 상반되는 듯이 보이는 위의 두 주장이 모두 옳다는 것을 보여 주고 있다. 그는 가로축에 전통적 가치와 합리적 가치를 대립시키고, 세로축에 생존가치와 자기표현 가치를 대립시킨다.

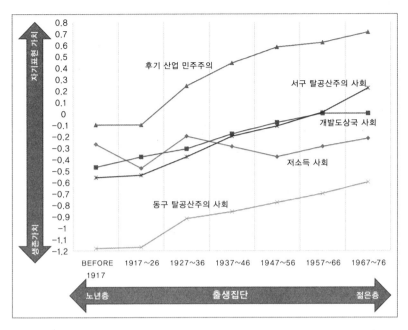

그림 4.5 다섯 가지 유형의 사회에서 생존/자기표현 가치의 세대차이[4]

이 그림은 부유한 국가들의 가치체계는 가난한 국가들의 가치체계와 상당한 차이가 있음을 보여준다. 고소득 사회는 오른쪽 상단, 그리고 저소득 사회는 왼쪽 하단에 포진해 있다. 사회경제적 발전은 그 문화적 유산이 어떠하든지 간에 사회를 동일한 방향으로 움직이게 하는 경향이 있음을 이 그림은 보여준다.

잉글하트는 선진 산업사회의 경우 경제적 신체적 안전을 강조하는 물질주의 가치에서 자기표현과 삶의 질을 강조하는 탈물질주의 가치로 이동하고 있음을 세대 간의 가치관 차이를 통해 극명하게 보여준다. 그의 세대 간 가치관 변화는 다음과 같은 두 개의 핵심 가정에 기반하고 있다.[5]

ⅰ) 결핍 가설 : 모든 사람들은 자유와 자율성을 원한다. 그러나 물질적 항상성과 신체적 안전은 생존을 위한 첫 번째 필수 사항이다. 따라서 안전이라는 조건 하에서 사람들은 물질적인 목적에 가장 우선순위를 둔다.

ⅱ) 사회화 가설 : 물질적인 안전과 가치들 상호간의 관계는 원천적으로 즉각적인 조응은 아니다. 왜냐하면 대부분의 사례에서 사람들의 기본적인 가치는 성인이 되기 전에 처했던 조건들을 반영하기 때문이다. 이러한 문화적 유산은 쉽게 없어지지 않는다. 그러나 이것이 사람들의 직접적인 경험과 부합되지 않는다면 점차적으로 부식된다.[6]

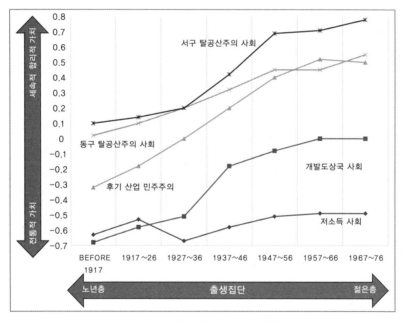

그림 4.6 다섯 가지 유형의 사회에서
전통적/세속적 · 합리적 가치의 세대차이[7]

잉글하트는 세계 가치관 조사에서 다섯 가지 사회유형, 즉 후기산업 사회 민주주의, 서구 탈공산주의 사회, 동구 탈공산주의 사회, 개발도 상국 사회, 저소득사회로 나누고, 이들 사회의 가치관 변화를 비교한 다. 그림 4.7은 모든 사회에서 동성애에 대한 관용이 증가하고 있음을 보여준다.

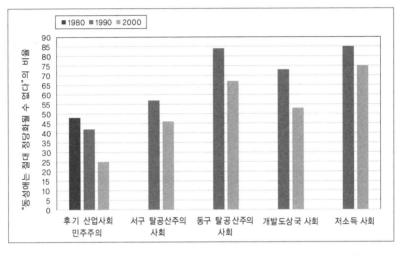

그림 4.7 다섯 가지 유형의 사회에서 동성애에 대한 관용의 증가[8]

그림 4.8은 다섯 가지 유형의 사회에서 자기표현 가치가 어떻게 변하 고 있는가를 보여준다. 동구 탈공산주의 사회를 제외하고 나머지 네 유형 의 사회에서 모두 자기표현의 가치를 중시하는 경향이 증가하고 있다.

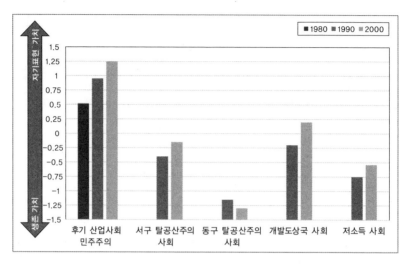

그림 4.8 다섯 가지 유형의 사회에서 자기표현 가치를 향한 움직임9)

4. 한국철학의 보편성과 특수성(Korea Citation Index)

이 부분은 지난 2002년부터 2015년까지 14년간 한국의 철학 학술지에 실린 논문의 핵심어(keyword)를 정리하고, 서구 문명에서 논의된 철학 주제들의 핵심어와 비교하여, 한국철학의 보편성과 특수성을 실증적으로 보여주려는 것이다.

이 주제를 연구하기 위해 채택한 방법은 최근 활발하게 논의되고 있는 디지털 인문학의 방법이다. 디지털 인문학의 방법은 여러 측면에서 규정될 수 있지만, 대체로 (i) 연구 자료의 디지털화와 (ii) 빅데이터의 계량적 연구 방법을 의미한다고 할 수 있다.

여기에서는 먼저 Thomson Reuters 회사가 축적해놓은 Web of Science(WS)의 핵심어를 2002년부터 2015년까지 14년간의 철학 분야 논문을 중심으로 연도별로 수집했다. 그리고 같은 기간 동안 한국 연구재단에서 축적해놓은 한국 학술지 인용 지수 Korea Citation Index(KCI) 중 철학 분야 논문의 핵심어를 수집했다. 그런 다음 이들의 중복 비율을 연도별로 비교했다.

연구를 시작할 때 세운 가설은 한국철학과 서구철학의 핵심어 중복 비율이 높으면 한국철학의 보편성이 높은 것으로, 중복 비율이 낮으면 한국철학의 특수성이 높은 것으로 볼 수밖에 없다는 논제였다. 물론 다른 문명권의 철학은 제외하고 서구철학하고만 비교하면서 보편성을 말할 수 있느냐는 의문이 제기될 수 있지만, 전 세계적으로 세계화란 서구를 기준으로 서구화냐 아니냐 하는 문제가 논의의 핵심이기 때문에 이런 제약은 큰 문제가 되지 않을 것으로 판단했다.

1) 무엇이 한국철학인가?

연구가 구체화되기 위해서는 먼저 한국철학에 대한 정의를 분명하게 내려야 한다. 이것은 다소 까다로운 문제인 한국철학의 정체성에 관한 물음이다.

한국철학이 무엇인가 하는 물음은 여러 사람들이 제기했고, 또 나름대로 대답들을 했다. 박종홍 선생님이 일찍부터 한국철학의 정립을 위해 고군분투해온 역사는 잘 알려져 있지만, 심재룡 교수가 편집한 『한국에서 철학하는 자세들』(1986)에서는 박종홍 이외에 길희성, 윤사순, 이명현, 김재권, 김여수 등 여러 학자들이 '한국철학은 가능한가', '한국사상은 무엇인가', '동양철학 어떻게 할까', '세계 속의 한국철학으로' 등의 문제를 다루고 있고, 비교적 체계적으로 한국철학의 정체성을 문제 삼았다.

그 후로도 백종현 교수가 『독일철학과 20세기 한국의 철학』(1998)에서 '한국의' 철학을 논하고 있고, 정대현 교수가 『한국 현대 철학: 그 주제적 지형도』(2016)에서 '한국적'의 의미가 무엇인가를 묻고 있다.[10] 이 밖에도 김혜숙, 강영안 등도 계속해서 이 문제를 천착하고 있다.

이명현은 '한국철학의 전통'을 "(가) 한국의 역사 속에서(고대에서 현재에 이르기까지), (나) 한국인에 의해 '비판적'으로 논의되었거나, (다) 새로 '창출된', (라) '이론화된 철학사상'"으로 규정하면서, 그 외연으로는 토박이 사상에서부터 불교, 유학, 실학, 동학사상, 서양철학이 맺은 열매들을 든다.[11]

백종현은 한국철학을 "한국 사람이 한국에서 통용되는 언어로 한국 사회문화 제 영역의 최고 원리와 제 영역의 통합 원리를 반성적으로 탐구하는 지적 활동 또는 그 결실"[12]이라 정의하고, 정대현은 '한국적'을 실체적 조건과 부사적 조건으로 나누어 설명한다. 실체적 조건이란 다른 나라에는 없으면서 한국에만 고유하게 있는 철학이라는 의미이며, 부사적 조건은 이와는 대조적으로 다른 나라에도 있을 수 있지만 한국에 특히 두드러지게 존재하는 철학이라는 의미를 나타낸다. 말하자면, 부사적 조건은 정도의 차이를 의미한다.[13]

이들의 이야기를 종합해보면, 엄밀하지는 않지만 대체로, 한국철학이란 '한국인이 한국의 현실문제를 주제로 다루어 한국어로 표현한 철학적 결실' 정도로 규정될 수 있을 것으로 생각된다. 나는 이런 주장들을 도표를 통해 간략하게 범주화해보려고 한다. 도표는 두 축으로 구성되어 있다. 세로축은 고정불변의 의미를 갖는 실체성과 역사적으로 형성되어 전승되는 역사성을 양극으로 한다. 실체성이란 불변의 어떤 형상 같은 것을, 즉 플라톤의 이데아 같은 것을 갖고 있다는 의미이고, 역사성은 한국철학이라 해서 그런 불변의 형상 같은 것은 있을 수 없고, 다만 한 민족이 역사적으로 형성해온 어떤 사상의 흐름 같은 것을 의미하는 것으로 규정할 수 있겠다. 가로축은 우리에게만 고유한 특수성과 그 대립 개념인 보편성을 양극으로 한다. 두 축을 교차하면 그림과 같은 네 영역이 나타난다.

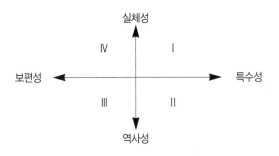

그림 4.9 한국철학의 특수성과 보편성

Ⅰ의 영역을 한국철학이라고 주장하는 사람들은 한국인의 고유한 사고방식이나 사유체계가 태곳적부터 존재해왔으며, 그것을 찾아 해명하는 일이 한국철학을 하는 일이라고 본다. 이러한 관점에서는 불교나 유교도 현재의 서구의 철학사상과 마찬가지로 외래사상에 불과하다.

Ⅱ의 영역을 주장하는 사람들은 외국의 철학사상을 받아들였다 하더라도, 우리의 특수한 문제들과 씨름하며 우리 나름으로 창조해낸 철학적 결실들을 한국철학으로 본다. 이때 강조되는 특수성은 (ⅰ) 해결해야 할 문제, (ⅱ) 문제를 다루는 방법, (ⅲ) 철학하는 언어의 특수성을 의미한다. 말하자면, 철학이 현실에서 출발하고, 현실이 특수하다면, 철학이 다루는 문제도 특수하다고 할 수밖에 없으며, 문제가 특수한 이상 다루는 방

법도 특수해야 하고, 언어는 단순한 표현수단 이상의 의미를 갖기 때문에 언어가 다르면 철학의 내용도 당연히 다를 수밖에 없다는 것이다.

Ⅲ의 영역은 Ⅱ의 영역과는 대립된다. Ⅲ의 영역에서는 철학이라면 그것이 한국철학이든 서구철학이든 문제, 방법, 언어 등에서 특수해야 될 이유는 없다고 본다. 물론 특수한 경우도 있겠지만, 그것은 우연에 불과할 뿐, 철학의 본질에 속하는 문제는 아니라고 본다. 말하자면 그 시대의 보편적인 문제를 다룬다 해도, 그리고 설사 특수한 방법론을 사용하지 않거나 혹은 독특한 어떤 결론이 도출되지 않았다 해도, 철학적 탐구가 한국에서 진행되었다면 한국철학이 될 수 있다고 본다.

Ⅳ의 영역은 개념상의 상충 때문에, 즉 고유의 실체성을 주장하면서 보편성을 주장하는 것은 모순이기 때문에 성립되기 어렵다.

한때는 한국철학이라 하면 Ⅰ의 영역, 즉 실체성과 특수성을 동시에 갖고 있어야 한다는 주장도 있었지만, 오늘날 이런 주장은 설득력이 약하다. 물론 지금도 소수의 사람들은 한국철학을 이런 식으로 규정하고 있지만, 세계화가 진행되면서 환경이 비슷하면 사고방식도 비슷할 수 있다는 비교 연구도 많아졌을 뿐만 아니라, 우리에게만 고유한 칼 융의 집단 무의식 같은 어떤 원형을 찾는 것이 어렵고, 동시에 큰 의미가 없다는 논의가 거의 일반화되었기 때문이다.

이런 논리에서 Ⅱ의 영역이, 즉 한국사상의 원형 같은 것은 없지만, 우리의 특수한 문제들을 다루면서 창출해낸 독특한 이론들, 동시에 역사적으로 변화하면서도 연결되어 있는 철학사상이나 사고방식이 한국철학이라는 주장이 설득력을 얻고 있다.

윤사순의 『기본 원리에서 본 한국의 유학사상』(2016)[14]은 중국 유학과는 다른 한국 유학의 특성을 규명한 저서인데, 전체적 맥락으로 보면 역시 한국 유학을 II의 영역으로 해석하고 있다. 길희성의『보살예수』(2004)[15]도 마찬가지다. 한국 불교의 특성을 추구하고 있지만, 어떤 불변의 한국적 원형을 주장하는 것으로 해석되지는 않는다.

그렇지만 II의 영역을 한국철학으로 규정할 때, 즉 한국철학을 역사성과 특수성의 결합으로 볼 때, 오늘의 현실과 잘 맞지 않는 점이 큰 문제로서 제기된다. 한국학계에서 실제로 논의되고 있는 내용들에서는 특수성보다는 보편성이 압도하고 있기 때문이다.

II와 같은 한국철학의 규정이 치명적인 약점을 갖는 이유는 '철학'이라는 말이 내포하는 두 의미를 구별하지 않고 사용하고 있기 때문이다. 말하자면, 철학은 인간과 세계에 관한 근본적인 신념체계를 의미할 수도 있고, 다른 한편으로 학문의 한 분과를 의미할 수도 있다. 첫 번째 의미로 철학을 논의하면, 한국철학은 현재의 한국인이 갖고 있는 세계와 인간에 대한 근본적 신념체계라고 할 수 있겠고, 두 번째 의미로 철학을 논의하면, 즉 학문의 한 분과로서 논의할 때는, 한국의 철학계를 중심으로 하는 철학이 된다.

위에서 논의되었던 한국철학의 정의들을 자세히 검토해보면 (i) 한국인, (ii) 한국의 현실문제, (iii) 한국어 표현으로 그 골격이 분석되지만, 이 모두를 동시에 충족시키지 못하는 경우가 세계화 시대의 오늘날에는 너무도 흔한 일이다. 우선 각 대학에 외국인 철학 교수가 꽤 많다. 또 외국 대학에서 한국학에 종사하는 학자들도 상당하다. 이들 중 어떤 외국인 학자는 한국인의 정신세계를 탐구하기 위해 한국 선불교를 연구하는 경우도 있다, 이것은 꼭 한국인이 아니라도 한국철학을 할 수 있다는 이야기다. 둘째로 한국의 현실문제라고 해도 여기에는 보편적인 문제도 있고 특수한 문제도 있으며, 이들이 서로 섞여 있기도 하다. 철학은 본성상 보편성을 지향하기 때문에 한국의 특수한 현실에는 특별한 관심 없이, 서양의 그리스 철학이나 근현대의 서양철학을 전공하는 학자들도 많다. 셋째로 요즘은 학문에서도 국제무대로 진출해야 하기 때문에 영어로 논문을 쓰는 학자들도 점차 늘어나고 있고 각 대학은 이를 적극 권장하고 있다.

그렇다면 한국철학은 어떻게 규정해야 할 것인가? 나는 한국철학에 관한 지금까지의 수많은 논의가 명료하지 못한 것은 두 영역의 논의가 같은 차원에서 진행되었기 때문이라고 본다. 말하자면 길버트 라일의 범주 착오를 범한 것이다. 한국철학의 의미는 두 영역으로 나누어 정의되어야 한다. 하나는 한국인의 의식을 지배하는 세계관(인간과 세계에 관한 근본적 신념체계)으로서의 한국철학이고, 다른 하나는 한국의 철학계에서 논의되고 있는 학문의 한 분과로서의 철학이다.

이때 이런 질문도 당연히 제기될 것이다. 현재 한국인의 인간과 세계에 대한 근본적인 신념체계가 단일하지 않은데, 이런 규정은 모든 한국인이 단일한 어떤 신념체계를 갖고 있는 것같이 가정한다면 문제가 아닌가? 물론 이런 가정은 문제이지만, 대다수 한국인의 근본적인 신념체계라고 해석한다면 본질적인 문제는 아닐 것으로 판단된다. 예컨대 얼마 전에 한국갤럽에서 나온 『한국인의 철학(The Philosophy of Koreans)』(2011)은 한국인을 상대로 해서, '인생의 의미와 가치관', '가정과 가족관', '윤리관과 운명관, 종교관', '국가관과 사회관, 정치의식' 등을 조사해서 정리한 것이다.[16]

신념체계로서의 한국철학과 학문적 분과로서의 한국철학(The Philosophy in Korea)은 내용면에서 같을 수도 있고 다를 수도 있다.

변화의 속도가 느린 전통사회에서 이 둘은 같을 가능성이 높다. 그러나 변화가 극심하고 다른 문명과의 교류가 활발하게 이루어지는 현대에서 이 둘은 일치하지 않을 가능성이 높다. 예컨대 우리가 서구의 철학 사조를 받아들인 역사를 생각해보자. 먼저 몇 사람들에 의해, 그리고 시차를 두고 학계를 중심으로 논의가 이루어지고, 이것이 여과되고 정제되면서 서서히 민중 속으로 파고들어 침전되었다고 봐야 할 것이다. 이러한 과정은 우리가 불교를 받아들일 때나 유학을 받아들일 때도 마찬가지였을 것으로 추측된다. 그러므로 지식인 집단에서 학문적으로 논의하는 철학과 일반 민중의 신념체계는 일단 구분해서 논의할 필요가 있다.

어떤 사람은 단순히 학계 차원에서 몇몇 학자들에 의해 논의되는 철학이 한국철학인가 하는 의문을 제기할 수도 있다. 혹은 한글로 쓰지 않고 외국어로 써서 외국 학술지에 실리는 논문도 한국철학인가 하는 의문을 제기하기도 한다. 나는 이런 것들은 문제될 것이 없다고 본다. 비록 몇 사람에 의해 시도되고 있다고 할지라도 한국 학계에서 논의되고 있다면, 그리고 어떤 언어로 표현하여 어느 학술지에 발표했건 한국에서 연구되었다면, 모두가 학문으로서의 한국철학에 속한다고 보아야 한다. 이런 상황은 불교나 유학이 수입될 당시의 상황을 생각해보면 쉽게 이해할 수 있을 것이다.

이 논문에서 다루는 한국철학은 한국의 철학계를 중심으로 해서 논의되는 학문으로서의 철학이다. 다시 말해, 현재 한국인의 인간과 세계에 관한 근본적 신념체계가 무엇인가 하는 문제가 아니라, 현재 한국의 철학계에서 논의되고 있는 철학을 다루려고 한다. 그것이 전통적인 것이든, 그 원산지가 영미든 독일, 프랑스든 상관하지 않는다. 모두가 어떤 필요성 때문에 탐구되고 있다고 봐야 하기 때문이다.

2) 연구 방법

각 연도별 학술지 종류와 논문 편수, 그리고 핵심어의 수는 다음과 같다.

표 4.4 연도별 학술지 종류, 논문 편수, 핵심어 수

연도	학술지 종류		논문 편수		핵심어 개수	
	한국	서구	한국	서구	한국	서구
2002	6	92	308	1,794	111	9,396
2003	24	94	792	1,782	404	9,658
2004	28	97	843	1,778	3,631	9,569
2005	28	102	902	1,893	3,854	10,301
2006	31	106	945	2,076	3,935	11,716
2007	31	116	978	2,195	4,260	13,499
2008	34	149	1,003	2,978	4,660	19,154
2009	39	163	1,108	3,160	5,207	20,737
2010	42	169	1,210	3,389	5,688	23,002
2011	45	168	1,180	3,578	4,613	23,778
2012	46	175	1,196	3,703	6,097	24,331
2013	46	177	1,234	3,976	6,097	26,370
2014	44	174	1,277	4,024	7,033	26,038
2015	44	177	1,288	4,121	7,109	26,995

여기서 중요한 것은 매년 총 핵심어에서 공통되는 비율을 비교하는 것이다. 비교는 두 측면에서 할 수 있다. 하나는 한국의 논문 핵심어를 기준으로 비교하는 것이고, 다른 하나는 서구의 논문 핵심어를 기준으로 하는 것이다.

(1) 한국의 논문 핵심어를 기준으로 했을 경우 : KCI 특정 기간의 전체 핵심어를 분모로 하고, WS와 공통되는 핵심어를 분자로 하여 KCI의 전체 핵심어 중 WS와 공통된 핵심어의 비율을 알아본다. 비율을 구할 때에는 각 핵심어의 빈도수를 포함하여 구한다. 가령 2004년에

truth는 KCI 논문 중 8번 나왔고 justice는 2번 나왔다면, 계산에서는 빈도수까지를 함께 계산한다. 수식으로 표현하면 다음과 같다.

a / b
a = KCI에서 WS와 공통된 핵심어의 빈도수의 총합
b = KCI 총 핵심어 빈도수

(2) 서구의 논문 핵심어를 기준으로 했을 경우 : 이것은 WS의 총 핵심어 수를 분모로 하고, KCI와 공통된 핵심어를 분자로 하여 WS의 전체 핵심어 중 KCI와 공통된 핵심어의 비율을 측정하는 것이다.

수식으로 표현하면 다음과 같다.

a / b
a = WS에서 KCI와 공통된 핵심어의 빈도수 총합
b = WS 총 핵심어 빈도수

두 측면이란 다음과 같은 것을 의미한다. KCI를 기준으로 했을 때의 지표는 한국이 서구와 얼마나 비슷해지는가를 알고자 하는 것이고, WS를 기준으로 했을 때는 서구가 한국과 얼마나 비슷해지는가를 알려고 하는 것이다. 물론 KCI와 WS가 같은 체제가 아닌데도 불구하고, 같은 지평에서 비교를 수행했다는 점에서는 이 비교는 한계를 갖는다.

또한 과거로 갈수록 핵심어가 없는 논문들이, 전체에서 비율은 얼마 되지 않지만, 가끔 있었다. 이런 경우는 몇몇 경우를 제외하고는 논문의 제목과 초록에서 핵심어를 추출했다. 이 부분에서도 저자가 직접 작성한 핵심어가 아니기에 약간의 문제점은 제기될 수 있다. 하지만 핵심어는 통상 제목과 초록에 나타나기 때문에 큰 문제는 없을 것으로 판단된다. (한국의 2002년과 2003년 경우, 한글 추출 시스템이 아직

개발되지 않아 핵심어를 추출하지 못했다. 이 때문에 그림 4.10의 2002년과 2003년 부분 그래프가 다소 부정확하게 그려졌다.)

3) 발견

서구의 철학 학술지에서 추출한 핵심어와 KCI에서 추출한 핵심어를 비교해보았을 때, 핵심어의 공통부분이 점차 증가하고 있었다. 핵심어가 같다고 하는 것은 논의의 주제가 동일하다는 것을 의미한다. 동시에 한국철학의 보편성이 증가하고 있음을 함축한다.

표 4.5 서구 학술지와 KCI의 핵심어 비교

연도	2002	2003	2004	2005
서구	0.94 (88/9,396)	3.98 (384/9,658)	12.72 (1,217/9,569)	13.79 (1,420/10,301)
kci	22.52 (25/111)	21.29 (86/404)	17.43 (633/3,631)	19.05 (734/3,854)
연도	2006	2007	2008	2009
서구	16.08 (1,884/11,716)	17.80 (2,403/13,499)	20.23 (3,875/19,154)	20.99 (4,352/20,737)
kci	21.55 (848/3,935)	24.72 (1,053/4,260)	27.88 (1,299/4,660)	28.21 (1,469/5,207)
연도	2010	2011	2012	2013
서구	20.78 (4,780/23,002)	20.04 (4,764/23,778)	18.84 (4,584/24,331)	25.28 (6,666/26,370)
kci	30.17 (1,716/5,688)	29.83 (1,376/4,613)	25.08 (1,529/6,097)	24.44 (1,490/6,097)
연도	2014	2015		
서구	25.35 (6,601/26,038)	26.73 (7,217/26,995)		
kci	25.25 (1,776/7,033)	26.98 (1,918/7,109)		

이를 그림으로 나타내면 다음과 같이 그려진다.

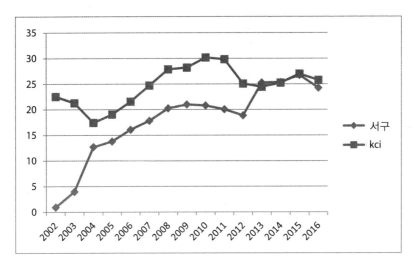

그림 4.10 서구 학술지와 KCI의 핵심어 공통 비율

 뿐만 아니라 세계화의 속도가 가속화됨에 따라 서구의 철학 학술지
에 직접 논문을 게재하는 경우도 점차 증가하고 있어서 서구철학과의
동조성은 더욱 심해질 것으로 추측된다. 이 그림에 근거해서 나는 한
국철학의 특수성은 감소되고 서구철학과의 보편성은 증가하고 있는
추세라는 결론을 내렸다.

결론:

문화 유전자들의 융합은
새로운 문명의 탄생을 예고한다

이 책에서 내가 논증하려고 했던 주제는 '문명의 융합'이었다. 다시 말해, 세계화가 본격적으로 시작된 1990년대부터 지금까지 문명의 융합은 계속 심화되고 있다는 것이 나의 주제였다. 나의 논증의 골격은 다음과 같다.

ⅰ) 세계화는 문명들의 전면적 만남이다.

ⅱ) 문명은 문화 유전자들의 집합체다.

ⅲ) 정보사회는 문화 유전자들의 융합을 가능하게 한다.

∴ 문명의 융합이 일어난다.

논제 ⅰ)을 정당화하기 위해서 긴 설명이 필요했다. 1장에서는 먼저 세계화가 경제적 측면에서 세계 단일 시장의 탄생만을 의미하는 것이 아니라, 정치, 사회, 문화의 전 영역에 걸쳐 하나의 지구촌으로 되는 현상임을 논의했다. 다음으로 문명의 존재론을 다루었다. 여기서 나는 문명과 문화의 의미를 다루면서 문명을 동질적 문화의 공동체로 규정했다.

문명의 존재론을 둘러싸고 실재론과 구성론의 논쟁은 지금도 계속되고 있다. 실재론의 가장 강력한 형태가 새뮤얼 헌팅턴으로 대표되는 실재론적 행위자 이론이다. 실재론적 행위자 이론은 문명을 핵심가치에 대한 합의에 의해서 존재하는 국가나 정치 공동체와 같이 보는 입장이다. 말하자면, 그것은 문명을 성향적 특성을 가진 행위자로 규정하며, 정합적인 문화적 복합체로서 실재세계에 객관적으로 존재한다고 본다. 이에 반해 구성주의 이론은 문명을 담론적 관행으로 규정하면서 정치적으로 창조되고 유지되는 상호주관적, 집단적 신념으로서 존재한다고 주장한다. 나는 문명의 실재론을 지지하면서도 헌팅턴의 행위자 이론은 지나치게 극단적이라고 비판했다. 이 점에서 카첸슈타인과 견해를 같이했다. 그렇지만 나는 카첸슈타인의 다원주의에 대해서도 다원성을 지나치게 강조함으로써 문명의 특성을 제대로 드러내지 못하는 위험성을 비판했다.

문명의 구조를 3중 구조로 분석한 것은 나의 가장 대담한 시도였다. 문명의 3중 구조란 인간과 세계에 대한 근본적 신념체계를 중심으로 하여 사회체제가 이를 둘러싸고 있고, 그 바깥에 과학, 기술이 포진한다는 구조이다. 근본적 신념체계는 종교, 예술, 철학으로, 사회체제는 정치, 경제, 사회, 문화의 여러 법과 제도들로, 그리고 과학, 기술은 이론과학과 응용과학 및 온갖 형태의 기술로 구체화된다. 이 중에서도 종교가 문명의 가장 중핵을 이룬다.

2장에서는 현대 문명을 설명하는 대표적인 두 패러다임인 서구 문명 보편주의와 문명 다원주의가 모두 정당화될 수 없다는 논증을 전개했다. 서구 문명 보편주의는 (i) 서구 사회의 역사 발전 경로는 서양뿐만 아니라 동양까지 포괄하는 인류사에 보편타당한 것이라고 간주하고, (ii) 서구는 인류 역사의 발전 단계 중 최고의 단계에 와 있으며, (iii) 저급한 단계에 머물러 있는 비서구 사회는 서구를 모델로 하여 발전해야 한다는 것이다.

문명은 야만과 대립되는 개념이며, 야만적이거나 비이성적인 상태로부터의 해방을 의미한다. 18세기 유럽 계몽주의의 키워드는 '이성', '진보', '문명'이었다. 이 문명이란 개념 속에는 지난 2, 3세기 동안 서구 사회가 그 이전의 사회들이나 동시대의 사회들보다 앞서 성취한 학문이나 기술, 예절이나 사회체제, 인생관이나 세계관이 집약되어 있다. 서구 사회는 이 '문명' 개념을 통해 자신의 우월성을 확립하려 했다.

내가 분석한 문명의 구조적 틀을 활용해서 설명한다면, 서구 문명 보편주의는 비서구에 대해 과학, 기술의 영역 ⓒ뿐만 아니라, 사회체제 ⓑ나 근본적 신념체계 ⓐ까지 서구화할 것을 요구하는 태도이다. 서구 문명 보편주의가 서구의 특수한 현상까지를 모든 비서구 사회에 보편적 기준으로서 폭력적으로 적용하려는 것은 처음부터 무리였다. 물론 과학, 기술 ⓒ의 영역에서는 보편적 기준으로 통용되었다고 할 수 있겠지만, ⓑ와 ⓐ의 영역에서는 규범적으로는 말할 것도 없고 현실적으로도 성공했다고 하기는 어렵다.

문명 다원주의는 문명이란 하나가 아니라 다수이며, 모두 같은 가치를 갖는다는 주장이다. 비서구의 여러 나라들이 근대화에 성공했거나 성공할 가능성이 높아지면서 자신의 목소리를 높여가고 있으며, 그동안 서구 문명 보편주의에 눌려 잊어버리고 있던 자신의 정체성을 찾으려고 하고 있다. 이런 노력을 뒷받침해주는 이론이 문명 다원주의이다.

서구 문명 보편주의와 대비해보면, 문명 다원주의는 근본적 신념체계 ⓐ뿐만 아니라, 사회체제 ⓑ와 과학, 기술 ⓒ까지 모두 문명마다 달라야 한다고 주장한다. 물론 문명 다원주의도 경우에 따라서는 과학, 기술 ⓒ뿐만 아니라 상당 부분의 사회체제 ⓑ까지 보편적일 수 있다고 주장하지만, 근본적 신념체계와 그 신념을 직접적으로 구현하는 사회체제에 대해서는 어떤 경우에도 보편성을 허용하지 않는다.

문명 다원주의는 적어도 이론적으로는 '강자의, 강자에 의한, 강자를 위한 문명' 대신에 '각자의, 각자에 의한, 각자를 위한 문명'을 주장한다. 그렇지만 다른 문명이 접근할 수 없는 고유한 혼과, 문명들의 통약 불가능성을 주장하는 점에서, 그것은 열려 있지 않고 닫혀 있다. 이것은 문명들의 전면적 교류로 특징되는 세계화 시대의 인류 문명을 적절하게 설명하지 못한다. 서구 문명 보편주의와 문명 다원주의 패러다임을 모두 비판하면서, 나는 닫힌 문명과 열린 문명이라는 새로운 패러다임을 제시했다.

열린 문명과 닫힌 문명에 대한 논의는 두 차원에서 진행되었다. 하나는 한 문명의 내부의 체제에 대한 논의이고, 다른 하나는 문명 상호 간의 관계에 대한 논의이다. 나는 배타주의, 독단주의, 정치적 전체주의, 자문명 중심주의, 문명 패권주의가 지배하는 문명은 닫힌 문명으로, 이념적, 인식론적 비판주의, 관용주의, 자유주의, 박애주의 등이 지배하는 문명은 열린 문명으로 규정했다. 동시에 열린 문명이 인류가 추구해가야 할 문명임을 주장했다.

3장에서는 문명이 문화 유전자들의 결합체임을 논증했다. 나는 문화의 최소 단위에 대해 문화 유전자라는 이름을 붙였다. 문화의 변화를 진화론적으로 설명하려고 할 때 진화론의 (생체) 유전자에 해당되는 단위가 필요했기 때문이다. 그리고 문명이 문화 유전자의 결합체가 되는 것은 동질적 문화의 공동체가 문명이기 때문이다. 말하자면, 우리 몸이 세포들로 구성되어 있듯이, 문명은 문화 유전자로 구성되어 있는 셈이다.

우리가 이렇게 생체 유전자와 문화 유전자라는 두 종류의 유전자로 나눈다면, 이들의 관계는 어떻게 설명되어야 할 것인가? 환원론자들은 유전자 결정론을 주장한다. 즉, 인간의 본성은 유전자형 속에 부호화되어 있으며, 현재와 과거의 문화의 내용들은 유전자의 특수한 작용의 불가피한 표현이라는 것이다. 윌슨은 유전자는 문화를 아주 긴 가죽 끈으로 묶어둔다고 말하기도 한다. 말하자면 인간의 마음과 행동을 '생체 유전자의 긴 팔'로, 생체 유전자가 확장된 것으로 본다. 만약 우리가 이렇게 모든 문화를 유전자의 발현이라고 본다면, 우리는 문명을 자연사의 일부로 규정해야 할 것이다.

이에 반해 비환원론자들은 문화가 유전자 세계로부터 나타났다고 할지라도 한 번 창조된 문화 유전자들은 독자적인 세계를 형성하며, 유전자와 협력하기도 하지만 때로는 경쟁하고 대립하기도 한다고 본다. 나는 비환원론의 입장에서 문화 유전자의 진화를 설명하려고 했다. 그렇다고 나는 유전자의 기능이나 역할을 전면적으로 부정하는 문화 결정론을 지지하지는 않았다. 나는 이중 전승 이론과 유전자와 문화 유전자의 공진화를 설명 모델로 삼았다.

공진화란 원래 두 개의 다른 종이 서로에게 환경의 일부분이 되면서, 한 종에서 진화가 일어나면 다른 종에서도 진화가 일어나는 체계를 의미했다. 그 후 공진화의 의미는 확장되어 두 개의 독자적인 진화의 체계가 서로 작용하는 경우를 모두 가리키게 되었다. 이런 관점에서 보면 생체 유전자에 기초해서 문화 유전자가 만들어지고, 다시 문화 유전자는 생체 유전자를 통제한다. 공진화의 관점에서 보면 문명을 문화 유전자의 집합체로만 규정하는 것은 정확하지 않다고 할 수 있다. 문명을 유전자와 문화 유전자의 공집합이라고 규정해야 정확할 것이다. 그럼에도 불구하고 문명을 문화 유전자에만 초점을 맞추어 설명한 것은 자연적으로 주어진 것이 아니라 인간의 창조성을 강조하기 위해서였다. 내가 문화 유전자를 다루면서 유전자와 문화 유전자의 공진화를 인지기관이나 윤리의 영역까지 넓혀서 논의한 것도 문화 유전자를 유전자의 발현으로 보려는 사회생물학을 비판하기 위해서였다.

4장은 정보사회에서 문화 유전자들의 융합이 가능함을 논의한 것이다. 정보사회는 정보통신혁명에 의해 초래된 사회이다. 정보통신혁명은 반도체로 대표되는 소자기술, 컴퓨터로 대표되는 정보처리기술, 위성통신과 광통신으로 대표되는 통신기술을 기반으로 한다.

정보사회의 특성에 대한 논의는 대체로 정보사회가 기존의 산업사회와 구별되는 사회인가, 아니면 연속선상에 있는 사회인가 하는 기준 하에서 진행되어왔다. 나는 정보사회를 기존의 산업사회와는 다르다는 관점에서 특성화하고, 정치, 경제, 사회, 문화의 여러 측면에서 그 특성을 고찰했다. 그렇지만 나는 정보사회가 우리가 추구하는 유토피아라고 규정하는 것은 무리라고 결론지었다. 정보사회에 대해 내가 가장 유의한 측면은 정보사회의 진화가 초래한 세 가지 특성이다. 그것은 전 지구적 연결망 사회의 좁아지는 세상, 빠르게 이동하는 세상, 빅데이터의 세상이다. 이런 특성들에 의해 문화 유전자의 총체적 헤쳐 모여가 진행되고 있다고 할 수 있다.

나는 이런 이론적 근거에서 문화 유전자들의 융합이 실제로 어떻게 일어나고 있는지, Web of Science, Scopus, KCI, World Value Survey 등을 통해 실증적으로 확인했다.

나의 결론에 대한 예상되는 오해에 대해서도 몇 마디 첨부해두는 것이 좋을 것 같다.

(ⅰ) 문명의 융합이 일어난다고 해서 당장 지역적 개성이 모두 소멸되는 것은 아니다. 융합이 완성되기까지는 비교적 긴 시간이 필요할 것이며, 그때에도 그 역할이나 영향력은 줄어든다 해도 지역적 개성이 완전히 소멸되지는 않을 것이다.

(ⅱ) 문명의 융합이 갈등이나 전쟁을 완전히 소멸시키지는 못한다. 같은 문명 안에서도 전쟁은 얼마든지 일어날 수 있다. 형제간의 전쟁이 남과의 전쟁보다 더 치열할 수 있다. 문명의 융합이 진행되면, 서로 간의 이질성과 오해 때문에 발생하는 갈등이나 전쟁은 소멸할 가능성이 높다.

(ⅲ) 문명의 융합이 어떤 목적이나 법칙에 따라 필연적으로 진행되는 현상은 아니다. 나는 역사가 목적이나 법칙에 따라 필연적으로 진행된다는 역사 법칙주의를 주장하지 않는다. 나의 목적은 현대 문명의 융합 추세를 문명의 구조와 정보사회에 대한 이론을 바탕으로 제시하려는 것이다.

주

1장 세계화는 문명들의 전면적 만남이다

1절

1) Jan Aart Scholte, *Globalization: A Critical Introduction*(Palgrave Macmillan, 2005), p.13.
2) Ulrich Beck, *Was ist Globalisierung?*(Frankfurt am Main: Suhrkamp, 1997), 4장 참조.
3) M. McLuhan, *Understanding Media: The Extension of Man*(MIT Press, 1994); 『미디어의 이해: 인간의 확장』, 박정규 옮김(커뮤니케이션북스, 1997), 22쪽.
4) David Held, Anthony Mcgrew, David Oldblatt and Jonathan Perraton, *Global Transformations*(Stanford University Press, 1999); 『전 지구적 변환』, 조효제 옮김(창작과비평사, 2002), 11쪽 이하.
5) Dani Rodrik, *The Globalization Paradox: Democracy and the Future of the World Economy*(New York: W. W. Norton & Co., 2011), pp.200-201
6) Takshi Inoue, *Public Relations in Hyper-Globalization: Essential Relationship Management — A Japan Perspective*(London: Routledge, 2018).
7) David Held, Anthony McGrew, David Oldblatt and Jonathan Perraton, *Global Transformations*; 『전 지구적 변환』, 27쪽; 정진영, 「세계화와 자유민주주의의 위기의 두 얼굴: 신자유주의와 포퓰리즘의 정치적 동학」, 『한국정치학회보』, 제52집 제4호(한국정치학회, 2018), 81-102쪽 참조.
8) 임현진, 『세계화와 반세계화』(서울: 세창출판사, 2011), 44쪽.

9) Immanuel Wallerstein, *The Capitalist World Economy*(New York: Cambridge University Press, 1979), p.164; 『세계 체제론: 자본주의 사회변동의 이해』, 김광덕, 여현덕 옮김(학민사, 1985), 229쪽 참조.

10) Anthony Giddens, *Sociology*(Polity Press, 2009); 『현대 사회학』(을유문화사, 2011), 128쪽.

11) https://www.wto.org

12) http://www.fta.go.kr; 윤평중, 『시장의 철학』(나남, 2016), 207쪽 참조.

13) Leslie Sklair, *Transnational practices and the analysis of the global system*, Seminar delivered for the Transnational Communities Programme Seminar Series, 22 May 1998, p.3.

14) 김용규, 『혼종문화론: 지구화 시대의 문화연구와 로컬의 문화적 상상력』(소명출판, 2013), 281쪽; 박선웅 외, 『문화사회학』(살림출판사, 2012), 513쪽.

15) John Tomlinson, "Internationalization, Globalization and Cultural Imperialism", K. Thomson(ed.) *Media and Cultural Regulation* (London: Sage, 1997). pp.117-162; Jonghoe, Yang, "The Korean Wave(Hallyu) in East Asia: A Comparison of Chinese, Japanese, and Taiwanese Audiences Who Watch Korean TV Dramas", *Development and Society*, 41(1)(2012), pp.103-147.

16) Diana Crane, Nobuko Kawashima and Kenichi Kawasaki(eds.), *Global Culture: Media, Arts, Policy, and Globalization*(London: Routledge, 2002), p.4.

17) 위의 책, p.4.

18) Arjun Appadurai, "Disjuncture and Difference in the Global Cultural Economy", in M. Featherstone(ed.), *Global Culture: Nationalism, Globalization and Modernity*(London: Sage Publications Ltd., 1991).

19) Kishore Mahbubani, *The Great Convergence*(New York: Public Affairs, 2013), p.51.

20) Thomas L. Friedman, *Lexus and the Olive Tree*(Farrar, Straus and Giroux, 1999); 『렉서스와 올리브나무』, 신동욱 옮김(창해, 2003) 참조.

21) Hans-Peter Martin and Harald Schumann, *Die Globalisiesungsfalle* (Rowohlt, 1996); 『세계화의 덫』, 강수돌 옮김(영림카디널, 1997), 38쪽 참조.

22) Nayan Chanda, *Bound Together*(Yale University Press, 2007); 『세계화, 전 지구적 통합의 역사』, 유인선 옮김(모티브, 2007), 469쪽.

2절

1) Sigmund Freud, *Civilization and Its Discontents*(London: Hogarth Press, 1972), p.26.

2) Sigmund Freud, *Civilization and Its Discontents*(London: Hogarth Press, 1972); 『문명 속의 불만』, 성해림 옮김(서울대학교 출판문화원, 2014), 88쪽.

3) 위의 책, 93쪽.

4) 위의 책, 110쪽.

5) 위의 책, 114-115쪽.

6) 위의 책, 23쪽.

7) 위의 책, 94쪽.

8) 위의 책, 46쪽.

9) Fernand Braudel, *A History of Civilization*(Penguin Books, 1995), p.3.

10) 김현, 「역사적 상상력으로 재구성한 문명의 기원」, 김민정 외, 『문명 안으로』(서울: 한길사, 2011), 27쪽.

11) Adam Ferguson, *Part First: Of the General Characteristics of Human Nature*, Fania Oz-Salzberger(ed.,) *An Essay on the History of Civil Society* (Cambridge: Cambridge University press.1995), p.7.

12) 김현, 「역사적 상상력으로 재구성한 문명의 기원」, 39쪽 참조.

13) 福澤諭吉, 『文明論之槪略』; 『문명론의 개략』, 임종원 옮김(제이앤씨, 2012); 이혜경, 「동아시아 문명 패권의 이동」, 김민정 외, 『문명 안으로』(한길사, 2011), 114쪽.

14) Sener Aktürk, "What is a Civilization?: From Braudel to Elias the Various Definitions of 'Civilization' in Social Sciences", Sadik Ünay and Muzaffer Senel(eds.), *Global Orders and Civilizations*(New York: Nova, 2009), p.62.

15) Ibn Khaldun, *The Muqaddimah: An Introduction to History*, Franz *Rosenthal*(trans.), N. J. Dawood(ed.)(1967, Abridged); 『역사서설』, 김호동 옮김(까치글방, 2003), 73쪽.

16) 위의 책, 75쪽.

17) 위의 책, 348쪽.

18) 위의 책, 349쪽.

19) 위의 책, 351쪽.

20 Peter J. Katzenstein(ed.), *Civilizations in World Politics: Plural and Pluralist Perspectives*(London and New York: Routledge, 2010), p.4.

21) 한상복 외, 『문화와 인류학』(서울대학교 출판문화원, 2011), 80쪽.

22) 신호재, 『정신과학의 철학』(이학사, 2018), 93쪽; 김여수, 『언어 · 진리 · 문화 2』(철학과현실사, 1997) 참조.

23) Carroll Quigley, The Evolution of *Civilizations: An Introduction to Historical Analysis*(New York: The Macmillan Company, 1961), p.20.

24) Norbert Elias, *Uber den Prozeβ der Zivilisation I*; 『문명화 과정 I』, 박미애 옮김(한길사, 1996), 106쪽.

25) Koselleck Reinhart, Otto Brunner and Werner Conze, *Geschichtliche Grundbegriffe*(Klett-Cotta, 2004); 『코젤렉의 개념사 사전 1』, 안삼환 옮김 (서울: 푸른역사, 2010), 211쪽.

26) 위의 책, 212쪽.

27) 김동하, 「독일 바이마르 시기 '보수혁명'과 반서구주의」, 『유럽연구』, 제32권 2호(한국유럽학회, 2015), 324쪽.

28) Norbert Elias, *Uber den Prozeβ der Zivilisation I*; 『문명화 과정 I』, 106쪽.

29) Immanuel Kant, "Idee zu einer allegemeiner Geschichte in welt-bürgerliche Absicht", *Immanuel Kant: Kleinere Schirften zur Geschichtesphilosophie, Ethik und Politik*, Karl Vorländer(hrsg.) (Hamburg: Felix Meiner, 1913), p.5; 『칸트의 역사철학』, 이한구 편역(서광사, 1992) 참조.

30) Norbert Elias, *Uber den Prozeβ der Zivilisation I*; 『문명화 과정 I』, 159쪽.

31) 위의 책, 137쪽.

32) Karl Löwith, *Meaning in History*(University of Chicago Press, 1949), p.105 이하; 『역사의 의미』, 이한우 옮김(문예출판사, 1987) 참조.

33) Samuel Huntington, *The Clash of Civilizations and the Remaking of World Order*(Simon & Schuster, 1996); 『문명의 충돌』, 이희재 옮김(서울: 김영사, 1997), 46쪽.

34) 위의 책, 46쪽.

35) Peter J. Katzenstein(ed.), *Civilizations in World Politics: Plural and Pluralist Perspectives*, p.6 이하.

36) 위의 책, p.6.

37) Patrick Thaddeus Jackson, "How to think about civilization", Peter J. Katzenstein(ed.), *Civilizations in World Politics: Plural and Pluralist Perspectives*, p.179.

38) Gregory Melleuish, "The Clash of Civilization: A Model of Historical Development?", *Thesis Eleven*, 62(2000), p.118.

39) Peter J. Katzenstein(ed.), *Civilizations in World Politics: Plural and Pluralist Perspectives*, p.5.

40) Robert W. Cox, "Thinking about Civilizations", *Review of International Studies*, 26(2000), p.217.

41) Patrick Thaddeus Jackson, *Civilizing the Enemy: German Reconstruction and the Invention of the West*(Ann Arbor, MI: University of Michigan Press), p.8.

42) Peter J. Katzenstein(ed.), *Civilizations in World Politics: Plural and Pluralist Perspectives*, p.10.

43) Benedict Anderson, *Imagined Communities: Reflections on the Origin and Spread of Nationalism*(Verso, 1983); 『상상된 공동체』, 서지원 옮김 (길, 2018), 25쪽.

44) 위의 책, 28쪽.

45) 이한구, 『역사학의 철학』(서울: 민음사, 2007), 26쪽 참조.

46) Peter L. Berger and Thomas Luckmann, *The Social Construction of Reality*(Random House, 1966); 『실재의 사회적 구성』, 하홍규 옮김(문학과

지성사, 2013), 197쪽.

47) Peter Munz, *Our Knowledge of the Growth of Knowledge: Popper or Wittgenstein?*(London: Routledge & Kegan Paul, 1985), p.6; 이한구, 『역사주의와 반역사주의』(철학과현실사, 2010), 78-83쪽 참조.

48) Peter Munz, *Our Knowledge of the Growth of Knowledge: Popper or Wittgenstein?*, p.6.

49) James Ladyman, *Understanding Philosophy of Science*(Routledge, 2002); 『과학철학의 이해』, 박영태 옮김(이학사, 2003), 191쪽.

50) Thomas S. Kuhn, *The Structure of Scientific Revolutions*(Chicago: University of Chicago Press, 1970), pp.19-24.

51) 위의 책, p.100.

52) 정대현, 『다원주의 시대와 대안적 가치』(이화여자대학교 출판부, 2006), 27쪽; 김기봉, 『역사들이 속삭인다』(프로네시스, 2009), 89쪽; 김기봉, 『히스토리아, 쿠오바디스』(서해문집, 2016), 72쪽 참조.

53) Alexander Wendt, *Social Theory of International Politics*(Cambridge University Press, 1999); 『국제정치의 사회적 이론: 구성주의』, 박건영 외 옮김(사회평론, 2009), 14쪽.

54) 위의 책, 350쪽; John Baylis and Steve Smith, *The Globalization of World Politics*(Oxford University Press, 2014); 『세계 정치론』, 하영선 외 옮김(을유문화사, 2015), 212쪽.

55) 이정복, 「현실주의, 신자유주의, 구성주의 국제정치이론가들의 주장과 한계」, 『학술원논문집』(인문사회과학편), 제53집 1호, 381-420쪽.

56) Peter J. Katzenstein(ed.), *Civilizations in World Politics: Plural and Pluralist Perspectives*, p.6.

57) 소광희, 『자연존재론』(문예출판사, 2016), 563쪽.

58) Samuel Huntington, *The Clash of Civilizations and the Remaking of World Order*; 『문명의 충돌』, 42-43쪽.

59) Oswald Spengler, *The Decline of the West, Vol. 1: Form and Actuality*(New York: Knopf, 1926), p.174.

60) Nicholas Rescher, *Process Metaphysics*(Albany: SUNY Press, 1996), pp.48-49.

61) Peter J. Katzenstein(ed.), *Civilizations in World Politics: Plural and Pluralist Perspectives*, p.18.

62) 위의 책, p.18.

63) 위의 책, p.38.

3절

1) Sener Aktürk, "What is a Civilization?: From Braudel to Elias the Various Definitions of 'Civilization' in Social Sciences", Sadik Ünay and Muzaffer Senel(eds.), *Global Orders and Civilizations: Perspectives from History, Philosophy and International Relations*(New York: Nova Science Publishers, 2009), p.50.

2) 김능우 외, 『제국, 문명의 거울』(서울대학교 출판문화원, 2018), 93쪽.

3) William McNeill, "The Rise of the West after Twenty-Five Years", *Journal of World History*(1990), p.8.

4) Will Durant, *The Story of Civilization*, vol. 1: *Our Oriental Heritage* (Simon & Schuster, 1935); 『문명 이야기』, 왕수민, 한상석 옮김(민음사, 2011), 83쪽.

5) Fernand Braudel, *A History of Civilization*, Richard Mayne(trans.) (New York: Penguin, 1995), p.23.

6) Sigmund Freud, *Civilization and Its Discontents*(London: Hogarth Press, 1972), p.31.

7) 위의 책, p.91; 이남인, 『예술본능의 현상학』(서광사, 2018), 105쪽.

8) 위의 책, p.90.

9) Will Durant, *The Story of Civilization*, vol. 1: *Our Oriental Heritage*; 『문명 이야기』, 81쪽.

10) Sener Aktürk, "What is a Civilization?: From Braudel to Elias the Various Definitions of 'Civilization' in Social Sciences", Sadik Ünay and Muzaffer Senel(eds.), *Global Orders and Civilizations: Perspectives from History, Philosophy and International Relations*, p.56.

11) Fernand Braudel, *A History of Civilization*, Richard Mayne (trans.)(New York: Penguin, 1995), p.56.

12) 위의 책, p.22.

13) Robert W. Cox, "Thinking about civilizations", *Review of International Studies*, 26(Cambridge, 2000), p.220.

14) 위의 논문, p.220.

15) Samuel Huntington and Lawrence Harrison(eds.), *Culture Matters* (Basic Books, 2000); 『문화가 중요하다』, 이종인 옮김(김영사, 2001), 178쪽 이하 참조.

16) Han Goo Lee, "An Evolutionary Explanation Model on the Transformation of Culture by Cultural Genes", *Social Evolution and History*, Vol. 8 (2009), pp.168-187 참조.

17) Jared Diamond, *The World Until Yesterday: What Can We Learn from Traditional Societies*(Penguin Books, 2012); 『어제까지의 세계』, 강주헌 옮김(서울: 김영사, 2013), 540쪽.

18) Said Amir Arjomand and Edward A. Tiryakian, *Rethinking Civilizational Analysis*(Sage Publications Ltd., 2004), p.71.

19) 여기서 나는 종교와 예술 및 철학을 근본적 신념체계로서 보는 차원과 이런 신념체계를 밝혀내고 정당화시키는 학술적 차원에서의 접근을 구별하려고 한다. 예컨대, 종교와 종교학을 구별하여, 종교는 근본적 신념체계로 취급하지만, 종교학은 인문과학으로 보는 것이다.

2장 서구 문명 보편주의와 문명 다원주의는 모두 정당화될 수 없는 패러다임이다

1절

1) 김세연, 『맑스의 비서구사회관 연구』(서울: 역사비평사, 1995), 9쪽.

2) 강정인, 『서구중심주의를 넘어서』(서울: 아카넷, 2004), 23쪽.

L=0

3) 안성찬, 「문명과 야만 1: 차별의 문명담론」, 김민정 외, 『문명 안으로』(서울: 한길사, 2011), 55쪽.

4) D' Holbach, *Susteme Sociale ou principles naturels de la morale et de la politique*, Vol. 3(London, 1774), p.113.

5) Karl Lowith, *Meaning in History*(Chicago: University of Chicago Press, 1949); 『역사의 의미』, 이한우 옮김(문예출판사, 1987), 105쪽 이하 참조

6) Herbert Butterfield, *The Origins of Modern Science*(New York: The Free Press, 1949) 참조.

7) Frederic L. Bender(ed.), *Karl Marx The Communist Manifesto*(W. W. Norton, 1988), p.23.

8) 강정인, 『서구중심주의를 넘어서』(서울: 아카넷, 2004), 105쪽; 이종찬, 『열대의 서구, 조선의 열대』(서강대학교 출판부, 2016), 330쪽.

9) Samir Amin, *Eurocentrism*(New York: Monthly Review Press, 1989), p.1.

10) Ella Shohatt and Robert Stam, *Unthinking Eurocentrism*(Routledge, 2013) 참조.

11) Edward Said, *Orientalism*(Pantheon Books, 1978); 『오리엔탈리즘』, 박홍규 옮김(교보문고, 2015), 22쪽.

12) 안성찬, 「문명과 야만 1: 차별의 문명담론」, 김민정 외, 『문명 안으로』, 70쪽.

13) Immanuel Kant, *Ges. Schriften*, Bd. 9(Berlin: Hrsg. v. d. Preuss. Akad. d. Wiss., 1923), p.153.

14) G. W. F. Hegel, "Einteilung", Von F. Brunstad(ed.), *Vorlesungen über die Philosophie der Geschichte*(Stuttgart: Philipp Reclam Jun, 1961), p.168.

15) 위의 책, 111쪽.

16) 강정인, 『서구중심주의를 넘어서』, 395쪽.

17) 그리스 신화에 나오는 노상강도. 아테네 교외의 케피소스 강가에 살면서 지나가는 나그네를 집에 초대한다고 데려와 쇠 침대에 눕히고는 침대 길이보다 짧으면 다리를 잡아 늘리고 길면 잘라버렸다.

18) 『독립신문』, 논설(1894. 8. 4.).

19) Arnold Joseph Toynbee, 『역사의 교훈』, 최선애 옮김(정음사, 1981) 참조.

20) 『춘추좌전』, 양공 14년, 김민정 외, 『문명 안으로』, 138쪽 참조.

21) Francis Fukuyama, *The End of History*(The Free Press, 1992), p.7.

22) Augustinus, *The City of God*, Marcus Dods(trans.)(New York: Random House, 1950), 14권 28장, p.477.

23) Immanuel Kant, "Mutmaßlicher Anfang der Menschengeschichte", *Immanuel Kant: Kleinere Schriften zur Geschichtsphilosophie, Ethik und Politik*, Karl Vorländer(hrsg.)(Hamburg: Felix Meiner, 1913), p.56.

24) 위의 논문, p.56.

25) 위의 논문, p.10.

26) 위의 논문, p.11

27) 위의 논문, p.12.

28) 위의 논문, p.13.

29) Immanuel Kant, "Zum Ewigen Frieden: Ein philosophischer Entwurf", *Immanuel Kant: Kleinere Schriften zur Geschichtsphilosophie, Ethik und Politik*, p.131.

30) Immanuel Kant, "Mutmaßlicher Anfang der Menschengeschichte", *Immanuel Kant: Kleinere Schriften zur Geschisphilosophie, Ethik und Politik*, p.16.

31) G. W. F. Hegel, *Vorlesung über die Philosophie der Geschichte*, F. Brunstäd(hrsg.)(Stuttgart: Philipp Reclam Jun, 1961), p.49.

2절

1) Arnold J. Toynbee, *A Study of History*(Oxford University Press, 1987); 『역사의 연구』, 원창화 옮김(홍신문화사, 1992), 53쪽.

2) 김동하, 「독일 바이마르 시기 '보수혁명'과 반서구주의」, 『유럽연구』, 제32권 2호(2014), 317–318쪽.

3) Johann Gottfried von Herder, "Yet Another Philosophy of History: Section 1.", F. M. Barnard ed., *J. G. Herder on Social and Political*

Culture(Cambridge: Cambridge University Press, 1961), pp.181-183;
Johann Gottfried von Herder, *Auch eine Philosophie der Geschichte
zur Bildung der Menschheit*; 『인류의 교육을 위한 새로운 역사철학』, 안성
찬 옮김(한길사,2011).

4) 안성찬, 「문명과 야만 1: 차별의 문명담론」, 김민정 외, 『문명 안으로』, 82쪽.

5) 이한구, 『역사학의 철학』(서울: 민음사, 2007), 476쪽.

6) Thomas S. Kuhn, *The Structure of Scientific Revolutions*(Chicago: The
University of Chicago Press, 1962), p.130.

7) Peter J. Katzenstein(ed.), *Civilizations in World Politics: Plural and
Pluralist Perspectives*(London and New York: Routledge, 2010), p.1.

8) Andrea Semprini, *Le Multiculturalisme*(Presses Universitaires de
France, 1997); 『다문화주의』, 이산호, 김휘택 옮김(광명: 경진, 2010), 105-
106쪽.

9) Michel Foucault, *Power/Knowledge*, Colin Gordon(ed.)(1980); 『권력과 지
식』, 홍성민 옮김(나남, 1991), 166쪽.

10) Ian Buruma, Avishai Magalit, *Occidentalism: The west in the eyes of
its enemies*(New York: Penguin USA, 2004) 참조.

11) Nikolay Danilevsky, *Russia and Europe*(Zaria, 1871) 참조.

12) Nikolay Danilevsky, *Russia and Europe*(Zaria, 1871); 『러시아와 유럽』,
이혜승 옮김(지식을만드는지식, 2009), 17쪽.

13) Nikolay Danilevsky, *Russia and Europe*, pp.1-2; 이한구, 『역사주의와 반
역사주의』(철학과현실사, 2010), 221쪽.

14) Oswald Spengler, *Der Untergang des Abendland*(Oxford University
Press, 1991); 『서구의 몰락』, 박광순 옮김(범우사, 1995), 117-118쪽; 이한구,
『역사주의와 반역사주의』, 221-222쪽 참조.

15) Oswald Spengler, *Der Untergang des Abendland*; 『서구의 몰락』, 124쪽.

16) 위의 책, 124쪽.

17) Arnold J. Toynbee, *A Study of History*(Oxford University Press, 1987);
『역사의 연구』, 8권(고려서관, 1986), 482쪽 참조; 이양기, 『문명론이란 무엇
인가』(영남대학교 출판부, 1986), 67쪽.

18) Max Horkheimer and Theodor Adorno, *Dialektik der Aukflarung:*

philosophische Fragmente(S. Fisher Verlag, 1944); 『계몽의 변증법』, 김
유동 옮김(서울: 문예출판사, 1995), 12쪽.

19) 안성찬, 「문명과 야만 1: 차별의 문명담론」, 김민정 외, 『문명 안으로』, 93쪽.

20) Karl Jaspers, Vom Ursprung und Ziel der Geschichte(München: R.
Piper & Co., 1949), p.48; 『역사의 기원과 목표』, 백승균 옮김(이화여자대학
교 출판부, 1987), 59쪽; 이한구, 「역사주의와 반역사주의」, 224쪽 참조.

21) 이한구, 『역사학의 철학』(민음사, 2007), 469쪽 이하 참조.

3절

1) D. L. Shils(ed.), International Encyclopedia of the Social Science, Vol.
15(Macmilan Co. & Free Press, 1980), pp.486-494 참조.

2) 김진성, 「베르그손에 있어서 닫힌사회와 열린사회」, 한국사회과학연구소 편,
『사회와 인식』(민음사, 1984) 220쪽 참조.

3) Karl Popper, The Open Society and its Enemies, Vol. I(Princeton
University Press, 1966), p.202.

4) Franz Schupp, Poppers Methodologie der Geschichtswissenschaft
(Bonn: Bouvier, 1975), p.149.

5) Karl Popper, "Selbstbefreiung durch das Wissen", L. Reinisch(hrsg.),
Der Sinn der Geschichte(München: C. H. Beck, 1961), p.100.

6) Karl Popper, Conjectures and Refutations: The Growth of Scientific
Knowledge(London: Routledge and Kegan Paul, 1972), p.102; 『추측과 논
박 Ⅰ, Ⅱ』, 이한구 옮김(민음사, 2001).

7) Karl Popper, "Selbstbefreiung durch das Wissen", L. Reinisch(hrsg.),
Der Sinn der Geschichte, p.115.

8) Karl Popper, The Open Society and its Enemies, Vol. Ⅱ(Princeton
University Press, 1971), p.225.

9) Karl Popper, The Open Society and its Enemies, Vol. I, p.ix; 『열린사회
와 그 적들 Ⅰ』, 이한구 옮김(민음사, 2006); 신중섭, 『포퍼의 열린사회와 그 적
들』(자유기업센터, 1999); 신중섭, 『마이클 샌델의 정의론 바로 읽기』(비봉출판

사, 2016) 참조.

10) Karl Popper, *The Open Society and its Enemies*, Vol. Ⅱ, p.224.

11) 위의 책, p.225.

12) 위의 책, p.238; 정연교, 「하이에크 사회정의론 옹호」, 『OUGHTOPIA』, Vol. 33, No. 1(경희대학교 인류사회재건연구원), 7-38쪽 참조.

13) Reccep Senturk and Ali M. Nizamuddin, "The Sociology of Civilizations: Ibn Khaldun and a Multi-Civilizational World Order", Sadik Unay and Muzaffer Senel(eds.), *Global Orders and Civilizations*(New York: Nova Science Publishers, Inc., 2009), p.69.

14) 서양의 역사에서 보면 이 말은 '생각한다' 나 '결정한다' 는 의미의 그리스어 'dokein'에서 유래했다.

15) 강학순, 『근본주의의 유혹과 야만성: 현대철학에 그 길을 묻다』(미다스북스, 2015), 187쪽.

16) Platon, *Laws*, 903c.

17) Karl Popper, *The Open Society and its Enemies*, Vol. I, p.113.

18) William Ebenstein, *Today's Isms*(Prentice-Hall, INC., 1970), p.34.

19) Hans Albert, *Traktat über kritische Vernunft*(Tübingen: J. C. B. Mohr, 1980), p.13 참조; Hans Albert, *Die Wissenschaft und die Fehlbarkeit der Vernunft*(Tübingen: J. C. B. Mohr, 1982), Chap. Ⅳ.

20) Karl Popper, *Conjectures and Refutations: The Growth of Scientific Knowledge*, p.3 이하.

21) 위의 책, p.3 이하; Karl Popper, *Objective Erkenntnis*(Hamburg, 1973), p.25 이하; Hans Albert, *Traktat über kritische Vernunft*(Tübingen, 1968), p.35 참조.

22) Karl Popper, *Das Elend des Historizismus*(Tübingen: J. C. B. Mohr, 1974), p.ix.

23) 관용에 관한 논의는 이한구, 「문명의 공존 가능성과 그 조건」 참조.

24) P. King, *Toleration*(George Allen and Unwin, 1976), p.54.

25) 김용환, 『관용과 열린사회』(철학과현실사, 1997), 26쪽 참조.

26) Voltaire, *Philosophical Dictionary*(Penguin Book, 1972), p.393 이하.

27) 이한구, 「열린사회와 새로운 적들」, 『비판적 사고와 문학』, 제1호(비판적사고

와문화연구소, 2010), 107-128쪽.

28) 정용덕, 「문명 발전을 위한 국가 행정 제도화 시론: 공익 개념을 중심으로」, 『행정논총』, 제53권 제4호(서울대학교, 2015), 105-132쪽; 김현구 편, 『한국 행정학의 한국화론: 보편성과 특수성의 조화』(법문사, 2013), 21-39쪽 참조.

29) Karl Polanyi, *New West and Other Essays*(2013); 『칼 폴라니 새로운 문명을 말하다』, 홍기빈 옮김(착한책가게, 2015), 345쪽; 이명현, 『신문법 서설: 다차원적 사고의 열린 세계를 향하여』(철학과현실사, 1997); 이승종, 『동아시아 사유로부터: 시공을 관통하는 철학자들의 대화』(동녘, 2018); 허우성, 「자유주의 문명의 밖에서: 간디에서 이토를 넘어 롤즈까지」, 『일본사상』, 29호 참조.

3장 문명은 문화 유전자들의 결합체다

1절

1) Donald Campbell, Marcus Feldman과 Luigi Luca Cavalli-Sforza는 유전자-문화 공진화의 동적 모델을 최초로 발표했고, 이 모델들은 1980년대 연구를 촉진시켰다. Charles J. Lumsden과 Edward O. Wilson의 *Gene, Mind and Culture*, Cavalli-Sforza와 Feldman의 *Cultural Transmission and Evolution*, Robert Boyd와 Peter Richasdson의 *The Process of Cultural Evolution*은 모두 유전자와 문화의 공진화 과정을 다룬 저작들이다.

2) Edward O. Wilson, *Sociobiology: The New Synthesis*(Harvard University Press, 1975); 『사회생물학 2』, 이병훈, 박시룡 옮김(민음사, 1992), 22쪽; Franz M. Wuketits, *Gene, Kultur und Moral: Soziobiology - pro und contra*(Darmstadt: Wissenschafliche Buchgesellschaft, 1990); 김영철 옮김, 『사회생물학 논쟁』(사이언스북스, 1999) 참조.

3) 선택의 단위에 대해서는 R. Boyd, Ph. Gasper and J. D. Trout(eds.), *Philosophy of Science*(The MIT Press, 1991), 2장 참조.

4) Robert Boyd and Peter J. Richerson, *Culture and the Evolutionary Process*(The University of Chicago Press,1985), p.3.

5) 위의 책, p.37 이하.

6) Susan Blackmore, *The Meme Machine*(Oxford University Press, 1999), p.24.

7) C. Lumsden and E. O. Wilson, *Genes, Mind, and Culture*(Harvard University Press, 1981), p.10, p.37.

8) 이한구, 「문화의 변화에 대한 진화론적 설명 모형」, 『철학』, 94집(2008).

9) 이한구, 「진화론의 관점에서 본 철학」, 『진화론과 철학』(철학과현실사, 2003), 15쪽 이하 참조; 진화론에 관한 자세한 현대적 설명은 다음 책을 참조할 것. Ernst Mayr, *This is Biology*(The Belknap Press of Harvard University Press, 1997); 『이것이 생물학이다』, 최재천 외 옮김(몸과 마음, 2002).

10) Carroll Quigley, *The Evolution of Civilizations: An Introduction to Historical Analysis*(New York: The Macmillan Company, 1961), p.64. 서양에서 문화라는 말의 원래적 의미가 '땅의 경작'에서 유래했다는 것은 잘 알려져 있는 사실이다. 이러한 의미는 곧 학습을 통한 '정신의 함양'이라는 의미로 전화되고, 급기야는 인간의 모든 의식적 활동과 그 산물을 총체적으로 가리키기에 이르렀다. 문화에 대한 정의는 매우 다양하다. 문화에 대한 최초의 현대적인 정의를 내린 타일러(E. B. Tylor)에 의하면, "문화 혹은 문명이란 지식, 신앙, 예술, 법률, 도덕, 풍속 등 사회의 일원으로서 인간이 취득한 능력과 습관의 총체"이다. 린드(Lynd)는 문화를 "동일한 지역에 사는 사람들의 공동체가 하는 일, 사고방식, 감정, 사용하는 도구, 가치, 상징의 총체"라고 정의했다.

11) Stephen Shennan, *Genes, Memes and Human History*(London: Thames & Hudson, 2002), p.37.

12) Tim Lewens, *Cultural Evolution: Conceptual Challenges*(Oxford University Press, 2015), p.44.

13) Richard Dawkins, *The Selfish Gene*(Oxford University Press, 1976); 『이기적 유전자』, 홍영남 옮김(을유문화사, 1993), 287쪽 이하.

14) W. H. Durham, *Coevolution: Genes, Culture, and Human Diversity*(Stanford University Press, 1991) 참조.

15) Susan Blackmore, *The Meme Machine*(Oxford University Press, 2000), p.15.

16) Richard Dawkins, *The Selfish Gene*; 『이기적 유전자』, 288쪽.

17) Holmes Rolston, III, *Genes, Genesis, and God: Values and Their Origins in Natural and Human History*(Cambridge University Press,

1999), p.172.

18) Stephen Shennan, *Genes, Memes and Human History*, p.50.

19) Susan Blackmore, *The Meme Machine*, p.53.

20) Richard Dawkins, *The Selfish Gene*; 『이기적 유전자』, 195쪽.

21) Daniel Dennett, "Intentional Systems", *Journal of Philosophy*, 68(1971).

22) 장대익, 『일반 복제자 이론: 유전자, 밈, 그리고 지향계』, 과학철학 11(2008), 1-33쪽.

23) Richard Dawkins, *The Selfish Gene*; 『이기적 유전자』, 2장 참조.

24) Stephen Shennan, *Genes, Memes and Human History*, p.47.

25) J. D. Gilory Jr., "A Critigue of Karl Popper's World 3 Theory", *The Modern School Man*, Vol. L XII, No. 3(Saint Louis University, 1985), p.189.

26) Karl Popper, *Objective Knowledge*(London: Oxford University Press, 1975). p.156; 『객관적 지식: 진화론적 접근』, 이한구 외 옮김(철학과현실사, 2013); Karl Popper, *The Self and Its Brain*(London: Springer International, 1977), p.46.

27) 벌의 집이나 새의 둥지는 벌이나 새에 의해 만들어진 것이다. 그렇지만 벌이나 새들이 떠난 후에도 그것들이 자체적으로 존재한다는 것은 세계3의 실재성을 논증하는 하나의 비유가 된다.

28) Karl Popper, *The Open Universe: An Argument for Indeterminism* (Totowa, New Jersey: Rowman and Littlefield, 1982), p.118 이하.

29) Karl Popper, *Objective Knowledge*, p.116; E. D. Klemke, "Karl Popper, Objective Knowledge, and The Third World", *Philosophia*, Vol. IX(July 1986, Bar-Ilan University), p.47.

30) Susan Blackmore, *The Meme Machine*, p.7.

2절

1) 인식론은 지식의 본성과 기초에 관한 이론이다. 플라톤에서 본격적으로 시작되

었고 근대의 데카르트에서 발전된 전통적 접근 방법은 인식론적 물음이란 어떤 특별한 지식도 전제하지 않는 방식으로 대답이 나와야 한다는 것이었다. 만약 어떤 지식을 전제하고서 인식론적 물음에 대답한다면, 그 전제된 지식의 정당성을 다시 물을 수 있으므로 선결문제 요구의 오류에 빠지게 된다. 우리는 이러한 전통적 인식론을 넓은 의미에서 선험적 인식론이라 부를 수 있다. 자연주의적 인식론은 이와는 매우 다른 노선이라 할 수 있다. 왜냐하면 그것은 우리의 모든 지식이 과학적 방법의 적용을 통해서만 획득 가능하며, 따라서 인식론적 물음에 대한 답도 과학적 지식을 통해서만 가능하다고 주장하기 때문이다. 진화론적 인식론은 자연주의적 인식론의 한 유형이다. 이것은 진화론이 주장한 대로, 인간 존재는 자연적인 존재로서 진화의 산물이며, 따라서 이들의 지식이나 신념의 능력도 진화의 관점에서 고찰되어야 한다고 주장한다.

2) Bertland Russell, *A History of Western Philosophy*(New York: Simon & Schuster, 1972), p.54.

3) Ernst Mayr, *One Long Argument: Charles Darwin and the Genesis of Modern Evolutionary Thought*(Harvard University Press, 1991); 『진화론 논쟁』, 신현철 옮김(사이언스북스, 1998), 58쪽.

4) 위의 책, 58쪽.

5) Michael Ruse, *Taking Darwin Seriously: A Naturalistic Approach to Philosophy*(Oxford: Basil Blackwell, 1986), p.16 이하.

6) Franz Wuketits, *Evolutionary Epistemology and Its Implications for Humankind*(State University of New York Press, 1990), p.16.

7) Ernst Mayr, *One Long Argument: Charles Darwin and the Genesis of Modern Evolutionary Thought*; 『진화론 논쟁』, 59쪽 이하.

8) Karl Popper, *The Open Universe: An Argument for Indeterminism*, p.5; J. Watkins, "The Unity of Popper's Thought", P. A. Schilpp(ed.), *The Philosophy of Karl Popper*(La Salle: Open Court, 1974), p.373.

9) Karl Popper, *The Open Universe: An Argument for Indeterminism*, p.5 이하.

10) Susan Blackmore, *The Meme Machine*, p.26 이하 참조.

11) Elliott Sober, *Philosophy of Biology*(Westview Press, 2000); 『생물학의 철학』, 민찬홍 옮김(철학과현실사, 2004), 390쪽.

12) Edward O. Wilson, "Human Decency is Animal", *New York Times Magazine*(12 October 1975), pp.38-50.

13) Edward O. Wilson, *On Human Nature*(Harvard University Press, 1978). p.172.

14) 최근에 구두쇠와 기부자의 유전자가 서로 다르다는 실험도 있다. 이 실험은 실험 참가자들에게 일정한 액수의 돈을 제공한 후 이 돈을 어떻게 사용할 것인가 묻는데, 단백질 유전자인 AVPR1a를 가진 사람이 그렇지 않은 사람보다 평균 50% 더 많은 돈을 다른 참가자에게 기부하는 것으로 나타났다.

15) R. Fox, "The cultural animal", in J. F. Eisenberg and W. S. Dillon (eds.), *Man and Beast: Comparative Social Behavior* (Smithsonian Institution Press, 1971), p.401 이하; Edward O. Wilson, *Sociobiology* (Harvard University Press, 1975); 『사회생물학 2』, 이병훈, 박시룡 옮김(민음사, 1992), 673쪽 참조; R. Dunbar, Ch. Knight and C. Power, *The Evolution of Culture*(Rutgers University Press, 1999), p.53.

16) Peter Singer, *The Expanding Circle: Ethics and Sociobiology*(Oxford: The Clarendon Press, 1981); 『사회생물학과 윤리』, 김성환 옮김(인간사랑, 1999), 21쪽 이하 참조.

17) Michael Wheeler, John Ziman and Margaret Boden(eds.), *The Evolution of Cultural Entities*(Oxford University Press, 2002), p.27.

18) Stephen Jay Gould, *Full House: The Spread of Excellence From Plato to Darwin*(New York: Harmony Books, 1996); 『풀 하우스』, 이영희 옮김 (사이언스북스, 2002)는 진화가 진보가 아니라 다양성의 증가라는 논의를 매우 설득력 있게 보여주고 있다.

19) Donald Campbell, "Evolutionary Epistemology", *Evolutionary Epistemology, Rationality, and the Sociology of Knowledge*, Gerard Radnitzky and W. W. Bartley, Ⅲ(eds.)(La Salle: Open Count, 1987), p.47 이하 참조.

20) 위의 논문, p.47 이하 참조.

21) 이한구, 『역사주의와 반역사주의』(철학과현실사, 2010), 315쪽.

22) Karl Popper, *Objective Knowledge: An Evolutionary Approach*(Oxford University Press, 1975); 『객관적 지식: 진화론적 접근』, 이한구 외 옮김(철

학과현실사, 2013), 367쪽.

23) 이한구, 『역사주의와 반역사주의』, 315쪽.

24) 위의 책, 315-318쪽.

3절

1) 정수일, 『문명담론과 문명교류』(살림, 2009); 김용운, 『풍수화: 원형사관으로 본 한중일 갈등의 돌파구』(맥스미디어, 2014) 참조.

2) Susan Blackmore, *The Meme Machine*, p.93.

3) Peter J. Richerson and Robert Boyd, *Not by Genes Alone: How Culture Transformed Human Evolution*(University of Chicago Press, 2005); 『유전자만이 아니다: 문화가 어떻게 인간 진화의 경로를 바꾸었는가』, 김준홍 옮김(이음, 2009), 349쪽.

4) Susan Blackmore, *The Meme Machine*, p.219.

5) Peter J. Richerson and Robert Boyd, *Not by Genes Alone: How Culture Transformed Human Evolution*; 『유전자만이 아니다: 문화가 어떻게 인간 진화의 경로를 바꾸었는가』, 354쪽.

6) Edward O. Wilson, *Consilience: The Unity of Knowledge*(Vintage Books, 1999); 『통섭』, 최재천, 장대익 옮김(사이언스북스, 2005), 232쪽.

7) 후성(epigenes)설은 발생이 진행됨에 따라 세포의 분화에 의해 조직이나 기관이 새로 형성되는 것을 의미한다. 개체 발육에서 완성되어야 할 형태와 구조가 발생이 시작될 때부터 존재하고 있다는 전성설과 대립된다.

8) Edward O. Wilson, *Consilience: The Unity of Knowledge*; 『통섭』, 280쪽.

9) 정상모, 「유전자와 문화: 후성 규칙의 덫」, 새한철학회 논문집 『철학논총』, 제56집, 제2권(2009), 107-127쪽.

10) Michael Bradie, *The Secret Chain: Evolution and Ethics*(State University of New York Press, 1994), p.3 이하.

11) Anthony O'Hear, *Beyond Evolution: Human Nature and The Limits of Evolutionary Explanation*(Oxford University Press, 1997), p.51 이하.

12) Konrad Lorenz, "Kant's Lehre von apriorischen in Lichte gegenwartiger

Biologie", *Blätter füer Deutsche Philosophie*, 15, p.123.

13) 손동현, 「선험적 이성의 생물학적 연원」, 『철학연구』, 54집(2001년 가을), 221쪽 이하 참조

14) Michael Ruse, *Taking Darwin Seriously: A Naturalistic Approach to Philosophy*(New York: Prometheus Books ,1998) p.197.

15) Edward O. Wilson, *Consilience: The Unity of Knowledge*; 『통섭』, 288쪽; Edward O. Wilson, *The Social Conquest of Earth*(W. W. Norton & Company, 2012); 『지구의 정복자』, 이한음 옮김(2013), 255쪽.

16) Edward O. Wilson, *Consilience: The Unity of Knowledge*; 『통섭』, 288쪽.

17) 위의 책, 289쪽.

18) Elliott Sober, *From the Biological Point of View: Essays in Evolutionary Philosophy*(Cambridge University Press, 1994), p.93.

19) Edward O. Wilson, *On Human Nature*(Harvard College, 1978); 『인간 본성에 대하여』, 이한음 옮김(사이언스북스, 2017).

20) Edward O. Wilson, *Sociobiology*(Harvard Unversity Press, 1975); 『사회생물학 2』, 이병훈, 박시룡 옮김(민음사, 1992), 681쪽.

21) Richard Alexander, *The Biology of Moral Systems*(Transaction Pub., 2007) p.161.

22) 허버트 스펜서(Herbert Spencer)의 『윤리학의 원리(*The Principles of Ethics*)』, 줄리안 헉슬리(Julian Huxley)의 『진화와 윤리학(*Evolution and Ethics*)』, 로버트 리처드(Robert Richards)의 『다윈과 마음 및 행위에 관한 진화론적 이론의 출현(*Darwin and the Emergence of Evolutionary Theories of Mind and Behavior*)』 등이 이런 범주에 속한다.

23) Michael Bradie, *The Secret Chain*(State University of New York Press, 1994), p.133 참조.

24) Charles Darwin, *The Descent of Man, and Seletion in Relation of Sex*(1981); 『인간의 유래 1』, 김관선 옮김(한길사, 2006), 1장 5절 참조.

25) Robert Richards, "Justification Through Biological Faith", *Biology and Philosophy* 1, No. 3(1986), p.337 이하; Michael Bradie, *The Secret Chain*, p.139 참조.

26) Peter Singer, *The Expanding Circle: Ethics and Sociobiology*(Oxford: The Clarendon Press, 1981); 『사회생물학과 윤리』, 김성한 옮김(인간사랑, 1999), 171쪽.

27) 위의 책, 177쪽.

28) 위의 책, 317쪽.

29) Michael Tomasello, *A Natural History of Human Morality*(Harvard University Press, 2016); 『도덕의 기원: 영장류학자가 밝히는 도덕의 탄생과 진화』, 유강은 옮김(이데아, 2018), 268쪽.

4장 정보사회는 문화 유전자들의 융합을 가능하게 한다

1절

1) Daniel Bell, "The Social Framework of the Information Society", L. Dertouzos and J. Moses(eds.), *The Computer Age: A Twenty-Year View*(Cambridge: MIT Press, 1979), p.163; 『정보사회의 이해』, 권태환, 조형제 편(미래미디어, 1997), 35쪽.

2) Yehoshua Bar-Hillel, *Language and Information*(Addison-Wesley Pub. Co., 1973), p.221.

3) Fred Dretske, *Knowledge and the Flow of Information*(MIT Press, 1982), p.44.

4) 반도체(semiconductor)란 전기가 통하는 도체와 전기가 통하지 않는 부도체의 중간 특성을 가진 물질이다. 실리콘(Si), 게르마늄(Ge) 등이 여기에 속한다. 반도체는 평상시에는 자유전자가 없지만 열을 가하거나 불순물을 섞으면 자유전자가 생겨나 전기가 통하게 된다. 이런 반도체를 이용하여 전기신호를 증폭하여 발진시키는 트랜지스터가 개발되고, 여기서 다시 초고밀도 집적회로의 발명으로 이어졌다. 이것이 전자공학혁명이다(지식백과 트랜지스터).

5) Frank Webster, *Theories of the Information Society*(London and New York: Roultledge, 1995), p.6; 『정보사회이론』, 조동기 옮김(사회비평사, 1997). 이 책은 정보사회에 대한 여러 이론들을 요약해서 잘 설명하고 있다.

6) Moshe Porat, "Communication Policy in an Information Society", O Robinson(ed.), *Communications for Tomorrow: Policy Perspectives for the 1980s*(New York: Praeger, 1978), p.11.

7) James J. Martin, *The Wired Society*(Englewood Cliffs: Prentice Hall, 1978).

8) J. Salvaggio(ed.), *The Information Society*(Hillsdale, New Jersey: Lawrence Erlbaum Associates, 1989), p.9.

9) Frank Webster, *Theories of the Information Society*; 『정보사회이론』, 조동기 옮김(나남, 2007), 5쪽. 그는 새로운 종류의 사회가 출현했다고 주장하는 사람들로서, 후기산업사회의 다니엘 벨(Daniel Bell)과 그 추종자들, 포스트모더니즘을 주장하는 장 보드리야르(Jean Baudrillard)와 마크 포스터(Mark Poster), 유연 전문화를 특징으로 내세우는 마이클 피오레(Michael Piore)와 찰스 세이블(Charles Sabel), 래리 허쉬혼(Larry Hirschhorn), 그리고 정보양식 발달론의 마누엘 카스텔스(Mamuel Castells)를 들고 있다. 반면에 정보사회의 연속성을 강조하는 대표적인 사람들로서는 신마르크스주의자인 허버트 쉴러(Herbert Schiller), 근대 민족국가의 정체를 폭력과 감시에서 찾는 앤서니 기든스(Anthony Giddens), 그리고 공론 영역을 중시하는 위르겐 하버마스(Jürgen Habermas) 등을 든다.

10) Daniel Bell, "Communication Technology: For Better or For Worse?", J. Salvaggio(ed.), *The Information Society*, p.94.

11) Daniel Bell, *The Coming of Post Industrial Society*(Penguin Books, 1976), p.20.

12) Frank Webster, *Theories of the Information Society*(New York: Routledge, 1995); 『정보사회이론』, 조동기 옮김(나남, 2007), 91쪽 참조.

13) Daniel Bell, "Communication Technology: For Better or Fir Worse?", J. Salvaggio(ed.), *The Information Society*, p.94.

14) A. Toffler, *The Third Wave*(William Morrow and Company, 1980), p.28; 『현대사회론』, 고영복 편(사회문화연구소, 1991), 96쪽 참조.

15) Anthony Giddens, *The Class Structure of the Advanced Societies*(Hutchinson, 1981), p.262.

16) Frank Webster, *Theories of the Information Society*; 『정보사회이론』,

93쪽.

17) Herbert Schiller, *Who Know: Information in the Age of the Fortune 500*(Norwood: Ablex, 1981), p.xii.

18) 위의 책, p.25.

19) Herbert Schiller, "An Interview with Herbert Schiller", *Comnotes*, Department of Communication, University of California San Diego, 4(2) Winter, p.3 참조; Frank Webster, *Theories of the Information Society*; 『정보사회이론』, 145쪽.

20) D. Burnham, *The Rise of Computer State*(Weiclenfeld and Nicolson, 1983), p.51.

21) John Naisbitt, *Megatrends*(New York: Warner Communication Company, 1982); 『탈산업사회의 새 조류』, 박재두 옮김(법문사, 1982), 153-156쪽 참조.

22) 전자의 입장을 대표하는 이론가들로는 테드 베크, 앨빈 토플러, 존 나이스빗 등을 들 수 있고, 후자를 주장하는 이론가로는 아터튼(C. Arterton), 로돈(K. C. Laudon), 달(R. Dahl) 등을 들 수 있다. 전자 민주주의에 관한 자세한 논의에 대해서는 김형오의 「정보화 사회의 도전과 한국 전자 민주주의의 가능성에 관한 연구」(경남대학교 박사학위논문, 1998)을 참조할 것.

23) Alvin Toffler, *Power Shift*(Bantam, 1990); 『권력이동』, 이규행 옮김(한국경제신문사, 1990), 278쪽 참조.

24) Alvin Toffler, *The Third Wave*(William Morrow and Company, 1980); 『제3의 물결』, 장문평 옮김(청목서적, 1988), 256쪽 참조.

25) Christopher Arterton, *Teledemocracy: Can Technology Protect Democracy?*(Newbury Park: Sage, 1987); 『텔레데모크라시: 21세기 정보화시대의 혁명』, 한백연구재단 편역(서울: 거름 1994) 참조.

26) Iain Mclean, *Democracy and the New Technology*(Cambridge: Polity Press, 1989), p.80 이하 참조.

27) Michael Walzer, *Spheres of Justice*(Oxford: Basil Blackwell, 1985), p.306 이하; 박정순, 『마이클 월저의 사회사상과 철학적 깨달음: 복합평등, 철학의 여신, 마방진』(철학과현실사, 2017) 참조.

28) 최신용, 「정보사회와 권력관계의 변화」, 『정보사회와 정치과정』, 박재창 편저

(비봉출판사, 1993), 50쪽 참조.

29) Sandra K. Helsel, *Virtual Reality Theory: Practice and Promise*; 『가상
현실과 사이버스페이스』, 노용덕 옮김(세종대학교 출판부, 1994), 가상공간 극
장의 구성 요소.

30) Michael R. Heim, *The Metaphysics of Virtual Reality*(Oxford
University Press, 1993), p.133; 『가상현실의 철학적 의미』, 여명숙 옮김(책
세상, 1997), 217쪽; 이종관, 「가상현실의 형이상학과 윤리학」, 『철학』, 54집
(1998년 봄), 328쪽; 엄정식, 『격동의 시대와 자아의 인식』(세창출판사, 2015)
참조.

31) 차인석, 『근대성과 자아의식』(아카넷, 2016); 김광수, 『마음의 철학』(철학과현
실사, 2006) 참조.

32) K. Robins, "Cyberspace and the World We Live in", *Cyberspace/
Cyberbodies/Cyberpunk: Cultures of Technological Embodiment*
(London, 1995), 참조; 이종관, 「가상현실의 형이상학과 윤리학」, 340쪽.

33) Daniel Bell, "The Social Framework of the Information Society", L.
Dertouzos and J. Moses(eds.), *The Computer Age: A Twenty-Year
View*(Cambridge: MIT Press, 1979); 『정보사회의 이해』, 권태환, 조형제 편
(미래미디어, 1997), 2장 '정보사회의 자리매김' 참조.

34) Daniel Bell, *The Coming of Post-Industrial Society*(Penguin Books,
1976), p.191.

35) Herbert Schiller, *The Mind Managers*(Boston: Beacon Press, 1973).

36) 위의 책, p.175.

37) 강상현, 『정보통신혁명과 한국사회』(한나래, 1996), 160쪽 이하.

38) Frank Webster, *The Theories of the Information Society*(London and
New York: Routledge, 1995); 『정보사회이론』, 조동기 옮김(사회비평
사,1997), 101쪽; 정종필, 「웨이보와 중국의 온라인 검열: 정보 통제와 대중 참
여를 중심으로」, 『21세기 정치학회보』, 제25집 제4호(2015) 참조.

39) Jürgen Habermas, *Zur Rekonstrulktion des Historischen Matericalisnuns*
(Suhrkamp, 1982), p.160 이하 참조.

2절

1) 이중원 외, 『인공지능의 존재론』(한울, 2018), 41쪽.

2) 이종관, 『포스트휴먼이 온다』(사월의책, 2017), 69쪽.

3) 김문조, 『융합 문명론』(나남, 2013), 103쪽.

4) 위의 책, 117쪽.

5) Mark Buchanan, *Nexus: Small Worlds and the Groundbreaking Science of Networks*, p.208; 『넥서스: 여섯 개의 고리로 읽는 세상』, 강수정 옮김(세종연구원, 2003).

6) John Casti, *Complexification: Explaining a Paradoxical World Through the Science of Surprise*(HarperCollins, 1994), 제3장.

7) Manuel Castells, *The Rise of the Network Society*(John Wiley & Sons, 2011), p.469; 『네트워크 사회의 도래』(한울, 2003); Manuel Castells, *The Network Society: A Cross-cultural Perspective*(Edward Elgar Pub., 2009); 『네트워크 사회』, 박행웅 옮김(한울, 2009), 7부.

8) John Urry, *Mobilities*(Ashgate Publishing, 2011); 『이동성』, 강현수, 이희상 옮김(한국연구재단, 2014). 333쪽.

9) Duncan J. Watts, "Networks, Dynamics, and the Small-World Phenomenon", *American Journal of Sociology*, Vol. 105, Issue 2(University of Chicago Press, 1999), pp.493-527.

10) John Urry, *Mobilities*; 『이동성』, 387쪽.

11) 위의 책, 617쪽 참조.

12) 위의 책, 23쪽; 전상인, 『공간으로 세상 읽기: 집 · 터 · 길의 인문사회학』(세창출판사, 2017).

13) 위의 책, 27쪽.

14) 위의 책, 41쪽.

15) 위의 책, 44쪽.

16) 위의 책 103쪽.

17) Bruno Latour, *Science in Action: How to Follow Scientists and Engineers Through Society*(1987); Bruno Latour, "We Have Never

Been Modern"(1993); John Urry, *Mobilities*(Ashgate Publishing, 2011); 『모빌리티』, 강현수, 이희상 옮김(아카넷, 2000), 103쪽.

18) John Urry, *Mobilities*; 『모빌리티』, 103쪽.

19) Mary Chayko, *Connecting: How We Form Social Bonds and Communities in the Internet Age*(SUNY Press, 2002); John Urry, *Mobilities*; 『모빌리티』, 103쪽.

20) Manuel Castells, *The Rise of the Network Society*, p.7; John Urry, *Mobilities*; 『모빌리티』, 297쪽.

21) 이원섭 외, 『대한민국 융합 혁신 전략을 위한 제언: 융합의 시대』(율곡출판사, 2018), 103쪽.

22) 정용찬, 「빅데이터 혁명과 미디어 정책 이슈」, KISDI Premium Report 12-02(정보통신정책연구원, 2012)

23) 정용찬, 『빅데이터』(서울: 커뮤니케이션북스, 2013), 21쪽.

24) Minsang Lee, "Exploring the Development of College English Education in Korea through Activity Theory", 『현대영어교육』, Vol. 19, No. 4(2018) 참조.

3절

1) 부록 참조.

2) Ronald Inglehart and Christian Welzel, *Modernization, Cultural Change, and Democracy: The Human Development Sequence*; 『민주주의는 어떻게 오는가』, 지은주 옮김(김영사, 2005), 14쪽.

3) 송재룡, 「종교와 사회 발전: 잉글하트의 수정 세속화론과 관련하여」, 『현상과 인식』, 통권 121호(한국인문사회과학회, 2013), 109-132쪽 참조.

4) Ronald Inglehart and Christian Welzel, *Modernization, Cultural Change, and Democracy: The Human Development Sequence*; 『민주주의는 어떻게 오는가』, 202쪽.

5) 위의 책, 181쪽.

6) 위의 책, 182쪽.

7) 위의 책, 201쪽.

8) 위의 책, 230쪽.

9) 위의 책, 238쪽.

10) 정대현, 『한국현대철학』(이화여자대학교 출판문화원, 2016), 13쪽 이하.

11) 심재룡 외, 『한국에서 철학하는 자세들』(집문당, 1986), 22쪽 이하.

12) 백종현, 『독일철학과 20세기 한국의 철학』(철학과현실사, 1988), 16쪽.

13) 정대현, 『한국현대철학』, 15쪽.

14) 윤사순, 『기본 원리에서 본 한국의 유학사상』(두양사, 2016).

15) 길희성, 『보살예수』(현암사, 2004).

16) 박무익 외, 『한국인의 철학』(한국갤럽조사연구소, 2011), 234쪽.

부록

Web of Science

중복률 예시(첫 번째 도표의 예)
분자 = 서구 안의 각 문명권 핵심어 빈도수의 총합
분모 = 서구 핵심어 빈도수의 총합

AHCI

서구vs	1990년	1995년	2000년	2005년	2010년
유교	$\frac{7237}{6909}$ /10.5%	$\frac{9394}{87906}$ /10.7%	$\frac{11925}{105866}$ /11.3%	$\frac{17289}{138482}$ /12.5%	$\frac{71178}{293949}$ /24.2%
이슬람	$\frac{4562}{6909}$ /6.6%	$\frac{5798}{87906}$ /6.6%	$\frac{7397}{105866}$ /7%	$\frac{9618}{138482}$ /6.9%	$\frac{53133}{293949}$ /18.1%
비잔틴	$\frac{2628}{6909}$ /3.8%	$\frac{11910}{87906}$ /13.5%	$\frac{11676}{105866}$ /11%	$\frac{13155}{138482}$ /9.5%	$\frac{51858}{293949}$ /17.6%
불교	$\frac{1182}{6909}$ /1.7%	$\frac{2313}{87906}$ /2.6%	$\frac{3710}{105866}$ /3.5%	$\frac{3951}{138482}$ /2.9%	$\frac{22190}{293949}$ /7.5%
힌두	$\frac{3775}{6909}$ /5.5%	$\frac{3813}{87906}$ /4.3%	$\frac{2911}{105866}$ /2.7%	$\frac{3599}{138482}$ /2.6%	$\frac{16658}{293949}$ /5.7%
서구	$\frac{6909}{6909}$ /100%	$\frac{87906}{87906}$ /100%	$\frac{105866}{105866}$ /100%	$\frac{138482}{138482}$ /100%	$\frac{293949}{293949}$ /100%

유교vs	1990년	1995년	2000년	2005년	2010년
서구	$\frac{446}{634}$ /70.3%	$\frac{745}{1123}$ /66.3%	$\frac{990}{1929}$ /51.3%	$\frac{2234}{4535}$ /49.3%	$\frac{10536}{18145}$ /58.1%
이슬람	$\frac{3}{634}$ /5.8%	$\frac{78}{1123}$ /6.9%	$\frac{130}{1929}$ /6.7%	$\frac{399}{4535}$ /8.8%	$\frac{3530}{18145}$ /19.5%
비잔틴	$\frac{21}{634}$ /3.3%	$\frac{141}{1123}$ /12.6%	$\frac{176}{1929}$ /9.1%	$\frac{415}{4535}$ /9.2%	$\frac{3145}{18145}$ /17.3%
불교	$\frac{8}{634}$ /1.3%	$\frac{18}{1123}$ /1.6%	$\frac{82}{1929}$ /4.3%	$\frac{167}{4535}$ /3.7%	$\frac{1746}{18145}$ /9.6%
힌두	$\frac{35}{634}$ /5.5%	$\frac{54}{1123}$ /4.8%	$\frac{41}{1929}$ /2.1%	$\frac{119}{4535}$ /2.6%	$\frac{1005}{18145}$ /5.5%
유교	$\frac{634}{634}$ /100%	$\frac{1123}{1123}$ /100%	$\frac{1929}{1929}$ /100%	$\frac{4535}{4535}$ /100%	$\frac{18145}{18145}$ /100%

이슬람vs	1990년	1995년	2000년	2005년	2010년
유교	$\frac{36}{355}$ /10.1%	$\frac{70}{521}$ /13.4%	$\frac{108}{967}$ /11.2%	$\frac{319}{1944}$ /16.4%	$\frac{2779}{10089}$ /27.5%
서구	$\frac{220}{355}$ /62%	$\frac{347}{521}$ /66.6%	$\frac{587}{967}$ /60.7%	$\frac{1020}{1944}$ /52.5%	$\frac{5946}{10089}$ /58.9%
비잔틴	$\frac{12}{355}$ /3.4%	$\frac{90}{521}$ /17.3%	$\frac{127}{967}$ /13.1%	$\frac{212}{1944}$ /10.9%	$\frac{2288}{10089}$ /22.7%
불교	$\frac{10}{355}$ /2.8%	$\frac{6}{521}$ /1.2%	$\frac{31}{967}$ /3.2%	$\frac{53}{1944}$ /2.7%	$\frac{929}{10089}$ /9.2%
힌두	$\frac{28}{355}$ /7.9%	$\frac{24}{521}$ /4.6%	$\frac{12}{967}$ /1.2%	$\frac{58}{1944}$ /3%	$\frac{716}{10089}$ /7.1%
이슬람	$\frac{355}{355}$ /100%	$\frac{521}{521}$ /100%	$\frac{967}{967}$ /100%	$\frac{1944}{1944}$ /100%	$\frac{10089}{10089}$ /100%

비잔틴vs	1990년	1995년	2000년	2005년	2010년
유교	$\frac{21}{263}$ /8%	$\frac{255}{1552}$ /16.4%	$\frac{182}{1665}$ /10.9%	$\frac{380}{2731}$ /13.9%	$\frac{2380}{8424}$ /28.3%
서구	$\frac{178}{263}$ /67.7%	$\frac{1035}{1552}$ /66.7%	$\frac{1027}{1665}$ /61.7%	$\frac{1545}{2731}$ /56.5%	$\frac{5327}{8424}$ /63.2%
이슬람	$\frac{13}{263}$ /4.9%	$\frac{125}{1552}$ /8.1%	$\frac{147}{1665}$ /8.8%	$\frac{238}{2731}$ /8.7%	$\frac{2146}{8424}$ /25.5%
불교	$\frac{1}{263}$ /0.4%	$\frac{44}{1552}$ /2.8%	$\frac{39}{1665}$ /2.3%	$\frac{69}{2731}$ /2.5%	$\frac{712}{8424}$ /8.5%
힌두	$\frac{12}{263}$ /4.6%	$\frac{98}{1552}$ /6.3%	$\frac{37}{1665}$ /2.2%	$\frac{73}{2731}$ /2.7%	$\frac{585}{8424}$ /6.9%
비잔틴	$\frac{263}{263}$ /100%	$\frac{1552}{1552}$ /100%	$\frac{1665}{1665}$ /100%	$\frac{2731}{2731}$ /100%	$\frac{8424}{8424}$ /100%

불교vs	1990년	1995년	2000년	2005년	2010년
유교	$\frac{5}{48}$ /10.4%	$\frac{12}{187}$ /6.4%	$\frac{55}{324}$ /17%	$\frac{94}{488}$ /19.3%	$\frac{729}{1923}$ /37.9%
서구	$\frac{37}{48}$ /77.1%	$\frac{113}{187}$ /60.4%	$\frac{181}{324}$ /55.9%	$\frac{286}{488}$ /58.6%	$\frac{1231}{1923}$ /64.0%
이슬람	$\frac{8}{48}$ /16.7%	$\frac{7}{187}$ /3.7%	$\frac{28}{324}$ /8.6%	$\frac{48}{488}$ /9.8%	$\frac{528}{1923}$ /27.5%
비잔틴	$\frac{1}{48}$ /2.1%	$\frac{25}{187}$ /13.4%	$\frac{30}{324}$ /9.3%	$\frac{53}{488}$ /10.9%	$\frac{438}{1923}$ /22.8%
힌두	$\frac{5}{48}$ /10.4%	$\frac{12}{187}$ /6.4%	$\frac{10}{324}$ /3.1%	$\frac{25}{488}$ /5.1%	$\frac{165}{1923}$ /8.6%
불교	$\frac{48}{48}$ /100%	$\frac{187}{187}$ /100%	$\frac{324}{324}$ /100%	$\frac{488}{488}$ /100%	$\frac{1923}{1923}$ /100%

힌두vs	1990년	1995년	2000년	2005년	2010년
유교	$\frac{40}{250}$ /16%	$\frac{40}{372}$ /10.7%	$\frac{36}{289}$ /12.4%	$\frac{88}{475}$ /18.5%	$\frac{454}{1322}$ /34.3%
서구	$\frac{169}{250}$ /67.6%	$\frac{227}{372}$ /61%	$\frac{182}{289}$ /62.9%	$\frac{253}{475}$ /53.2%	$\frac{883}{1322}$ /66.7%
이슬람	$\frac{33}{250}$ /13.2%	$\frac{19}{372}$ /5.1%	$\frac{3}{289}$ /1%	$\frac{51}{475}$ /10.7%	$\frac{394}{1322}$ /29.8%
비잔틴	$\frac{13}{250}$ /5.2%	$\frac{65}{372}$ /17.4%	$\frac{36}{289}$ /12.4%	$\frac{54}{475}$ /11.3%	$\frac{354}{1322}$ /26.7%
불교	$\frac{7}{250}$ /2.8%	$\frac{11}{372}$ /2.9%	$\frac{26}{289}$ /8.9%	$\frac{26}{475}$ /5.4%	$\frac{164}{1322}$ /12.4%
힌두	$\frac{250}{250}$ /100%	$\frac{372}{372}$ /100%	$\frac{289}{289}$ /100%	$\frac{475}{475}$ /100%	$\frac{1322}{1322}$ /100%

SSCI

서구vs	1990년	1995년	2000년	2005년	2010년
유교	$\frac{78290}{210267}$ /37.2%	$\frac{197827}{430012}$ /46%	$\frac{248719}{796919}$ /31.2%	$\frac{334444}{952937}$ /35%	$\frac{443494}{1697963}$ /26.1%
이슬람	$\frac{47285}{210267}$ /22.4%	$\frac{92985}{430012}$ /21.6%	$\frac{136024}{796919}$ /17%	$\frac{116002}{952937}$ /11.6%	$\frac{562367}{1697963}$ /33.1%
비잔틴	$\frac{18629}{210267}$ /8.8%	$\frac{113533}{430012}$ /26.4%	$\frac{130339}{796919}$ /16.3%	$\frac{169194}{952937}$ /16.9%	$\frac{450570}{1697963}$ /26.5%
불교	$\frac{20697}{210267}$ /9.8%	$\frac{55863}{430012}$ /12.9%	$\frac{72322}{796919}$ /9%	$\frac{131632}{952937}$ /13.8%	$\frac{385225}{1697963}$ /22.6%
힌두	$\frac{64671}{210267}$ /22.1%	$\frac{83775}{430012}$ /19.4%	$\frac{89001}{796919}$ /11.1%	$\frac{115981}{952937}$ /12.1%	$\frac{340427}{1697963}$ /20%
서구	$\frac{210267}{210267}$ /100%	$\frac{430012}{430012}$ /100%	$\frac{796919}{796919}$ /100%	$\frac{115981}{952937}$ /100%	$\frac{1697963}{1697963}$ /100%

유교vs	1990년	1995년	2000년	2005년	2010년
서구	$\frac{4794}{5964}$ /80.3%	$\frac{13179}{26917}$ /48.9%	$\frac{27740}{38456}$ /72.1%	$\frac{45297}{61126}$ /74.1%	$\frac{36540}{45482}$ /80.3%
이슬람	$\frac{1180}{5964}$ /19.7%	$\frac{4286}{26917}$ /15.9%	$\frac{6740}{38456}$ /17.5%	$\frac{7835}{61126}$ /12.8%	$\frac{18763}{45482}$ /41.2%
비잔틴	$\frac{529}{5964}$ /8.8%	$\frac{4909}{26917}$ /18.2%	$\frac{6627}{38456}$ /17.2%	$\frac{11763}{61126}$ /19.2%	$\frac{14906}{45482}$ /32.7%
불교	$\frac{661}{5964}$ /11%	$\frac{2742}{26917}$ /10.1%	$\frac{4226}{38456}$ /10.9%	$\frac{10751}{61126}$ /17.5%	$\frac{14332}{45482}$ /31.5%
힌두	$\frac{1303}{5964}$ /21.8%	$\frac{3787}{26917}$ /14%	$\frac{4752}{38456}$ /12.3%	$\frac{8419}{61126}$ /13.7%	$\frac{11786}{45482}$ /25.9%
유교	$\frac{5964}{5964}$ /100%	$\frac{26917}{26917}$ /100%	$\frac{38456}{38456}$ /100%	$\frac{61126}{61126}$ /100%	$\frac{45482}{45482}$ /100%

이슬람vs	1990년	1995년	2000년	2005년	2010년
유교	$\frac{795}{2419}$ /32.8%	$\frac{2388}{6611}$ /36.1%	$\frac{3613}{10254}$ /35.2%	$\frac{2371}{6611}$ /35.8%	$\frac{21479}{69364}$ /30.9%
서구	$\frac{1983}{2419}$ /81.9%	$\frac{3250}{6611}$ /49.1%	$\frac{7928}{10254}$ /77.3%	$\frac{4320}{6611}$ /65.3%	$\frac{54444}{69364}$ /78.4%
비잔틴	$\frac{227}{2419}$ /9.3%	$\frac{1158}{6611}$ /17.5%	$\frac{1895}{10254}$ /18.4%	$\frac{1266}{6611}$ /19.1%	$\frac{22558}{69364}$ /32.5%
불교	$\frac{402}{2419}$ /16.6%	$\frac{741}{6611}$ /11.2%	$\frac{1265}{10254}$ /12.3%	$\frac{1112}{6611}$ /16.8%	$\frac{19650}{69364}$ /28.3%
힌두	$\frac{664}{2419}$ /27.4%	$\frac{1090}{6611}$ /16.4%	$\frac{1540}{10254}$ /15%	$\frac{1104}{6611}$ /16.6%	$\frac{18498}{69364}$ /26.6%
이슬람	$\frac{2419}{2419}$ /100%	$\frac{6611}{6611}$ /100%	$\frac{10254}{10254}$ /100%	$\frac{6611}{6611}$ /100%	$\frac{69364}{69364}$ /100%

비잔틴vs	1990년	1995년	2000년	2005년	2010년
유교	$\frac{220}{697}$ /31.5%	$\frac{3035}{8536}$ /35.5%	$\frac{3516}{10545}$ /33.3%	$\frac{4765}{12524}$ /38%	$\frac{11021}{36935}$ /29.8%
서구	$\frac{530}{697}$ /76%	$\frac{4374}{8536}$ /51.2%	$\frac{7143}{10545}$ /67.7%	$\frac{9302}{12524}$ /74.2%	$\frac{28022}{36935}$ /75.8%
이슬람	$\frac{145}{697}$ /20.8%	$\frac{1396}{8536}$ /16.3%	$\frac{2013}{10545}$ /19%	$\frac{1691}{12524}$ /13.5%	$\frac{15171}{36935}$ /41%
불교	$\frac{74}{697}$ /10.6%	$\frac{801}{8536}$ /9.3%	$\frac{1006}{10545}$ /9.5%	$\frac{1988}{12524}$ /15.8%	$\frac{9871}{36935}$ /26.7%
힌두	$\frac{150}{697}$ /21.5%	$\frac{1298}{8536}$ /15.2%	$\frac{1348}{10545}$ /12.7%	$\frac{1735}{12524}$ /13.8%	$\frac{9163}{36935}$ /24.8%
비잔틴	$\frac{697}{697}$ /100%	$\frac{8536}{8536}$ /100%	$\frac{10545}{10545}$ /100%	$\frac{12524}{12524}$ /100%	$\frac{36935}{36935}$ /100%

불교vs	1990년	1995년	2000년	2005년	2010년
유교	$\frac{251}{664}$ /37.8%	$\frac{1005}{2619}$ /38.3%	$\frac{1511}{3760}$ /40.1%	$\frac{3623}{7833}$ /46.2%	$\frac{7403}{21159}$ /34.9%
서구	$\frac{548}{664}$ /82.5%	$\frac{1418}{2619}$ /54.1%	$\frac{2869}{3760}$ /76.3%	$\frac{6179}{7833}$ /78.8%	$\frac{17645}{21159}$ /83.3%
이슬람	$\frac{221}{664}$ /33.2%	$\frac{576}{2619}$ /21.9%	$\frac{853}{3760}$ /22.6%	$\frac{1198}{7833}$ /15.2%	$\frac{9089}{21159}$ /42.9%
비잔틴	$\frac{66}{664}$ /9.9%	$\frac{515}{2619}$ /19.6%	$\frac{678}{3760}$ /18%	$\frac{1612}{7833}$ /20.5%	$\frac{6829}{21159}$ /32.2%
힌두	$\frac{209}{664}$ /31.4%	$\frac{505}{2619}$ /19.2%	$\frac{599}{3760}$ /15.9%	$\frac{1406}{7833}$ /17.9%	$\frac{5904}{21159}$ /27.9%
불교	$\frac{209}{664}$ /100%	$\frac{2619}{2619}$ /100%	$\frac{3760}{3760}$ /100%	$\frac{7833}{7833}$ /100%	$\frac{21159}{21159}$ /100%

힌두vs	1990년	1995년	2000년	2005년	2010년
유교	$\frac{861}{2262}$/38%	$\frac{1882}{5014}$/37.5%	$\frac{1878}{5567}$/33.7%	$\frac{2882}{6979}$/41.2%	$\frac{5850}{18918}$/30.9%
서구	$\frac{1786}{2262}$/78.9%	$\frac{2458}{5014}$/49%	$\frac{3794}{5567}$/68.1%	$\frac{5145}{6979}$/73.7%	$\frac{15007}{18918}$/79.3%
이슬람	$\frac{757}{2262}$/33.4%	$\frac{1038}{5014}$/20.7%	$\frac{1226}{5567}$/22%	$\frac{1266}{6979}$/18.1%	$\frac{8110}{18918}$/42.8%
비잔틴	$\frac{221}{2262}$/9.7%	$\frac{1052}{5014}$/20.9%	$\frac{1061}{5567}$/19%	$\frac{1428}{6979}$/20.4%	$\frac{6194}{18918}$/32.7%
불교	$\frac{412}{2262}$/18.2%	$\frac{666}{5014}$/13.2%	$\frac{722}{5567}$/12.9%	$\frac{1453}{6979}$/20.8%	$\frac{5687}{18918}$/30%
힌두	$\frac{2262}{2262}$/100%	$\frac{5014}{5014}$/100%	$\frac{5567}{5567}$/100%	$\frac{6979}{6979}$/100%	$\frac{18918}{18918}$/100%

SCI

서구vs	1995년	2000년	2005년	2010년
유교	$\frac{1662498}{3555385}$/46.8%	$\frac{1605215}{3252057}$/49.4%	$\frac{2110722}{3930581}$/53.7%	$\frac{2097615}{3466560}$/60.5%
이슬람	$\frac{769740}{3555385}$/21.7%	$\frac{876754}{3252057}$/27%	$\frac{1328929}{3930581}$/33.8%	$\frac{1505527}{3466560}$/43.4%
비잔틴	$\frac{1112480}{3555385}$/31.3%	$\frac{1065374}{3252057}$/32.8%	$\frac{1389067}{3930581}$/35.3%	$\frac{1662562}{3466560}$/48%
불교	$\frac{278742}{3555385}$/7.8%	$\frac{465694}{3252057}$/14.3%	$\frac{614350}{3930581}$/15.6%	$\frac{947758}{3466560}$/27.3%
힌두	$\frac{743786}{3555385}$/20.9%	$\frac{785047}{3252057}$/24.1%	$\frac{1121002}{3930581}$/28.5%	$\frac{1250388}{3466560}$/36%
서구	$\frac{3555385}{3555385}$/100%	$\frac{3252057}{3252057}$/100%	$\frac{3930581}{3930581}$/100%	$\frac{3466560}{3466560}$/100%

유교vs	1995년	2000년	2005년	2010년
서구	$\frac{287006}{591644}$/48.5%	$\frac{372227}{575935}$/64.6%	$\frac{436369}{852616}$/51.2%	$\frac{858765}{1230675}$/69.8%
이슬람	$\frac{102059}{591644}$/17.2%	$\frac{153659}{575935}$/26.8%	$\frac{226881}{852616}$/26.6%	$\frac{554788}{1230675}$/45.1%
비잔틴	$\frac{160927}{591644}$/27.2%	$\frac{195530}{575935}$/34%	$\frac{237880}{852616}$/27.9%	$\frac{343604}{1230675}$/46.9%
불교	$\frac{39285}{591644}$/6.6%	$\frac{93186}{575935}$/16.2%	$\frac{120475}{852616}$/14.1%	$\frac{376340}{1230675}$/30.6%
힌두	$\frac{109513}{591644}$/18.5%	$\frac{147439}{575935}$/25.6%	$\frac{206504}{852616}$/24.2%	$\frac{488455}{1230675}$/39.7%
유교	$\frac{591644}{591644}$/100%	$\frac{575935}{575935}$/100%	$\frac{852616}{852616}$/100%	$\frac{1230675}{1230675}$/100%

이슬람vs	1995년	2000년	2005년	2010년
유교	$\frac{24581}{52682}$/46.7%	$\frac{41225}{83131}$/49.6%	$\frac{91268}{157386}$/58%	$\frac{218448}{331263}$/65.9%
서구	$\frac{34991}{52682}$/66.4%	$\frac{57751}{83131}$/69.5%	$\frac{114419}{157386}$/72.7%	$\frac{247013}{331263}$/74.6%
비잔틴	$\frac{17822}{52682}$/33.8%	$\frac{28339}{83131}$/39.8%	$\frac{62619}{157386}$/39.8%	$\frac{180102}{331263}$/54.4%
불교	$\frac{5015}{52682}$/9.8%	$\frac{13983}{83131}$/16.8%	$\frac{29938}{157386}$/19%	$\frac{107504}{331263}$/32.5%
힌두	$\frac{14609}{52682}$/27.7%	$\frac{25081}{83131}$/30.2%	$\frac{58243}{157386}$/37%	$\frac{156024}{331263}$/47.2%
이슬람	$\frac{52682}{52682}$/100%	$\frac{83131}{83131}$/100%	$\frac{157386}{157386}$/100%	$\frac{331263}{331263}$/100%

비잔틴vs	1995년	2000년	2005년	2010년
유교	$\frac{5490}{11040}$/49.7%	$\frac{79043}{181493}$/43.6%	$\frac{95475}{193838}$/49.3%	$\frac{191208}{376596}$/50.8%
서구	$\frac{7172}{11040}$/65%	$\frac{116556}{181493}$/64.2%	$\frac{134832}{193838}$/69.6%	$\frac{241466}{376596}$/64.1%
이슬람	$\frac{2754}{11040}$/24.9%	$\frac{42137}{181493}$/23.2%	$\frac{59736}{193838}$/30.8%	$\frac{144916}{376596}$/38.5%
불교	$\frac{794}{11040}$/7.2%	$\frac{20143}{181493}$/11.1%	$\frac{24850}{193838}$/12.8%	$\frac{81295}{376596}$/21.6%
힌두	$\frac{2871}{11040}$/26%	$\frac{39898}{181493}$/22%	$\frac{53262}{193838}$/27.5%	$\frac{120077}{376596}$/31.9%
비잔틴	$\frac{11040}{11040}$/100%	$\frac{181493}{181493}$/100%	$\frac{193838}{193838}$/100%	$\frac{376596}{376596}$/100%

불교vs	1995년	2000년	2005년	2010년
유교	$\frac{5293}{11040}$/47.9%	$\frac{13032}{23219}$/56.1%	$\frac{14527}{22754}$/63.8%	$\frac{48611}{67465}$/72.1%
서구	$\frac{6924}{11040}$/62.7%	$\frac{15527}{23219}$/66.9%	$\frac{16350}{22754}$/71.9%	$\frac{50662}{67465}$/75.1%
이슬람	$\frac{2620}{11040}$/23.7%	$\frac{6752}{23219}$/29.1%	$\frac{8161}{22754}$/35.9%	$\frac{32299}{67465}$/47.9%
비잔틴	$\frac{2879}{11040}$/26.1%	$\frac{6924}{23219}$/29.8%	$\frac{7606}{22754}$/33.4%	$\frac{30746}{67465}$/45.6%
힌두	$\frac{2525}{11040}$/22.9%	$\frac{6061}{23219}$/26.1%	$\frac{7143}{22754}$/31.4%	$\frac{27287}{67465}$/40.4%
불교	$\frac{11040}{11040}$/100%	$\frac{23219}{23219}$/100%	$\frac{22754}{22754}$/100%	$\frac{67465}{67465}$/100%

힌두vs	1995년	2000년	2005년	2010년
유교	$\dfrac{27081}{59103}$ /45.8%	$\dfrac{37362}{77940}$ /47.9%	$\dfrac{65939}{116408}$ /56.6%	$\dfrac{130597}{198048}$ /65.9%
서구	$\dfrac{33992}{59103}$ /57.5%	$\dfrac{48046}{77940}$ /61.6%	$\dfrac{77095}{116408}$ /66.2%	$\dfrac{138203}{198048}$ /69.8%
이슬람	$\dfrac{15411}{59103}$ /26.1%	$\dfrac{23585}{77940}$ /30.3%	$\dfrac{46275}{116408}$ /39.8%	$\dfrac{105573}{198048}$ /53.3%
비잔틴	$\dfrac{19510}{59103}$ /33%	$\dfrac{25265}{77940}$ /32.4%	$\dfrac{43383}{116408}$ /37.3%	$\dfrac{101497}{198048}$ /51.2%
불교	$\dfrac{4883}{59103}$ /8.3%	$\dfrac{11656}{77940}$ /15%	$\dfrac{20534}{116408}$ /17.6%	$\dfrac{63136}{198048}$ /31.9%
힌두	$\dfrac{59103}{59103}$ /100%	$\dfrac{77940}{77940}$ /100%	$\dfrac{116408}{116408}$ /100%	$\dfrac{198048}{198048}$ /100%

참고문헌

[A]

Albert, Hans, *Traktat über kritische Vernunft*(Tübingen: J. C. B. Mohr, 1980).

_____, *Die Wissenschaft und die Fehlb-arkeit der Vernunft*(Tübingen: J. C. B. Mohr, 1982).

Alexander, Richard, *The Biology of Moral Systems*(Transaction Pub., 2007).

Amin, Samir, *Eurocentrism*(New York: Monthly Review Press, 1989).

Anderson, Benedict, *Imagined Communities: Reflections on the Origin and Spread of Nationalism*(Verso, 1983); 『상상된 공동체』, 서지원 옮김 (길, 2018).

Arterton, Christopher, *Teledemocracy: Can Technology Protect Democracy?*(Newbury Park: SAGE, 1987); 『텔레데모크라시: 21세기 정보화시대의 혁명』, 한백연구재단 편역(서울: 거름, 1994).

Aktürk, Sener, "What is a Civilization?: From Braudel to Elias the Various Definitions of 'Civilization' in Social Sciences", Sadik Ünay and Muzaffer Senel(eds.), *Global Orders and Civilizations*(New York: Nova, 2009).

Allemand, Sylvain, and Ruano-Borbalan, Jean-Claude, *Idees Recues: La Mondialisation*(2002); 『세계화』, 김태훈 옮김(웅진지식하우스, 2007).

Arjomand, Said Amir and Tiryakian, Edward A., *Rethinking Civilizational Analysis*(Sage Publications Ltd., 2004).

Appadurai, Arjun, "Disjuncture and Difference in the Global Cultural Economy", in M. Featherstone(ed.), *Global Culture: Nationalism, Globalization and Modernity*(London: Sage Publications Ltd., 1991).

Augutinus, *The City of God*, Marcus Dods(trans.)(New York: Random House, 1950).

[B]

Bar-Hillel, Yehoshua, *Language and Information*(Addison-Wesley Pub. Co., 1973).

Baylis, John and Smith, Steve, *The Globalization of World Politics* (Oxford University Press, 2014); 『세계 정치론』, 하영선 외 옮김(을유문화사, 2015).

Beck, Ulrich, *Was ist Globalisierung?*(Frankfurt am Main: Suhrkamp, 1997).

Bender, Frederic L.(ed.), *Karl Marx: The Communist Manifesto*(W. W. Norton, 1988).

Bell, Daniel, *The Coming of Post-Industrial Society*(Penguin Books, 1976).

_____, "The Social Framework of the Information Society", L. Dertouzos and J Moses(eds.) *The Computer Age: A Twenty-Year View*(Cambridge: MIT Press, 1979); 『정보사회의 이해』, 권태환, 조형제 편(미래미디어, 1997).

_____, "Communication Technology: For Better or For Worse?", J. Salvaggio(ed.), *The Information Society*.

Berger, Roland, *The Fourth Industrial Revolution*; 『4차 산업혁명: 이미 와 있는 미래』, 김정희, 조원영 옮김(다산, 2017).

_____, and Luckmann, Thomas, *The Social Construction of Reality* (Random House, 1966); 『실재의 사회적 구성』, 하홍규 옮김(문학과지성사, 2013).

Blackmore, Susan, *The Meme Machine*(Oxford University Press, 2000; 『밈』, 김영남 옮김(바다출판사, 2010).

Boyd, Robert and Richerson, Peter J., *Culture and the Evolutionary Process*(The University of Chicago Press, 1985).

Boyd, R., Gasper, Ph., and Trout, J. D.(eds.), *Philosophy of Science*(The

MIT Press, 1991).

Braudel, Fernand, *A History of Civilization*(Penguin Books, 1995).

Bradie, Michael, *The Secret Chain: Evolution and Ethics*(State University of New York Press, 1994).

Buchanan, Mark, *Nexus: Small Worlds and the Groundbreaking Science of Networks*; 『넥서스: 여섯 개의 고리로 읽는 세상』, 강수정 옮김 (세종연구원, 2003).

Burnham, D., *The Rise of Computer State*(Weiclenfeld and Nicolson, 1983).

Buruma, Ian, Magalit, Avishai, *Occidentalism: The west in the eyes of its enemies*(New York: Penguin USA, 2004).

Butterfield, Herbert, *The Origins of Modern Science*(New York: The Free Press, 1949).

[C]

Castells, Manuel, *The Network Society: A Cross-cultural Perspective* (Edward Elgar Pub., 2009); 『네트워크 사회』, 박행웅 옮김(한울, 2009).

_____, *The Power of Identity*(2004); 『정체성 권력』, 정병순 옮김(한울, 2008).

Casti, John, *Complexification: Explaining a Paradoxical World Through the Science of Surprise*(HarperCollins, 1994).

Campbell, Donald, "Evolutionary Epistemology", *Evolutionary Epistemology, Rationality, and the Sociology of Knowledge*, Gerard Radnitzky and W. W. Bartley, Ⅲ(eds.)(La Salle: Open Count, 1987).

Chayko, Mary, *Connecting: How We Form Social Bonds and Communities in the Internet Age*(SUNY Press, 2002).

Chanda, Nayan, *Bound Together*(Yale University Press, 2007); 『세계화, 전 지구적 통합의 역사』, 유인선 옮김(모티브, 2007).

Cohen, Gary G., *Karl Marx's Theory of History: A Defence*(Princeton University Press, 1978); 『칼 마르크스의 역사이론』, 박형신, 정현주 옮김 (한길사, 2011).

Cox, Robert W., "Thinking about civilizations," *Review of International Studies*, 26(Cambridge, 2000).

Crane, Diana, Kawashima, Nobuko, and Kawasaki, Kenichi(eds.) *Global Culture: Media, Arts, Policy, and Globalization*(London: Routledge, 2002).

[D]

Danilevsky, Nikolay, *Russia and Europe*(Zasia, 1871); 『러시아와 유럽』, 이혜승 옮김(지식을만드는지식, 2009).

Dawkins, Richard, *The Selfish Gene*(Oxford University Press, 1976); 『이기적 유전자』, 홍영남 옮김(을유문화사, 1993).

D'Holbach, *Susteme Sociale ou principles naturels de la morale et de la politique*, Vol. 3(London, 1774).

Dretske, Fred, *Knowledge and the Flow of Information*(MIT Press, 1982).

Dennett, Daniel, "Intentional Systems", *Journal of Philosophy*, 68 (1971).

Diamond, Jared, *The World Until Yesterday: What Can We Learn from Traditional Societies*(Penguin Books, 2012); 『어제까지의 세계』, 강주헌 옮김(서울: 김영사, 2013).

Dunbar, R., Knight, Ch. and Power, C., *The Evolution of Culture* (Rutgers University Press, 1999).

Durant, Will, *The Story of Civilization*, vol. 1: *Our Oriental Heritage* (Simon & Schuster, 1935); 『문명 이야기』, 왕수민, 한상석 옮김(민음사, 2011).

Durham, W. H., *Coevolution: Genes, Culture, and Human Diversity* (Stanford University Press, 1991).

[E]

Ebenstein, William, *Today's Isms*(Prentice-Hall, INC., 1970).

Elias, Norbert, *The Civilizing Process*; 『문명화 과정』, 박미애 옮김(한길사,

1996).

[F]

Ferguson, Adam, *Part First: Of the General Characteristics of Human Nature*, Fania Oz-Salzberger(ed.), *An Essay on the History of Civil Society*(Cambridge: Cambridge University Press, 1995).

Fox, R., "The Cultural Animal", in J. F. Eisenberg and W. S. Dillon (eds.), *Man and Beast: Comparative social behavior*(Smithsonian Institution Press, 1971).

Fernand Braudel, *A History of Civilization*, Richard Mayne(trans.)(New York: Penguin, 1995).

Foucault, Michel, *Histoire de la folie a lage classique*(1972); 『광기의 역사』, 이규현 옮김(나남, 2003).

Friedman, Thomas L., *Lexus and the Olive Tree*(Farrar, Straus and Giroux, 1999); 『렉서스와 올리브나무』, 신동욱 옮김(창해, 2003).

Freud, Sigmund, *Civilization and Its Discontents*(London: Hogarth Press, 1972); 『문명 속의 불만』, 성해림 옮김(서울대학교 출판문화원, 2014).

Fukuyama, Francis, *The End of History*(The Free Press, 1992); 『역사의 종말』(한마음사, 1992).

[G]

Gould, Stephen Jay, *Full House: The Spread of Excellence From Plato to Darwin*(New York: Harmony Books, 1996); 『풀 하우스』, 이영희 옮김 (사이언스북스, 2002).

Giddens, Anthony, *The Class Structure of the Advanced Societies* (Hutchinson, 1981).

_____, *Sociology*(Polity Press, 2009); 『현대 사회학』(을유문화사, 2011).

Gilory Jr., J. D., "A Critique of Karl Popper's World 3 Theory", *The Modern School Man*, Vol. L XII, No. 3(Saint Louis University, 1985).

[H]

Habermas, Jürgen, *Zur Rekonstrulktion des Historischen Matericalisnuns*(Suhrkamp, 1982).

Hegel, Georg, *Vorlesung über die Philosophie der Geschichte*, F. Brunstäd(hrsg.)(Stuttgart: Philipp Reclam Jun, 1961).

Heim, Michael R., *The Metaphysics of Virtual Reality*(Oxford University Press, 1993); 『가상현실의 철학적 의미』, 여명숙 옮김(책세상, 1997).

Held, David, McGrew, Anthony, Goldblatt, David and Perraton, Jonathan, *Global Transformations*(Stanford University Press, 1999); 『전 지구적 변환』, 조효제 옮김(창작과비평사, 2002).

Helsel, Sandra K., *Virtual Reality Theory: Practice and Promise*; 『가상 현실과 사이버스페이스』, 노용덕 옮김(세종대학교 출판부, 1994)

Horkheimer, Max and Adorno, Theodor, *Dialektik der Aukflarung: Philosophische Fragmente*(S. Fisher Verlag, 1944); 『계몽의 변증법』, 김유동 옮김(서울: 문예출판사, 1995).

Huntington, S. and Harrison, Lawrence(eds.), *Culture Matters*(Basic Books, 2000); 『문화가 중요하다』, 이종인 옮김(김영사, 2001).

Huntington, Samuel, *The Clash of Civilizations and the Remaking of World Order*(Simon & Schuster, 1996); 『문명의 충돌』, 이희재 옮김(서울: 김영사, 1997).

Herder, Johann Gottfried von, *Auch eine Philosophie der Geschichte zur Bildung der Menschheit*; 『인류의 교육을 위한 새로운 역사철학』, 안성찬 옮김(한길사, 2011).

_____, "Yet Another Philosophy of History: Section 1", F. M. Barnard(ed.), *J. G. Herder on Social and Political Culture*(Cambridge: Cambridge University Press., 1961).

[I]

Inglehart, Ronald and Welzel, Christian, *Modernization, Cultural Change, and Democracy: The Human Development Sequence*; 『민주

주의는 어떻게 오는가』, 지은주 옮김(김영사, 2005).

Inoue, Takshi, *Public Relations in Hyper-globalization: Essential Relationship Management — A Japan Perspective*(London: Routledge, 2018).

[J]

Jackson, Patrick Thaddeus, "How to think about civilization", Peter J. Katzenstein(ed.), *Civilizations in World Politics: Plural and Pluralist Perspectives*(London and New York: Routledge, 2010).

_____, *Civilizing the Enemy: German Reconstruction and the Invention of the West*(Ann Arbor, MI: University of Michigan Press).

Jaspers, Karl, *Vom Ursprung und Ziel der Geschichte*(München: R. Piper & Co., 1949); 『역사의 기원과 목표』, 백승균 옮김(이화여자대학교 출판부, 1987).

[K]

Kant, Immanuel, "Mutmaßlicher Anfang der Menschengeschichte", *Immanuel Kant: Kleinere Schriften zur Geschisphilosophie, Ethik und Politik*, Karl Vorländer(hrsg.)(Hamburg: Felix Meiner, 1913); 『칸트의 역사철학』, 이한구 편역(서광사, 2009).

_____, "Zum Ewigen Frieden: Ein philosophischer Entwurf", *Immanuel Kant: Kleinere Schriften zur Geschichtsphilosophie, Ethik und Politik*(Hamburg: Felix Meiner, 1913); 『영구평화론』, 이한구 옮김(서광사, 2008).

_____, "Idee zu einer allegemeiner Geschichte in weltbürgerliche Absicht", *Immanuel Kant: Kleinere Schirften zur Geschichtesphilosophie, Ethik und Politik*(Hamburg: Felix Meiner, 1913).

_____, *Ges. Schriften*, Bd. 9(Berlin: Hrsg. v. d. Preuss. Akad. d. Wiss., 1923).

Katzenstein, Peter J.(ed.), *Civilizations in World Politics: Plural and Pluralist Perspectives*(London and New York: Routledge, 2010).

Klemke, E. D., "Karl Popper, Objective Knowledge, and The Third World", *Philosophia*, Vol. IX(July 1986, Bar-Ilan University).

Khaldun, Ibn, *The Muqaddimah: An Introduction to History*, Franz Rosenthal(trans.), N. J. Dawood(ed.)(1967, Abridged); 『역사서설』, 김호동 옮김(까치글방, 2003).

Kuhn, Thomas S., *The Structure of Scientific Revolutions*(Chicago: University of Chicago Press, 1962).

King, P., *Toleration*(George Allen and Unwin, 1976).

[L]

Ladyman, James, *Understanding Philosophy of Science*(Routledge, 2002); 『과학철학의 이해』, 박영태 옮김(이학사, 2003).

Latour, Bruno, *Science in Action: How to Follow Scientists and Engineers Through Society*(1987).

_____, "We Have Never Been Modern"(1993).

Lewens, Tim, *Cultural Evolution: Conceptual Challenges*(Oxford University Press, 2015).

Lee, Han Goo, "An Evolutionary Explanation Model on the Transformation of Culture by Cultural Genes", *Social Evolution and History*, Vol. 8(2009).

_____, *Tho Objectivity of Historical Knowledge: How We Can Know the Past*(New York: The Edwin Mellen Press, Ltd., 2018).

Lorenz, Konrad, "Kant's Lehre von apriorischen in Lichte gegenwartiger Biologie", *Blätter füer Deutsche Philosophie*, 15.

Löwith, Karl, *Meaning in History*(University of Chicago Press, 1949); 『역사의 의미』, 이한우 옮김(문예출판사, 1987).

Lumsden, C. and Wilson, E. O., *Genes, Mind, and Culture*(Harvard University Press, 1981).

Lyotard, Jean-Francois, *La Condition Postmoderne*(Minuit, 1979); 『포스트모던적 조건: 정보사회에서의 지식의 위상』, 이현복 옮김(서광사, 1992).

[M]

Martin, James J., *The Wired Society*(Englewood Cliffs: Prentice Hall, 1978).

Martin, Hans-Peter and Schumann, Harald, *Die Globalisiesungsfalle* (Rowohlt, 1996);『세계화의 덫』, 강수돌 옮김(영림카디널, 1997).

Mayr, Ernst, *This is Biology*(The Belknap Press of Harvard University Press. 1997);『이것이 생물학이다』, 최재천 외 옮김(몸과 마음, 2002).

_____, *One Long Argument: Charles Darwin and the Genesis of Modern Evolutionary Thought*(Harvard University Press, 1991);『진화론 논쟁』, 신현철 옮김(사이언스북스, 1998).

Mahbubani Kishore, *The Great Convergence*(New York; Public Affairs, 2013).

McLuhan, M., *Understanding Media: The Extension of Man*(MIT Press, 1994);『미디어의 이해: 인간의 확장』, 박정규 옮김(커뮤니케이션북스, 1997).

Mclean, Iain, *Democracy and the New Technology*(Cambridge: Polity Press, 1989).

McNeill, William, "The Rise of the West after Twenty-Five Years", *Journal of World History*(1990).

Melleuish, Gregory, "The Clash of Civilization: A Model of Historical Development?", *Thesis Eleven*, 62(2000).

Miller, David(ed.), *Popper Selections*;『포퍼 선집』, 이한구 외 옮김(철학과 현실사, 2018).

Müller, Harald, *Das Zusammenleben der Kulturen*(1998);『문명의 공존』, 이영희 옮김(서울: 푸른숲, 2000).

Munz, Peter, *Our Knowledge of the Growth of Knowledge: Popper or Wittgenstein?*(London: Routledge & Kegan Paul, 1985).

[N]

Naisbitt, John, *Megatrends*(New York: Warner Communication Company, 1982);『탈산업사회의 새 조류』, 박재두 옮김(법문사, 1982).

[O]

O' Hear, Anthony, *Beyond Evolution: Human Nature and The Limits of Evolutionary Explanation*(Oxford University Press, 1997).

[P]

Polanyi, Karl, *New West and Other Essays*(2013); 『칼 폴라니 새로운 문명을 말하다』, 홍기빈 옮김(착한책가게, 2015).

Porat, Moshe, "Communication Policy in an Information Society", O Robinson(ed.), *Communications for Tomorrow: Policy Perspectives for the 1980s*(New York: Praeger, 1978).

Popper, Karl, *The Open Society and its Enemies*, Vol. I(Princeton University Press, 1966); 『열린사회와 그 적들 I』, 이한구 옮김(민음사, 2006).

_____, *The Open Society and its Enemies*, Vol. II(Princeton University Press, 1971).

_____, *The Open Universe: An Argument for Indeterminism*(Totowa, New Jersey: Rowman and Littlefield, 1982),

_____, *The Self and Its Brain*(London: Springer International, 1977).

_____, *Das Elend des Historizismus*(Tübingen: J. C. B. Mohr, 1974); 『역사법칙주의의 빈곤』, 이한구 외 옮김(철학과현실사, 2016).

_____, "Selbstbefreiung durch das Wissen", L. Reinisch(hrsg.), *Der Sinn der Geschichte*(München: C. H. Beck, 1961).

_____, *Conjectures and Refutations: The Growth of Scientific Knowledge*(London: Routledge & Kegan Paul, 1972); 『추측과 논박』, 이한구 옮김(민음사, 2001).

_____, *Objective Knowledge*(London: Oxford University Press, 1975); 『객관적 지식: 진화론적 접근』, 이한구 외 옮김(철학과현실사, 2013).

Platon, *Laws*, 903c.

[Q]

Quigley, Carroll, *The Evolution of Civilizations: An Introduction to*

Historical Analysis(New York: The Macmillan Company, 1961).

[R]

Reinhart, Koselleck, Brunner, Otto, and Conze, Werner, *Geschichtliche Grundbegriffe*(Klett-Cotta, 2004); 『코젤렉의 개념사 사전 1』, 안삼환 옮김(서울: 푸른역사, 2010).

Rescher, Nicholas, *Process Metaphysics*(Albany: SUNY Press., 1996).

Richerson, Peter J. and Boyd, Robert, *Not by Genes Alone: How Culture Transformed Human Evolution*(University of Chicago Press, 2005); 『유전자만이 아니다: 문화가 어떻게 인간 진화의 경로를 바꾸었는가』, 김준홍 옮김(이음, 2009).

Robins, K. "Cyberspace and the World We Live in", *Cyberspace/Cyberbodies/Cyberpunk: Cultures of Technological Embodiment*(London, 1995).

Rodrik, Dani, *The Globalization Paradox: Democracy and the Future of the World Economy*(New York: W. W. Norton & Co., 2011).

Rolston, Holmes, Ⅲ, *Genes, Genesis, and God: Values and Their Origins in Natural and Human History*(Cambridge University Press, 1999).

Richards, Robert, "Justification Through Biological Faith", *Biology and Philosophy* 1, No. 3(1986).

Ruse, Michael, *Taking Darwin Seriously: A Naturalistic Approach to Philosophy*(New York: Prometheus Books ,1998).

Russell, Bertland, *A History of Western Philosophy*(New York: Simon & Schuster, 1972).

[S]

Salvaggio, J.(ed.), *The Information Society*(Hillsdale, New Jersey: Lawrence Erlbaum Associates, 1989).

Said, Edward, *Orientalism*(Pantheon Books, 1978); 『오리엔탈리즘』, 박홍규 옮김(교보문고, 2015).

Schupp, Franz, *Poppers Methodologie der Geschichtswissenschaft* (Bonn: Bouvier, 1975).

Schiller, Herbert, *The Mind Managers*(Boston: Beacon Press, 1973).

_____, *Who Know: Information in the Age of the Fortune 500* (Norwood: Ablex, 1981).

Scholte, Jan Aart, *Globalization: A Critical Introduction*(Palgrave Macmillan, 2005).

Semprini, Andrea, *Le Multiculturalisme*(Presses Universitaires de France, 1997); 『다문화주의』, 이산호, 김휘택 옮김(광명: 경진, 2010).

Shennan, Stephen, *Genes, Memes and Human History*(London: Thames & Hudson, 2002).

Senturk, Reccep and Nizamuddin, Ali M., "The Sociology of Civilizations: Ibn Khaldun and a Multi-Civilizational World Order", Sadik Unay and Muzaffer Senel(eds.), *Global Orders and Civilizations*(New York: Nova Science Publishers, Inc., 2009).

Shohatt, Ella, and Stam, Robert, *Unthinking Eurocentrism*(Routledge, 2013)

Shils, D. L.(ed.), *International Encyclopedia of the Social Science*, Vol. 15(Macmillan Co. & Free Press, 1980).

Sober, Elliott, *From the Biological Point of View: Essays in Evolutionary Philosophy*(Cambridge University Press, 1994).

_____, *Philosophy of Biology*(Westview Press, 2000); 『생물학의 철학』, 민찬홍 옮김(철학과현실사, 2004).

Spengler, Oswald, *The Decline of the West*, Vol. 1: *Form and Actuality*(New York: Knopf, 1926); *Der Untergang des Abendland* (Oxford University Press, 1991); 『서구의 몰락』, 박광순 옮김(범우사, 1995).

Singer, Peter, *The Expanding Circle: Ethics and Sociobiology*(Oxford: The Clarendon Press, 1981); 『사회생물학과 윤리』, 김성환 옮김(인간사랑, 1999).

Sklair, Leslie, *Transnational practices and the analysis of the global system*, Seminar delivered for the Transnational Communities Programme Seminar Series, 22 May 1998.

[T]

Tomasello, Michael, *A Natural History of Human Morality*(Harvard University Press, 2016); 『도덕의 기원: 영장류학자가 밝히는 도덕의 탄생과 진화』, 유강은 옮김(이데아, 2018).

Tomlinson, John, "Internationalization, Globalization and Cultural Imperialism", K. Thomson(ed.), *Media and Cultural Regulation* (London: Sage, 1997).

Toffler, Alvin, *The Third Wave*(William Morrow and Company, 1980); 『제3의 물결』, 장문평 옮김(청목서적, 1988).

_____, *Power Shift*(Bantam, 1990); 『권력이동』, 이규행 옮김(한국경제신문사, 1990).

Toynbee, Arnold J., 『역사의 교훈』, 최선애 옮김(정음사, 1981).

_____, *A Study of History*(Oxford University Press, 1987); 『역사의 연구』, 1-12권(고려서관, 1986).

_____, *A Study of History*(Oxford University Press, 1987); 『역사의 연구 I, II』, 원창화 옮김(홍신문화사, 1992).

[U]

Urry, John, *Mobilities*(Ashgate Publishing, 2011); 『이동성』, 강현수, 이희상 옮김(한국연구재단, 2014).

[V]

Voltaire, *Philosophical Dictionary*(Penguin Book, 1972).

[W]

Walzer, Michael, *Spheres of Justice*(Oxford: Basil Blackwell, 1985).

Wallerstein, Immanuel, *The Capitalist World Economy*(New York: Cambridge University Press, 1979); 『세계 체제론: 자본주의 사회변동의

이해』, 김광덕, 여현덕 옮김(학민사, 1985).

Watkins, J., "The Unity of Popper's Thought", P. A. Schilpp(ed.), *The Philosophy of Karl Popper*(La Salle: Open Court, 1974).

Watts, Duncan J., "Networks, Dynamics, and the Small-World Phenomenon", *American Journal of Sociology*, Vol. 105, Issue 2(University of Chicago Press, 1999).

Webster, Frank, *The Theories of the Information Society*(London and New York: Routledge, 1995); 『현대 정보사회이론』, 조동기 옮김(나남, 2014).

Wendt, Alexander, *Social Theory of international Politics*(Cambridge University Press, 1999); 『국제정치의 사회적 이론: 구성주의』, 박건영 외 옮김(사회평론, 2009).

Wheeler, Michael, Ziman, John, and Boden, Margaret(eds.), *The Evolution of Cultural Entities*(Oxford University Press, 2002).

Wilson, Edward O., *On Human Nature*(Harvard University Press, 1978); 『인간 본성에 대하여』, 이한음 옮김(사이언스북스, 2017).

_____, *Sociobiology: The New Synthesis*(Harvard University Press, 1975); 『사회생물학 1, 2』, 이병훈, 박시룡 옮김(민음사, 1992).

_____, *Consilience: The Unity of Knowledge*(Vintage Books, 1999); 『통섭』, 최재천, 장대익 옮김(사이언스북스, 2005).

_____, *The Social Conquest of Earth*(W. W. Norton & Company, 2012); 『지구의 정복자』, 이한음 옮김(2013).

Wuketits, Franz M., *Gene, Kultur und Moral: Soziobiology – pro und contra*(Darmstadt: Wissenschafliche Buchgesellschaft, 1990); 『사회생물학 논쟁』, 김영철 옮김(사이언스북스, 1999).

_____, *Evolutionary Epistemology and Its Implications for Humankind*(State University of New York Press, 1990).

[ㄱ]

강상현, 『정보통신혁명과 한국사회』(한나래, 1996).

강정인, 『서구중심주의를 넘어서』(서울: 아카넷, 2004).

강학순, 『근본주의의 유혹과 야만성: 현대철학에 그 길을 묻다』(미다스북스, 2015).

길희성, 『보살예수』(현암사, 2004).

김광수, 『마음의 철학』(철학과현실사, 2006).

김기봉, 『역사들이 속삭인다』(프로네시스, 2009).

_____, 『히스토리아, 쿠오바디스』(서해문집, 2016).

김남옥, 『마누엘 카스텔』(커뮤니케이션북스, 2016).

김능우 외, 『제국, 문명의 거울』(서울대학교 출판문화원, 2018).

김동하, 「독일 바이마르 시기 '보수혁명'과 반서구주의」, 『유럽연구』, 제32권 2호(한국유 럽학회, 2015).

김문조, 『융합 문명론』(나남, 2013).

김민정 외, 『문명 안으로: 문명 개념의 형성과 한자문화권의 번역 과정』(한길사, 2011).

김세연, 『맑스의 비서구사회관 연구』(서울: 역사비평사, 1995).

김여수, 『언어 · 진리 · 문화 2』(철학과현실사, 1997).

김진성, 「베르그손에 있어서 닫힌사회와 열린사회」, 한국사회과학연구소 편, 『사회와 인식』(민음사, 1984).

김용규, 『혼종문화론: 지구화 시대의 문화연구와 로컬의 문화적 상상력』(소명출판사, 2013).

김용운, 『풍수화: 원형사관으로 본 한중일 갈등의 돌파구』(맥스미디어, 2014).

김용환, 『관용과 열린사회』(철학과현실사, 1997)

김현, 「역사적 상상력으로 재구성한 문명의 기원」, 김민정 외, 『문명 안으로』(서울: 한길사, 2011).

김현구 편, 『한국 행정학의 한국화론: 보편성과 특수성의 조화』(법문사, 2013).

[ㅂ]

박선웅 외, 『문화사회학』(살림출판사, 2012).

박정순, 『마이클 월저의 사회사상과 철학적 깨달음: 복합평등, 철학의 여신, 마방진』(철학과현실사, 2017).

백종현, 『독일철학과 20세기 한국의 철학』(철학과현실사, 1988).

[ㅅ]

소광희, 『자연존재론』(문예출판사, 2016).

손동현, 「선험적 이성의 생물학적 연원」, 『철학연구』, 54집(2001년 가을).

송재룡, 「종교와 사회 발전: 잉글하트의 수정 세속화론과 관련하여」, 『현상과 인
　　식』, 통권 121호(한국인문사회과학회, 2013).

신중섭, 『포퍼의 열린사회와 그 적들』(자유기업센터, 1999).

＿＿＿, 『마이클 샌델의 정의론 바로 읽기』(비봉출판사, 2016).

신호재, 『정신과학의 철학』(이학사, 2018).

심재룡 외, 『한국에서 철학하는 자세들』(집문당, 1986).

[ㅇ]

안성찬, 「문명과 야만 1: 차별의 문명담론」, 김민정 외 『문명 안으로』(서울: 한길
　　사, 2011).

양운덕, 『미셸 푸코』(살림출판사, 2003).

양종회, 『문화예술사회학』(그린, 2005).

엄정식, 『격동의 시대와 자아의 인식』(세창출판사, 2015).

윤사순, 『기본 원리에서 본 한국의 유학사상』(두양사, 2016).

윤평중, 『시장의 철학』(나남, 2016).

이남인, 『예술본능의 현상학』(서광사, 2018).

이명현, 『신문법 서설: 다차원적 사고의 열린 세계를 향하여』(철학과현실사,
　　1997).

이승종, 『동아시아 사유로부터: 시공을 관통하는 철학자들의 대화』(동녘,
　　2018).

이양기, 『문명론이란 무엇인가』,(영남대학교 출판부, 1986).

이영남, 『푸코에게 역사의 문법을 배우다』(푸른역사, 2007).

이원섭 외, 『대한민국 융합 혁신 전략을 위한 제언: 융합의 시대』(율곡출판사,
　　2018).

이정복, 「현실주의, 신자유주의, 구성주의 국제정치이론가들의 주장과 한계」,

『학술원논문집』(인문사회과학편), 제53집 1호.

이종관, 「가상현실의 형이상학과 윤리학」, 『철학』, 54집(1998년 봄).

_____, 『포스트휴먼이 온다』(사월의 책, 2017).

이종찬, 『열대의 서구, 조선의 열대』(서강대학교 출판부, 2016).

이좌용 외, 『비판적 사고와 문화』, 제1호(비판적사고와문화연구소, 2010).

이중원 외, 『인공지능의 존재론』(한울, 2018).

이한구, 『역사학의 철학』(서울: 민음사, 2007).

_____, 『역사와 철학의 만남』(세창출판사, 2017).

_____, 「열린사회와 새로운 적들」, 『비판적 사고와 문화』, 제1호(비판적사고와 문화연구소, 2010).

_____, 「문화의 변화에 대한 진화론적 설명 모형」, 『철학』, 94집(2008).

_____, 『역사주의와 반역사주의』(철학과현실사, 2010).

_____, 「현대문명의 두 패러다임에 대한 비판적 고찰」, 『OUGHTOPIA』, Vol. 32, No. 2(경희대학교 인류사회재건연구원, 2017).

_____, 「한국철학의 보편성과 특수성에 관한 실증 연구」, 『학술원논문집』, 제56집 1호(2017).

임현진, 『세계화와 반세계화』(서울: 세창출판사, 2011).

[ㅈ]

장대익, 『일반 복제자 이론: 유전자, 밈, 그리고 지향계』, 과학철학 11(2008).

전상인, 『공간으로 세상 읽기: 집·터·길의 인문사회학』(세창출판사, 2017).

정대현, 『한국현대철학』(이화여자대학교 출판문화원, 2016).

_____, 『다원주의 시대와 대안적 가치』(이화여자대학교 출판부, 2006).

정상모, 「유전자와 문화: 후성 규칙의 덫」, 새한철학회 논문집 『철학논총』, 제56집 제2권(2009).

정수일, 『문명담론과 문명교류』(살림, 2009).

정연교, 「하이에크 사회정의론 옹호」, 『OUGHTOPIA』, Vol. 33, No. 1(경희대학교 인류사회재건연구원).

정용덕, 「문명 발전을 위한 국가 행정 제도화 시론: 공익 개념을 중심으로」, 『행정논총』, 제53권 제4호(서울대학교, 2015).

정용찬, 「빅데이터 혁명과 미디어 정책 이슈」, KISDI Premium Report 12-

02(정보통신정책연구원, 2012).

    , 『빅데이터』(서울: 커뮤니케이션북스, 2013).

정종필, 「웨이보와 중국의 온라인 검열: 정보 통제와 대중 참여를 중심으로」, 『21세기 정치학회보』, 제25집 제4호(2015).

정진영, 「세계화와 자유민주주의의 위기의 두 얼굴: 신자유주의와 포퓰리즘의 정치적 동학」, 『한국정치학회보』, 제52집 제4호(한국정치학회, 2018).

[ㅊ]

차인석, 『근대성과 자아의식』(아카넷, 2016).

최무영 외, 『정보혁명』(휴머니스트, 2017).

최신융, 「정보사회와 권력관계의 변화」, 『정보사회와 정치과정』, 박재창 편저 (비봉출판사, 1993).

[ㅎ]

한국갤럽조사연구소, 『한국인의 철학』(한국갤럽조사연구소, 2011).

한상복 외, 『문화와인류학』(서울대학교 출판문화원, 2011).

허우성, 「자유주의 문명의 밖에서: 간디에서 이토를 넘어 롤즈까지」, 『일본사 상』, 29호.

福澤諭吉, 『文明論之槪略』; 『문명론의 개략』, 임종원 옮김(제이앤씨, 2012).

『독립신문』, 논설(1894. 8. 4.)

https://www.wto.org

http://www.fta.go.kr

찾아보기

[인명]

갈릴레이(Galilei, Galileo) 91
강유위(康有爲) 101
강정인 86, 98
굴드(Gould, G.) 157
기든스(Giddens. A.) 16, 22, 225,
　243
뉴턴(Newton, I.) 91, 172
다닐레프스키(Danilevskii, N. Y.)
　80, 89, 113, 119, 123
다윈(Darwin, C.) 93, 94, 148, 149,
　167-169, 180, 207, 208
다이아몬드(Diamond, J.) 74, 79
더햄(Durham, W. H.) 153
데넷(Dennett, D. C.) 161, 162
도브잔스키(Dobzhansky, Th.) 148
도킨스(Dawkins, R.) 150, 152,
　160, 162
듀란트(Durant, W.) 72, 74
드레츠키(Drestke, F.) 216
디드로(Didrot, D.) 66
라우엔(Rauen, P.) 194
라이프니츠(Leibniz, G. W.) 114,
　121, 172, 176

라인홀드(Rheinhold, H.) 235
럼스덴(Lumsden, C.) 150
레비스트로스(Levi-Strauss, C.) 113
로드릭(Rodrik, D.) 17
로렌츠(Lorenz, K.) 199-201
로크(Locke, J.) 61
롤스톤(Rolston, H.) 157
루소(Rousseau, J. J.) 35, 66, 92,
　230
리처드(Richards, R.) 208, 209
리처드슨(Richardson, S.) 196
리처슨(Richerson, P.) 149
마갤릿(Magalit, A.) 118
마르크스(Marx, K.) 66, 73, 92,
　98, 109, 260, 284, 285
매슬로(Maslow, A. H.) 73, 284
매카시(McCarthy, J.) 247
맥루한(McLuhan, M.) 16
맬서스(Malthus, T.) 168
멜레위시(Melleuish, G.) 50
무어(Moore, G. E.) 209
미라보(Mirabeau, Marquis de) 36
바힐렐(Bar-Hillel, Yehoshua) 216
버너스리(Berners-Lee, T.) 218,
　256

번햄(Burnham, D.) 243

베네딕트(Benedict, R.) 113

베르그송(Bergson, H.) 130, 134

베버(Weber, M.) 64, 225, 285

베커(Becker, T.) 228, 229

벡(Beck, U.) 25

벨(Bell, D.) 215, 220, 222, 226,
  237, 285

보이드(Boyd, R.) 149, 196

볼테르(Voltaire) 46, 66, 90

부루마(Buruma, I.) 118

뷔퐁(Buiffon, G.) 97

브로델(Braudel, F.) 36, 72, 75

블랙모어(Blackmore, S.) 150, 153,
  159, 195, 212

비고츠키(Vygotsky, L.) 260

섬너(Sumner, W. G.) 137

셈프리니(Semprini, A.) 117

소버(Sober, E.) 173, 175

쇼하트(Shohatt, E.) 96

쉴러(Schiller, H.) 226, 227, 238

슈밥(Schwab, K.) 246

슈펭글러(Spengler, O.) 41, 42, 62,
  65, 68, 78, 80, 113, 120, 121

슈프(Suppe, F.) 130

스클레어(Sklair, L.) 22, 23

스펜서(Spencer, H.) 93, 94, 181

시닐(Senel, M.) 85

시몬스(Simons, F.) 196

실러(Schiller, F.) 90

싱어(Singer, P.) 210, 211

아도르노(Adorno, T. W.) 125

아리스토텔레스(Aristoteles) 112,
  142, 172, 247

아민(Amin, S.) 96

아우구스티누스(Augustinus) 106

아터튼(Atterton, C.) 230

아파두라이(Appadurai, A.) 26

악튀르크(Aktürk, S.) 63, 71

안창호 95

앤더슨(Anderson, B.) 52

야스퍼스(Jaspers, K.) 82

어리(Urry, J.) 252, 254, 255

에어리히(Ehrlich, P.) 194

엘리아스(Elias, N.) 42, 43, 45, 63,
  64

오웰(Orwell, G.) 233, 243

왓슨(Watson, J.) 236

월러스타인(Wallerstein, I.) 16

웬트(Wendt, A.) 58, 59

웹스터(Webster, F.) 219, 226

위네이(Ünay, S.) 85

윌슨(Wilson, E. O.) 148, 150,
  176-178, 197, 198, 202-206

월저(Walzer, M.) 231

이노우에(Inoue, T.) 17

잭슨(Jackson, P.) 49, 51

카르납(Carnap, R.) 216

카첸슈타인(Katzenstein, P. J.) 48,
  50, 69, 70, 85, 115, 301

칸트(Kant, I.) 44, 53, 97, 107,
  108, 135, 160

캠벨(Campbell, D.) 181, 185, 199, 200

커린시(Karinthy, F.) 252

코젤렉(Koselleck, R.) 43

콕스(Cox, R.) 75

콜린스(Collins, R.) 62, 63

콩도르세(Condorcet, M. de) 66, 107

쿤(Kuhn, T. S.) 54, 57, 114

크레인(Crane, D.) 24

크릭(Crick, F.) 236

키플링(Kipling, J.) 95

토인비(Toynbee, A.) 11, 65, 67, 68, 80, 92, 102, 113, 123, 127

토플러(Toffler, A.) 225, 229

툴민(Toulmin, S.) 199

튜링(Turing, A.) 223

튀르고(Turgot, A. R. J.) 36, 66

퍼거슨(Ferguson, A.) 37

펄무터(Perlmutter, H.) 16

포랫(Porat, M.) 220

포퍼(Popper, K.) 130, 131, 138, 139, 154, 162, 163, 171, 180, 199

푸코(Foucault, M.) 35, 117, 243

프로이트(Freud, S.) 31-34, 39, 73

프리드먼(Friedman, T.) 26

하르트만(Hartmann, N.) 154, 172

하비(Harvey, D.) 222

하임(Heim, M. R.) 234

할둔(Khldun, I.) 38-40

헌팅턴(Huntington, S.) 11, 47-51, 61, 67, 68, 70, 80, 85, 116, 285, 301

헐(Hull, D.) 199

헤겔(Hegel, G. W. F.) 66, 80, 97, 109, 172

헤르더(Herder, J.) 112, 172

호르크하이머(Horkheimer, M.) 125

호킹(Hawking, S. W.) 248

홉스(Hobbes, T.) 92

후쿠야마(Fukuyama, F.) 66, 75

후쿠자와(Fukuzawa, Y.) 95

흄(Hume, D.) 211

[주제]

[ㄱ]

가상공간 233, 256

가상 공동체 236

가상이동 255, 256

가상현실 233-236

감시사회 243

강한 프로그램 206, 207, 210

개체군 167, 170, 198

결합체 12, 147, 263, 304

계몽주의 37, 46, 66, 87, 90-92,
    97, 107, 116

공동 후손 167

공존 11, 12, 65, 142, 171, 264

공진화 145, 147, 193-199, 204,
    208, 304, 305

공평성 210, 211

과정론, 과정 존재론 61, 62

과학, 기술 77, 81, 82, 93

과학적 결정론 171

과학적 존재론 61

과학혁명 91, 92

관용 129, 140, 141, 287, 303

광통신 13, 217, 305

구성론, 구성주의 47-49, 53, 58,
    65, 301

구성주의 인식론 53, 54

구조론 71

국제연맹, 국제연합 109

권위주의 129, 130, 140

규범윤리학 205

극소전자혁명 217

근대 문명 81

근본 상징 62

근본적 신념체계 77, 78, 82

근본주의 135

급진파 102

기술결정론적 입장 244

기술적 정의 220

기업 자본주의 227

[ㄴ]

농촌 문명 39

뉴미디어 249

[ㄷ]

다문화주의 116

단수론 65

단일성의 환상 51

단자론 114

닫힌 문명 133, 134, 137

닫힌사회 130, 132-134

닫힌 정신, 닫힘 129

도시 (또는 civitas) 30, 36-41

도회 문명 39, 40

독단주의 135-137

동도서기 84, 100

동태론 61, 65

두터운 구성주의 58

디스토피아론 240, 244

[ㄹ]

로크적 문화 58

[ㅁ]

무목적론 170

문명 15, 30, 41, 71, 74, 87, 90, 99,
  104, 111, 118, 124, 129, 133, 134,
  138, 145, 148, 150, 191, 300

문명 다원주의 66, 87, 111, 118,
  124, 302, 303

문명 보편주의 111, 124, 302, 303

문명 실재론 47, 49, 65

문명 중핵 188

문명 패권주의 138, 303

문명론 47

문명사관 119

문명사회 30

문명의 융합 259, 263, 300

문명의 충돌 11, 12, 47, 48, 85

문명의 학문 39

문명인 45

문화 148, 150, 159, 186

문화 결정론 194, 195

문화 유전자 156, 158, 159, 162,
  172, 178, 186

문화적 부모 157

문화적 자손 157

문화적 정의 220, 221

문화적 혼종 24

문화제국주의 97

물리적 자세 161

물리주의 166

물질문명 42, 44

민족정신 112

민주주의 132

밈 152, 153, 173

[ㅂ]

박애 132, 142

반도체 217

반본질주의 170

배타주의 135

범주적 틀 53

보편사 105, 107

보편성 210

보편주의 85, 89, 105

복수론 65

본질주의 170

비결정론 170

비서구 문명 87

비판적 합리주의 131

비환원론자 178

비환원적 설명 173

빅데이터 257, 258

[ㅅ]

사물 인터넷 246

사회 다원주의 93

사회구조론적 입장 237

사회생물학, 사회생물학자 148, 149

사회진화론 94

사회체제 101

산업사회 286
산업혁명 246
3중 구조 77, 78, 82, 86
상동성 120
상상된 현존 255
새로운 문명 123, 258
생물학적 모형 183
서구 중심주의 89, 98
서구 문명 87, 99, 100
서세동점 99
선민사상 135
선택 135, 151
설계적 자세 161
설명 145, 148, 149, 165, 172, 178
세계 사회론 20
세계1, 세계2, 세계3 162-164
세계시민 상태 109
세계정신 109, 110
세계 체제, 세계 체제론 20, 21, 24
세계화 26-28
속성론 61
순환적 다수 230
스코퍼스 269
시민 (또는 civis) 37
시민(정치)혁명 92
실리콘 문명 220
실용주의자 181
실재론 47-51
실체성 291, 292

[ㅇ]
아난케 31
약한 프로그램 206, 210
얇은 구성주의 58
언어공동체 이론 54, 55
엄격한 패러다임 115
에로스 31
역사성 291, 293
연결망 사회 219
열린 문명 138, 140-144
열린사회 130, 131
열린 정신, 열림 129
오리엔탈리즘 96, 117, 137
옥시덴탈리즘 117, 137
온건파 101
원형감옥 243
월드와이드웹 218
웹 오브 사이언스 267
유럽 중심주의 65
유연한 패러다임 115
유전자 152, 156, 158
유전자 결정론 175
유전자-문화 공진화 197, 198
유전자형 153, 156
유전적 편향성 197
유토피아론 240
윤리 204, 207, 210
융합 13, 258, 259, 263
이념적 독단주의 135
이동성 패러다임 252, 254
이타주의 177

인공지능 246, 248
인도주의 142
인터넷 218, 247
일반 의지 230

[ㅈ]
자료 215, 217
자연선택 94, 151
자연적 변이 168
자연주의적 오류 208
자유주의 130, 140
적응, 적응적 대응 168, 169, 172, 201
전승 모형 149
전자 민주주의 228
전제주의 140
전체 의지 231
전체주의 136, 137, 140
전환론, 전환론자 19
정당화 54, 85
정보 214, 219, 228
정보기술 218, 219
정보사회 213, 214, 218-220, 222
정보산업 228
정보통신혁명, 정보혁명 215, 219
정상 과학 56
정신문화 42
정치적 전체주의 136
정태론 61
제국주의 24
젤로티즘 102

존재론 30, 62, 300
좁은 세상 250
종 148
종교적 결정론 171
종교적 근본주의 135
중심주의 88
중체서용 101
지구 문화론 20, 23
지구 의식 24
지구 자본주의론 22
지구적 체계 23
지구촌 12, 15, 214, 219, 300
지식 179, 204
지역화 18, 19
지향계 이론 161
직선적 진보사관 116
진화론 172, 179, 181
진화론적 설명기제 166, 179
집단, 집단주의 102, 136

[ㅊ]
차축시대의 문명 81
초국가적 실천 22
초세계화론 17-19
최적자생존 94

[ㅋ]
칸트적 문화 58
컴퓨터 217, 246, 247
코페르니쿠스적 전환 115
코페르니쿠스적 전회 이론 159, 160

[ㅌ]
탈물질주의 가치 286
통약 불가능성 303
특수성 289, 293
특이점 248

[ㅍ]
패러다임, 패러다임 이론 52-56, 59
포스트모더니즘 221, 234
표본 모형 55
표상주의자 182
표현형 156
풍토이론 97, 112

[ㅎ]
한국철학 289-294

한혼서재 84
합리주의 130, 132
해방적 관심 130, 131
핵심어 263, 289
행위자 이론 301
헤로디아니즘 102
현대 문명 81, 85, 88
혈연 이타성 177, 210
형이상학적 결정론 171
호혜적 이타성 177, 210
혼종, 혼합 14
홉스적 문화 58
화혼양재 101
환원론자, 환원적 설명 175, 176
회의론 17-19
후성 규칙 197, 198

이한구(李漢龜)

경희대학교 석좌교수이며, 성균관대학교 명예교수, 대한민국학술원 회원이다.
저서로는 『지식의 성장』, 『역사학의 철학』, 『역사주의와 반역사주의』, 『역사와
철학의 만남』, *The Objectivity of Historical Knowledge* 등이 있고, 대한민
국학술원상, 3 · 1 문화상 등을 수상했다.

문명의 융합

1판 1쇄 인쇄	2019년 1월 25일
1판 1쇄 발행	2019년 1월 30일

지은이	이 한 구
발행인	전 춘 호
발행처	철학과현실사

출판등록   1987년 12월 15일 제300-1987-36호
서울특별시 종로구 동숭동 1-45
전화번호 579-5908
팩시밀리 572-2830

ISBN 978-89-7775-814-8 93300
값 20,000원

지은이와의 협의 하에 인지는 생략합니다.
잘못된 책은 바꿔 드립니다.